■ 教育部人文社会科学研究一般项目"工作-家庭平衡对高校教师创新绩效的影响机制研究"(17YJC630079)
■ 广东对外贸易高质量发展研究团队(广东省创新团队,2018WCXTD008)
■ 广东省服务贸易"双循环"研究中心(广东省普通高校人文社科重点研究基地,2021WZJD002)
■ 双循环新格局下广东省对外贸易高质量发展的长效机制和实施路径(广东省重点建设学科科研能力提升项目,2021ZDJS121)

高校教师创新绩效研究新视角

林 波 著

大连理工大学出版社

图书在版编目(CIP)数据

高校教师创新绩效研究新视角 / 林波著. -- 大连：
大连理工大学出版社，2022.9
ISBN 978-7-5685-3544-1

Ⅰ．①高… Ⅱ．①林… Ⅲ．①高等学校－教师－创造
能力－研究－中国 Ⅳ．①G645

中国版本图书馆 CIP 数据核字(2022)第 013162 号

GAOXIAO JIAOSHI CHUANGXIN JIXIAO
YANJIU XINSHIJIAO

大连理工大学出版社出版
地址：大连市软件园路 80 号　　邮政编码：116023
发行：0411-84708842　邮购：0411-84708943　传真：0411-84701466
E-mail：dutp@dutp.cn　　　URL：https://www.dutp.cn
大连图腾彩色印刷有限公司印刷　　大连理工大学出版社发行

幅面尺寸：163mm×230mm　　　印张：17.25　　字数：250 千字
2022 年 9 月第 1 版　　　　　2022 年 9 月第 1 次印刷

责任编辑：邵　婉　朱诗宇　　　　　　责任校对：时　川
封面设计：奇景创意

ISBN 978-7-5685-3544-1　　　　　　　定　价：52.00 元

本书如有印装质量问题,请与我社发行部联系更换。

前　言

　　随着工业 4.0 时代的到来,新的生产方式、组织方式和商业模式不断涌现,以互联网、物联网、大数据以及人工智能为代表的新一代信息技术快速发展,全球新一轮科技革命和产业革命正蓬勃兴起。在这一时代背景下,创新在国家和社会发展中的重要地位不言而喻。习近平总书记在提出的五大发展理念中将创新发展理念放在了首要位置,作为引领发展的第一动力,创新不仅是国家发展的需要,也是国家走向强国、富国的必由之路。为了加快实现中国梦,实现"两个一百年"奋斗目标,必须好好利用创新这把利剑,创造属于自己的先进的科学技术,更好地推动人类文明的发展。

　　2016 年 5 月,中共中央、国务院发布了《国家创新驱动发展战略纲要》。发布这一法规的主要目的是加快实施国家创新驱动发展战略,这一法规的制定也使得国内掀起了一股前所未有的创新潮。国家重视创新并不是始于 2016 年,早在 2006 年,《国家中长期科学和技术发展规划纲要(2006—2020 年)》的公布已经表示党和国家领导人开始重视创新。随后,在党的十八大上,创新发展驱动战略被提出。2015 年,中共中央、国务院出台《关于深化体制机制改革加快实施创新驱动发展战略的若干意见》。这些政策法规的发布实施都说明了国家对于创新发展的重视,也是国家致力于建立创新型国家所采取的一些重大举措,有利于国家创建属于自己的创新体系。

　　在这个创新体系中,主要包含了由大学、企业以及研究机构作为主导的三大创新体系。其中,由大学主导的创新体系在其中发挥着主要作用,对于高校创新体系的主导作用,国务院发展研究中心技术经济研究部部长表示:"这是一个非常重要的信号。过去讲科技创新,总是把它限制在科技的领域里,围绕科技体制改革以及大学、科研院所创新等,容易把科技和经济割裂。实际上,创新政策极具综合性,不仅局限于科技,还包括经济社会发展的方方面面。"①在构建国家创新体系的过程中,以大学为主导的创新体系主要进行的是基础前沿研究,这一系列研究能够极大程度上增强国家的原始创新能力,为国家培育出具有较强创新性的创新型人才,为我国的创新体系建立输入更多的人才,这就是以大学为主导的创新体系在构建国家创新体系过程中所发挥的重要作用。

在作为这个创新体系的关键核心组成部分的大学中,高校教师虽然人数占比不是最高的,但是在这一体系发挥的作用却是至关重要的。因此研究高校教师的创新绩效能够很好地提高大学这一创新体系的绩效,为国家的基础研究做出贡献。因此,希望通过对影响高校教师创新绩效的相关因素的研究,了解其内在的影响机制,能够为提高高校教师创新绩效提供帮助。

在分析了本书的撰写背景、所关注的焦点以及撰写目的之后,需要向各位读者介绍一下本书的整体架构。

本书的前言部分,主要介绍了写作的背景、目的,并将本书所关注的内容进行概述。

第 1 章对创新和创新力的相关概念进行了探讨,与此同时,也整理了现今学术界对于创新的研究成果并进行了系统总结。

第 2 章整理总结了前人在创新绩效的相关研究中所使用的方法以及技术路线。

第 3 章主要对高校创新存在的问题进行了一系列探究,主要介绍了创新创业的相关概念和基本内涵、高校创新创业教育和高校教师创新绩

---

① 专家解读《国家创新驱动发展战略纲要》强化原始创新增强源头供给. 人民日报,2016-05-22.

效的心理学本质,并说明了现如今我国高校教师创新能力发展和创新团队建设的现状和存在的问题。

第4章对创新绩效的研究范式进行了概述,先从心理学和组织行为学这两个视角对创新绩效进行研究与分析,之后分别介绍了实证范式和实验范式,并对这两方面所涉及的文献进行了梳理,明确研究方法。

第5章主要对高校教师创新绩效所涉及的核心因素进行了介绍,主要有工作-家庭平衡、主观幸福感、组织支持感、家长式领导等。通过对不同理论的定义、测量维度以及理论的文献综述进行分析,有助于我们去把握、了解这些理论,并以这些理论为基础开展后续研究。

第6章运用实证分析方法,进行基于工作-家庭平衡与高校教师创新绩效关系的实证分析,并针对结果分析提出了相应的管理对策。

第7章运用了实证分析的方法,进行基于家长式领导与高校教师创新绩效关系的实证分析,得出相应的结论并进行了结果分析。

第8章运用实验的方法,进行了基于高校教师想象力及维度划分的眼动实验研究。

第9章在综合以上研究的基础上,提出了高校教师工作-家庭平衡计划,希望能够为高校教师创新绩效的提高制订相对可靠的方案,提高高校教师的创新绩效。

第10章对在此次研究探索过程中的一些不足进行了检视,与此同时,也提出了一些未来可能的研究方向,希望能够为读者们提供参考。

著　者

2022 年 5 月

目　录

第 *1* 章　创新与创新力

>>>

1.1　创新的概念演进

1.1.1　创新的内涵

创新是一个非常古老的词语。在英语里,创新一词起源于拉丁语里的"innovare",意思是更新、制造新的东西或改变。《汉书·叙传下》中有"礼仪是创",颜师古注为"创,始造之也"。

然而,创新成为一种理论则是在 20 世纪初。美籍奥地利人、哈佛大学教授熊彼特(J. A. Schumpeter)在其 1912 年德文版的《经济发展理论》一书中,运用创新理论解释了发展的概念,此书在 1934 年被译成英文时,使用了"创新"一词。熊彼特在其 1928 年首篇英文版文章《资本主义的非稳定性》中首次提出了创新是一个过程的概念,并在 1939 年出版的《商业周期》一书中比较全面地提出了创新理论,指出:"创新是新技术、新发明在生产中的首次应用,是建立一种新的生产要素或供应函数,是在生产体系中引进一种生产要素和生产条件的新组合。"

熊彼特所说的创新包括五种情况:①创造一种新产品,也就是消费者还不熟悉的产品,或者已有产品的一种新的特征;②采用一种新的生产方法,这种新的方法不一定非要建立在科学新发现的基础之上,它还可以是以新的商业方式来处理某种新的产品；③开辟一个新的市场，也就是有关国家的某一制造部门以前不曾进入的市场，不管这个市场是否以前存在过；④取得或控制原材料或半成品的一种新的供给来源，不论这种来源是已有的还是首次创造出来的；⑤实现任何一种新的产业组织方式或企业重组，比如造成一种垄断地位，或打破一种垄断地位。

　　熊彼特所说的创新，定义过于严格，过分强调经济学上的意义，而忽略了商业上的初始创新，至少是有同等经济价值的渐进性创新。我们也应把对现行技术和生产系统的改造、产品质量的提高与性能的改进以及组织改革看作创新。创新具有多方面性，根据所强调的方面不同，对创新会有不同的定义。被称为创新，有的是因为改善了我们的生活；有的是因为提高了工作效率或巩固了组织的竞争地位；有的是因为对经济具有根本性的影响。但创新并不一定非是全新的东西，旧的东西以新的形式出现或以新的方式结合也是创新。经济学对创新的一般定义是企业家向经济中引入的能给社会或消费者带来价值追求的新东西，这种东西以前未曾从商业的意义上引入经济之中。创新是指以现有的思维模式提出有别于常规或常人思路的见解为导向，利用现有的知识和物质，在特定的环境中，本着理想化需要或为满足社会需求，而改进或创造新的事物、方法、元素、路径和环境，并能获得一定有益效果的行为。创新是指人们为了发展的需要，运用已知的信息，不断突破常规，发现或产生某种新颖、独特的有社会价值或个人价值的新事物、新思想的活动。创新的本质是突破，即突破旧的思维定式，旧的常规戒律。创新活动的核心是"新"，"新"在于产品的结构、性能和外部特征的变革，抑或是造型设计、内容的表现形式和手段的创造，或者是内容的丰富和完善。创新从哲学上说是人的实践行为，是人类对于发现的再创造，是对于物质世界的矛盾再创造。人类通过物质世界的再创造，制造新的矛盾关系，形成新的物质形态，是利用已存在的自然资源或社会要素创造新的矛盾共同体的人类行为。

1.1.2　与创新相关的概念

从创新的概念被提出之后,关于技术创新、制度创新、管理创新、组织创新等相关概念,不同的学者提出了不同的看法。本书认为这是由以下的原因造成的:研究的角度、目的不同,对同一理论的认识和见解自然也会有所不同,各位学者自然会根据自己研究的需要提出对创新的不同见解;创新本身是一个内容广泛、过程复杂的问题;创新所处的社会在不断变化,人们的价值观念也在不断变化,导致创新是一个不断发展的概念。

1. 技术创新

傅家骥等指出,技术创新是企业家抓住市场的潜在盈利机会,以获取商业利益为目标,重新组织生产条件和要素,建立起效能更强、效率更高和费用更低的生产经营系统,从而推出新的产品、新的生产方法,开辟新的市场,获得新的原材料或半成品供给来源或建立企业的新的组织,它是包括科技、组织、商业和金融等一系列活动的综合过程。

2. 制度创新

贾理群等认为,制度创新是指能使创新者获得追加利益的现存制度的变革,制度创新在整个管理体系中处于基础和保障地位。任何激进的技术创新都涉及生产组织和市场结构的变化,因此制度创新与技术创新是不可分割的。

3. 管理创新

管理创新是指为了在市场竞争中获得管理优势,重组管理资源,以便更有效地进行管理,以取得创新效益的过程。

4. 组织创新

路言等指出,组织创新意味着打破原有的组织结构,并根据环境和条件的变化对组织的目标加以变革,同时对组织内成员的责、权、利关系加以创新构制,形成新的结构和新的人际关系,使组织的功能得到发展。其内涵在于组织从形式到内容、从结构到制度的全面更新。

5.产品创新

OECD(经济合作与发展组织)1997年的《国家创新体系》报告中关于产品创新的定义是:提高现有产品或服务的质量或者开发新的产品。傅家骥等指出产品创新是指技术上有变化的产品商业化。按照技术变化量的大小,产品创新可分为重大的产品创新和渐进的产品创新。

6.过程创新

OECD 1997年的《国家创新体系》报告中关于过程创新的定义是:用更少的投入得到更大的产出(包括产品和服务)。傅家骥等指出,过程创新也称工艺创新,是指产品的生产技术的变革,它包括新工艺、新设备和新的组织管理方式。

7.市场创新

市场创新是指通过采用新的产品设计、新的原材料、新的生产工艺、新的广告创意、新的产品包装、新的品牌商标、新的营销渠道、新的促销方式、新的组织形式、新的管理制度或其他新的市场要素等,从而改变现有产品的市场特性及其销售状况,或是开发出新的产品,开辟出新的市场。

8.产业创新

产业创新是指某类技术创新活动的产业化。它表现为创新技术的规模化和群体化,并因此而兴起一种新兴的高新技术产业,或者表现为某类创新的商业化及扩散过程,从而使传统产业的传统技术得到突破性改进,使整个产业实现整体的高效化。

1.1.3 创新的动态研究过程

自1912年熊彼特提出创新的概念以来,创新理论本身不断发展完善,而这一过程又与世界经济的跌宕起伏息息相关。由于不满意传统经济学只注重劳动、资本这些实物生产要素对经济发展起决定性作用的解释,并受马克思关于技术进步在经济发展和制度变更中起革命性作用的理论分析的影响,熊彼特在其著作《经济发展理论》中正式提出了"创新"的概念。这一伟大的理论在当时并没有受到经济学家的重视。

直到 20 世纪 50 年代,欧美经济发展速度之快已不能用传统生产要素投入所起的作用来解释,人们才开始关注技术创新的作用。1957 年,S. C. Solow 发表了《技术进步与总生产函数》一文,提出了用生产函数中的余值来测算技术进步率的定量化方法。此后,创新理论的研究逐渐分为两个分支:技术创新理论与制度创新理论。

20 世纪 70 年代末 80 年代初,以 M. Mansfield,C. Freeman,R. Nelson,Silverberg,W. B. Arthur,P. Stoneman 等为代表的一批经济学家发展了熊彼特的创新理论,并自称新熊彼特学派,代表著作有 Freeman 1974 年出版的《工业创新经济学》和 Stoneman 1983 年出版的《技术变革的经济分析》等。20 世纪 80—90 年代的研究成果是极其丰富的。1982 年,Nelson 和 S. Winter 提出了技术进步的"进化理论";Silverberg 构建了基于自组织理论的经济动态和技术进步模型;Arthur 提出了"技术-经济模式"理论;Giovanni Dosi 提出了"技术轨道"的概念。总之,新熊彼特学派研究了技术进步在微观经济行为、产业结构变动过程和经济体系的宏观经济转变中的作用。此外,J. M. Utterback 和 N. Abernathy 从产业创新的角度提出了 Utterback-Abernathy 动态模型;Gary Hufbuer 等学者对熊彼特的技术创新群的概念进行了验证;Kuznets,Van Duijin 等确立了创新生命周期的概念。这一时期的代表著作为 Giovanni Dosi 等合著的《技术进步和经济理论》,在 1988 年出版。

丹麦经济学家 Bengt-Ake Lundvall 第一个使用了"国家创新系统"的表述,他的研究强调了创新系统中主体间的互动作用。1987 年 Freeman 在 Friedrich List 理论的启发下提出了"国家技术创新系统"的概念;Freeman首先对日本的国家创新系统进行了研究,从制度在产业结构上剖析了创新的系统性和国家干预的重要性,1987年发表了《技术政策与经济运行:来自日本的经验》。1993年 Nelson 和 N. Rosenberg 出版了《国家创新系统:一个比较研究》,比较了15个国家的创新系统。Nelson强调了国家制度和创新中的重要作用,他认为,在科学和技术的发展中存在着种种不确定性,应对这种不确定性高的活动,有多种可能的制度安排和战略选择。OECD 1994年启动了"国家创新系统项目",对多国创新体系开展了大规模的研究,随之发表了一系列的研究报告。OECD认为,国家创新系统的核心内容是科学技术知识在一国内部的循环流动。其研究的重点是整个系统中创新互动和知识流动的效率。国家创新系统对经济发展的意义在于:经济的发展是新技术和与之相适应的制度相结合的结果。世界经济的发展表明,国家创新系统能使一国在有限的资源条件下获得较快的经济发展。

20世纪90年代后,信息技术、知识经济的发展向现有的技术创新理论提出了挑战,使经济学家们认识到必须在更广阔的空间研究技术创新才能掌握其与经济的关系,因此出现了技术创新和制度创新的融合。Benhabib,Serlitis,Day,Barnett 等描述了技术创新的非线性特点;国家技术创新系统成为研究的热点;人们开始考虑技术与环保问题的绿色技术创新的研究。我们可以将这一时期的技术创新研究称为系统化的技术创新。

由以上论述可见,就创新理论本身来说,人们经历了一个认识、研究和应用的过程。熊彼特认识到了创新在经济发展中的重要作用,此后,经济学家在对创新理论本身规律进行研究的基础上探讨了其与经济系统的关系,以便用之指导创新政策的制定,促进经济的发展。经济学家研究技术创新的内容是随经济的发展而不断变化的,经济学家往往依据当前的环境来研究创新理论,并将其应用到实际中,以促进经济的发展;当变化后的经济对创新理论提出挑战时,又促进创新理论的进一步发展。因此,二者之间是互动促进的关系。本书认为最具有现实意义的创新理论应随经济发展而完善,这样才能为经济的快速发展提供有益的指导。同时我们也体会到了熊彼特的伟大之处,他超前于时代地意识到了创新在经济发展中的巨大作用,但遗憾的是他的理论并没有立刻引起重视。

　　本书将创新理论发展的过程和与之相关的经济发展进程近似地划分为五个阶段:

1. 第一阶段

　　20 世纪初,鉴于传统经济学没有考虑技术进步在经济发展中的作用,熊彼特提出了"创新"的概念和以之为核心的经济学理论。

2. 第二阶段

　　20 世纪 50 年代,主要是对熊彼特创新理论的验证,进行了一系列的实证研究,从企业、产业层次进行技术创新测度研究和基于企业层次对技术创新的动力机制、市场机制进行研究,并对技术创新理论进行了完善。

3. 第三阶段

　　20 世纪 70 年代末,日本经济的突飞猛进使经济学家们意识到了制度对经济发展的强烈影响,制度创新的研究与技术创新的研究开始并驾齐驱。

4. 第四阶段

　　20 世纪 80 年代后期,人们逐渐认识到了创新的多主体性、动态性、集成性等综合特性,创新的系统范式逐渐形成,而且提出了"国家创新系统"的概念并开始了这一方面的实证研究。可将这一时期的技术创新理论称为系统创新理论。

5. 第五阶段

　　在多元化经济的背景下,开始了以复杂理论为基础的对创新机理、创新网络形成的研究。

1.1.4 创新的研究现状

当前对创新的研究涉及方方面面,为了表述清楚,本书从以下几个方面系统总结与分析。

1. 研究层次:可分为宏观、中观和微观的研究

(1)宏观层次上主要研究创新与经济增长的关系。创新的概念是由熊彼特在1921年首次提出的,他认为创新是多方面的,包括市场、产品、管理模式创新等,这都是使一个组织保持核心竞争力的关键要素,并把创新过程定义为将重新整合的生产要素与生产条件引入生产体系中来确保竞争优势的过程。以此为基础,Solow从技术创新的角度来解释创新与经济增长的关系,他认为提高生产要素水平是加快国民经济增长的关键,他强调技术创新的产生和实施,即科技成果在经济市场上的商品化和收益化的过程。在结合目前我国发展的大背景下,国内学者提出应以"技术引进-消化吸收-自主创新"作为我国进行技术创新的路径,认为应当通过引进和消化吸收国外先进的技术,并以此为基础进行自主创新攻破难关来确保竞争优势,同时他们认为,进行自主创新有助于带动地区将知识转化为新产品、新工艺、新服务,由此来提升一个区域的科学技术竞争力。随着对技术创新研究的不断深入,我国部分学者认为应当从发展中国家的基本国情出发,提出我国经济的发展需要不断引进和调整国外先进的技术,以此来解决"技术缺位"的难题,同时还需要在政府的领导下,通过自主研发创新的生产技术和工艺技术,不断提高增强技术创新的动力,最终打破技术创新能力刚性的枷锁,实现经济的持续发展。还有学者认为,在效率驱动向创新驱动转换的发展阶段,必须不断地增强技术创新能力,由此来保证经济发展的竞争力,他们认为拥有自主创新知识产权的技术创新能够有效地改变我国价值链在全球价值链中处于较低端的分工地位,不断拓展我国经济增长的空间。宏观层次主要是对国家技术创新系统的研究,研究的目的就是要在有限的资源条件下,使一国的经济获得较快的发展。代表作品有 1993 年 Nelson 等主编的《国家创新系统：一个比较研究》、1996 年 Edqist 主编的《创新系统》。

（2）中观层次上主要进行的是产业层次的技术创新研究。现阶段，众多学者认为区分发达经济体和欠发达经济体的核心变量是产业结构，产业结构的升级调整被看作发展中国家加快经济发展的关键因素之一。熊彼特提出了创新具有群集的现象，并在此基础上提出创新集群是经济变动的重要原因。目前学者们普遍认为创新具有集群现象，他们认为技术创新对产业的形成演化和可持续发展具有至关重要的作用。由于产业技术创新是技术创新的关键，其目的就是不断开发新技术、新产品，并使之在产业内迅速地扩散，以此来保证产业的持续发展。例如 SEIN 项目中进行了关于新产品创新的生物技术案例研究、热电联产技术（CHP）研究以及在电子商务中技术和创新网络共同进化的知识密集型商务服务（KIBS）研究。荷兰有些学者对本国的生物技术产业进行了研究。希腊的 Achilladlic 等对 1950—1990 年世界制药产业的技术创新进行了研究。在我国有些学者对煤炭产业、运输产业、医药产业和石油产业的技术创新情况进行了研究。

（3）微观层次的研究主要是针对企业层次的研究，这方面的研究开始得最早，也研究得最多。近年来，创新一直都是管理学者和实践者关注的焦点，对于今天的组织来说，创新是非常重要的（M. Sharafi，2016）。面对当今竞争日益激烈的环境，大多数的组织都在寻求生存和发展之道，如果没有创新和创造力，组织便不能很好地生存（Stoner et al.，2010）。组织应该具备不断创新的能力来积极应对日益激烈的竞争环境所带来的挑战（Anderson N.，2014）。美国国家研究理事会（NRC）整合的"21 世纪核心技能"中排在首位的是创造和革新能力。诺贝尔经济学奖得主 Phelps（2014）曾公开发表自己对于创新的看法，但是他对创新的想法与"创新理论"鼻祖熊彼特的观点不同。Phelps 指出，熊彼特认为的创新是科学家和航海家的专利，不相信商业领域可以创新，但他却认为商业领域可以创新,而且自下而上的大众创新,对于未来经济发展和社会繁荣至关重要。作为商业领域中创新体系的主体,企业在越来越激烈的国际竞争以及社会经济发展中发挥着不可替代的作用(吴晓波,2018),而企业的创新归根结底是企业内部员工的创新,员工创新行为是企业创新的源泉和起点(Amabilet,1993),也是企业参与竞争的重要武器(Qu Rujie,2015)。企业要想不断发展壮大,就需要其员工具备创新能力(Shally and Blum,2000)。在日新月异的今天,单单满足普通的工作绩效已经不能很好地紧跟"创新"这一时代步伐,员工创新绩效对企业的重要性不言而喻(Pieterse,2010)。员工创新绩效是指员工对有利于角色绩效、工作或组织新想法产出的一系列创新想法和创新行为的总和以及带来的结果(Jansseno,2004),它代表了创新的成果和最终实现。

2. 研究角度:理论研究和实证研究

(1)理论研究表现为以下几个方面。一是研究的理论基础由原来的传统经济学理论、管理科学理论、控制论、决策理论、数理统计分析转向了非线性理论、信息理论、自组织理论、进化论和复杂系统理论。各种非线性的模式主要有:链接式模式、有组织的混沌模式、循环模式、传播模式、尝试模式、跳跃模式和神经网络模式。二是对创新机理的解释主要有:进化经济学、技术社会学和自组织创新理论。三是对技术创新的主体进行了讨论,涉及企业、市场、国家、企业家。四是创新过程模型除了技术推动模型、需求拉动模型、技术与市场交互作用模型外,又增加了一体化创新过程模型和系统集成网络模型。

(2)实证研究表现为以下几个方面。一是在延续以前以技术项目作为分析单元的项目调查方法和以企业技术创新活动作为分析单元的调查方法的基础上,开展了不同国家之间的比较分析研究。二是我国学者曹崇延等提出了较完善的企业技术创新能力指标体系。三是 SEIN 项目基于自组织创新网络理论进行了生物技术、电子商务技术、能源热电联产技术领域的关于产品创新、技术扩散等的专项研究。四是 Kauffman 在

1993 年提出了用于分析基因网络的 N-K 模型，Frenken 用它来分析航天技术的创新情况。Lee Fleming 和 Olav Sorenson 利用 N-K 模型，以美国专利数据和 CAS 理论为依据分析了技术创新过程。

3. 研究方法：计算机模拟方法是运用较多的方法

计算机模拟方法是除了理论研究和实证研究之外的另一类验证和探讨问题的有力工具。波兰学者 Kwasnicki 将生物进化论应用到技术创新研究中，并进行了创新和产业演化的分析。日本的 Kumaresan 基于机器人制造业进行了国家创新系统的模拟。德国科学家 Brassel 利用自己开发的 VSEit 工具进行了创新的研究。SEIN 项目组基于 SWARM 进行了行业创新的研究。与传统的确定性方法相比，基于主体的模拟方法可以更好地描述复杂系统的特征，如历史因素的影响、不确定性、路径依赖、随机事件的发生等。

除了以上各方面提到的以外，我国从 20 世纪 80 年代开始了技术创新的研究。1996 年加拿大国际发展研究中心与原国家科委（现为科学技术部）合作开展了国家创新系统的研究，同年出版了《十年改革：中国科技政策》。近些年针对相关研究项目出版的主要著作有：1998 年的《中国国家创新体系的现状、问题与发展趋势》《国家创新系统的理论与政策》，2000 年的《21 世纪的中国技术创新系统》。这些研究主要还是偏重于政策方面的宏观研究。我国政府也积极推出了推进技术创新的相关政策，仅 1999 年 1 月至 2000 年 9 月发布的相关政策就有 44 个。从 1999 年开始，科学技术部政策法规与体制改革司每年策划组织撰写的《中国科技发展研究报告》，对我国的科技工作进行了及时、客观、公正的总结和评估。李正风、曾国屏提出了研究创新的"系统范式"；陈劲提出了技术创新的系统框架；2001 年隋映辉发表了在系统创新方面的研究成果；林学达等提出了创新系统软动力学的研究提纲，基于系统论、非线性理论对创新系统进行了研究。

1.2 创新力

1.2.1 创新力的概念、构成

现代性哲学下的人是创新的主体,人之所以为人,人之所以区别于其他动物,在于人的意识,在于意识的创造性。创新归根结底离不开个体的意识,依赖一定的心理基础。洞察想象力和综合交叉能力是创新关键的心理能力。洞察想象力包括两个方面:洞察力和想象力。洞察力涉及对事物和问题的观察及分析的深刻度。它主要是一种分析能力,是一种去粗存精、由表及里的能力,是一种透过现象把握事物本质的能力。从思维类型来看,洞察力主要是一种聚合性思维能力。想象力涉及对事物和问题把握的宽广度、灵活度与新颖度。它主要是一种变通更新能力,是一种由此及彼、由无及有的能力,是一种打破边界的扩张能力。

1.2.2 创新力的决定性能力——想象力

从思维类型来看,想象力主要是一种发散思维能力。思维的发散性常常表现出较强的丰富性、灵活性和独创性。思维发散的丰富性是指在同一思维方向上能够产生大量念头的一种属性,也称为思维的流畅性;思维发散的灵活性是指改变思维方向的属性;思维发散的独创性是指产生不同于寻常新念头的思维属性。美国著名的创造学家吉尔福特也认为,发散思维是创造性思维的重要组成部分,它具有这样的基本特征:思维的流畅性、思维的灵活性和思维的独创性。想象力不仅是发散思维的集中体现,也是创新力关键心理能力之一。想象力之所以具有创新力,在于它的自由性,它既不是感性和知性的范畴,也不是理性的必然性范畴,而是连接感性和知性的自由中介。洞察想象力由聚合性、确定性的洞察力和发散性、自由性的想象力组成,但不等同于两者简单相加。它是聚合性和发散性的有机结合,确定性与自由性的有机结合。洞察想象力之所以是学术创新的关键心理能力,主要基于以下原因:洞察力直接关系到创新的深刻度,想象力直接关系到创新的新颖度。学术创新不同于一般的非学术创新,不同于日常生活实践创新,它是探索事物本质性的工作,相对于其他创新,深刻性是显著特点之一。因此,从心理能力上来讲,洞察力是学术创新力的基础。没有洞察力的创新,是没有深度的创新,也难以谈得上真正的学术创新。没有想象力的洞察力,也难以推进学术创新。只有两者有机结合,即洞察想象力,才能为学术创新奠定心理基础。

1.2.3　想象力的概念、构成

康德认为想象力具有联想、再生、复现、复制、建构和创造的能力,这种能力是派生地表现对象的能力。也就是说对象先已存在,先有感性直观,通过联想、回忆等把先前的感性直观再现于心灵中。以纯粹时空直观为条件的想象力属于第一种表现,而一切以感性直观为条件的想象力属于第二种表现。康德把感性直观与对象的概念联结构成感性知识,这就是"经验"。想象力不由自主地产生出想象,康德称之为"幻想",那种睡眠中不自觉的想象是"梦幻"。康德把想象力的创造性质看作:一是狭义的创造性(也称为构想性、产生性、生产性、创制性的);二是广义的创造性,即复制性的(又称为召回性的、联想性的)。但无论哪种创造性质的想象力,康德都把它看作离不开感性材料、感官观念的。人们总是可以指出想象力所用的材料。康德说:"即使想象力是一个很伟大的艺术家,甚至是个魔术家,然而它却不能创造出什么,而必须从感官那里汲取自己形象的素材。"这表明康德把想象力奠定在感性材料和感性观念上,这就为想象力确定了正当的基础,将其区别于任意性的幻想。

康德所说的想象力在认知科学中具有重要的作用和价值,它是认知主体具有的一种特殊的创造性功能。作为想象力的感性的创造力,无论是构成型和联想型,其创造特性均存在。因此,大多数的创造力测验均选取创造性联想作为主要的测试内容。归纳起来,创造性联想可以定义为能动地发现那些距离遥远的两个或多个概念或现象之间所隐藏着的相似点或相关性,从而把它们联系起来以产生新的事物或知识的思维方法。创造性联想是发散性联想和辐合性联想两者相互统一的思维过程。创造性联想包含自由联想、控制联想、超概念联想和远距联想等内容。根据创造力的研究,认为发散性思维是创造性思维的核心,认为创造性思维是不同因素的新的组合,这种组合满足一定的需要,具有一定的作用。张庆林等人认为创造性思维过程中,除了发散思维,还包含了辐合思维。因此,自由联想、控制联想、超概念联想和远距联想等内容均可能包含发散性联想和辐合性联想的思维过程。

1.3 小 结

1. 理论基础

最初,创新研究的理论基础主要是西方经济学,而西方经济学的方法论基础是 Bacon, Descartes, Newton 等奠定的机械主义、物理主义的世界观,它以定量、还原论和均衡论为核心。虽然它曾指导经济学取得了巨大成就,却无法有力地分析非均衡的、动态的和复杂的经济现象,所以无法分析技术创新。经济学家 Arthur 深深感受到传统经济学在解释复杂经济现象时的无能为力,提出了报酬递增率的思想。他又结合 Charles Darwin 的自然选择理论提出了技术锁定的观点。由 Nelson 和 Winter 奠定基础的进化派也力图用 Darwin 的进化论来解释技术创新的过程,因为它能很好地处理系统生成、演化等现象。他们认为关于创新的决策过程永远是基于不确定性和偶然性的,需求结构(市场)形成了选择环境,选择是一个反馈环,它平稳了创新过程。然而进化论本身也正在面临挑战,由

Charles Darwin 进化论发展而来的现代进化论虽然很好地解释了生物小进化范围内的改变和新物种的形成,却不能很好地解释生物的大进化过程,即历史上发生的"快速进化"和"进化停滞";同时也不能很好地解释物种的复杂性,因为单单依赖随机过程形成复杂的生命、无数的种群几乎是不可能的。Kauffman 通过对基因网络的研究认为在生物的进化过程中除了受到自然选择的作用外,在内部还遵循着自组织原理。通常我们将 I. Prigogine 的耗散结构理论、H. Haken 的协同学、M. Eigen 的超循环论统称为自组织理论。前两种理论来源于物理、化学领域对复杂性机理的探讨,系统的组元都是无生命的,在研究生物进化和技术进化的过程中,可以借鉴,但不能照搬,因为无论生物还是创新的主体——人,都是具有主动性的活的个体。在科学界对复杂现象的研究陷入困境的时候,密歇根大学的 Holland 提出了 CAS 理论和方法来研究复杂问题。CAS 理论的主要特点是赋予系统的组元主动性,认为系统整体的复杂行为是各组成主体在相互作用中涌现出来的,将微观行为和宏观表现联系了起来。这一理论的出现为生物学、经济学、社会学和其他科学的复杂性研究提供了一个崭新的思路。

2. 研究方法

创新过程受到多种因素的影响,传统的动力学方程已不能胜任对它的描述,况且传统的方法还是基于把复杂问题简单化的思路,这在本质上并不符合复杂现象产生的原理。多组元的相互作用是复杂性产生的根本原因,如果为了处理的需要把这些因素简化,当然就不会得出合理的结论。要真正地研究复杂性,必须把非平均的因素在系统的演化中表现出来,这样才能真正研究各种参数对系统发展的影响。计算机模拟工具为我们提供了有利的帮助,在简单规则的指导下,通过主体间的相互作用研究复杂现象的产生过程,这既与客观事实相吻合,也为我们的研究提供了快速的、真实的研究工具。

3. 从系统观点研究创新

创新存在于企业、产业和国家各个层次,每个层次的创新活动都与很多因素相关,因此各个层次的研究都应从系统的观点出发。而在当前的研究中,在企业层次主要强调的是技术创新,在国家层次偏重的是制度创新,这种研究方式不是系统理论所倡导的。在企业、产业和国家以至于国际层次的创新活动都呈现出系统的特性,因此在各层次对创新的研究都要遵循系统的观点,同时还要研究各层次之间的关系,将微观研究和宏观研究结合起来,将技术创新的研究和其他创新的研究结合起来。

4. 解释机理

目前用于解释创新机理的理论主要有:进化经济学创新理论、技术社会学创新理论和自组织创新理论。

新古典经济学集中于把市场作为分析的单位,进化经济学则趋向于把公司作为创新过程的载体。由于新古典经济学在解释技术变化时并不充分,经济学家 Devendra Sahal 提出了创新过程的技术进化论。1963 年 Cyber,March 等将熊彼特传统创新理论与行为组织理论结合了起来。1982 年 Nelson,Winter 提出了道路突破理论。这些理论都是基于一个变化、选择、连续的进化论框架,并结合了熊彼特的非均衡理论。在技术基础之上,公司的决策过程依赖于企业的历史、市场环境、可得到的信息等。进化的单元由公司决定的技术规划组成,环境的选择决定了公司的成功。其目的是研究创新的动力学及其对技术增长、贸易、经济的影响。

在进化经济学中,技术的发展被概念化为"技术轨道",即技术发展的独特道路,一项优先发展的技术会主宰其他技术的发展。建立"技术轨道"的两种主要机制是"技术范式"和"技术-经济模式"。前者由 Dosi 创建,主要强调的是科学家和工程师的意识框架在创新中起关键的作用。技术范式是影响技术改变方向的一系列规则,一旦技术范式成功了,它就会得到传播,使技术的发展成为可能。后者指的是相互关联的产品和工艺,技术创新、组织创新和管理创新的结合,包括全部或大部分经济潜在生产率的数量跃迁和创造非同寻常程度的投资和盈利机会。这样一种模式变革意味着明确的技术优势和经济优势的组合,二者相互影响、相互依赖。

Nelson 和 Winter 早期的工作主要强调市场是技术选择的主要环境,但从 1992 年开始强调制度因素对创新的影响,开始了对区域创新系统、国家创新系统的研究。

1997 年,Etzkowitz 和 Loet Leydesdorff 基于进化理论提出了技术创新的三链螺旋模型,是对 1988 年 Arthur 提出的技术锁定理论的扩展。三链螺旋模型由大学、企业、政府组成,它不只象征了这三者之间的关系,而且象征了这三者之间的内部转化,它考虑了网络效应对人们行为的影响。

不同模式的进化经济学都遵循同样的观点:技术因素并没有决定技术的改变,也就是说在市场上成功的技术并不一定有高的技术效率,技术创新的成功具有很大的随机性。进化经济学创新理论虽然解释了一些宏观的创新现象,但并没有指出创新产生的机理:随机因素起主导作用的结论又不能使人完全信服,在不同的时空领域创新有不同的发展状况,这提示我们一定还有其他的因素在对创新发挥着影响;三链螺旋模型虽然为解释创新的机理提供了一个更系统化的方法,但在模型的构建和机理分析上还存在着许多不足。因此,关于创新系统的运转机理还有许多问题等待探索。

技术社会学认为,从行为科学的观点看,社会文化在微观方面补充了进化经济学对创新和工业动力学的解释。技术社会学研究的重点是存在于创新过程之外的社会相互作用的本质和特点。它认为创新是一种"社会结构",而不是由科学和技术优势传播而来的。创新网络关系作为对传统市场和等级制度的补充,对创新已变得越来越重要。在开放性和自组织力量下,创新活动的参与者之间的相互信任和相互作用是创新的重要特点。

对自组织创新理论的近期研究以 SEIN 项目为代表,它以自组织为基本机理来对创新系统进行研究,把源于物理、化学的自组织理论应用到认识社会、个人和创新行为的研究中。它提出了"自组织创新网络"的概念,指出只有在外部控制条件之下,系统局部的相互作用才会导致宏观结构的变化。创新网络既可以从系统外部构建也可以从内部合作中涌现。不确定性是创新网络构建和涌现的驱动力量。这一理论的研究为创新理论的进展打开了新的局面,但这一理论还不成熟,研究还局限于对部分技术创新案例的分析。

5. 创新过程模型

20 世纪 60 年代以来,国际上出现了五代具有代表性的企业技术创新过程模型:技术推动模型、需求拉动模型、技术与市场交互作用模型、一体化模型、系统集成网络模型。系统集成网络模型是一体化模型的进一步发展。其最显著的特征是强调合作者之间更密切的战略联系,更多地借助于专家系统进行研究开发,利用仿真模型替代实物原型,并采用创新过程一体化的计算机辅助与计算机集成制造系统。它认为创新过程不仅是一体化的职能交叉过程,而且是多机构系统集成网络联结的过程。这几类模型都是以企业为背景构建的,但是随着对创新活动研究的深入,创新模型的构建不能仅仅局限于企业范围,可将更大范围的创新组织建立形成创新网络。

1997 年 Edquist 提出了"创新网络"的概念。无论在创新研究过程中使用的是链式模型还是直线模型,针对的是区域创新系统还是国家创新系统,创新网络在现实中已确确实实存在了。知识复杂性的增加、知识创建速度的加快、工业生命循环的缩短成为创新网络重要性增加的主要原因。现代创新的成功越来越依赖于各种知识和技巧的融合了,极少有创新只依赖于单一的技术领域或某一企业,因此为了推进创新的速率,创新政策开始鼓励组织间的网络构建和协作。

网络在由于创新而不断变化的环境中发展,网络的效率依赖于如何将参与者的知识和技能集中在一起。也就是说网络是一个 CAS,它们通常是自组织的,并不断适应所处的环境,没有中心的控制机制,当前的状态独立于历史状态。

1992 年 Callon 进行的"actor 网络"的研究、1993 年 Molina 进行的"社会-技术制度"研究只是对网络的静态模式的粗略分析,并没有对创新网络的动态行为进行研究。此外,他们指定的技术推动力是非常有限的。对大的技术系统的进化研究已表明了技术发展中的相互依赖性,随机的因素可能会决定和限制技术的发展道路;信任、合作和大范围的相互作用在技术的发展中都起了很大作用。

Nelson,Winter 和 Gibbons 等只是对创新网络在技术改变中的作用进行了考察,并没有深入研究创新网络的形成机理、结构及其对创新的影响,原因之一就是用传统的方法描述创新网络进化动力学十分困难。

6. 实证研究

由于创新活动的不易测度性、地区差异性,创新理论的不完善性等原因,给创新的实证研究带来许多困难。只有将创新的实证研究与理论研究结合起来,以理论成果为指导进行实证研究,在实证研究中发展理论,二者交互进行,才能共同进步。创新问题研究趋势见表 1-1。

表 1-1　　　　　　　　　　　创新问题研究趋势

	历史状况	发展趋势
研究角度	局部研究	系统化研究
理论基础	还原论、进化论	不确定性理论、复杂性理论
研究方法	动力学方程	计算机模拟
解释机理	进化经济学、技术社会学	三链螺旋模型、自组织理论
创新模型	链式模型	网络模型

第 2 章　创新绩效的发展演化

2.1　创新绩效的定义

从狭义的角度上看,Soete 认为创新绩效指的是公司的新成果在市场上的投入程度,详细来讲就是对新成果、新设备的引进程度。从广义的角度上看,Ernst 认为,专利发明的数量及使用率、R&D 研究与试验发展投入与新产品发明构成创新绩效评价的三大指标,他指出,创新绩效表现的是从概念性的创意到新产品的市场投入程度。国外学者 Drucker 对创新绩效的定义是:创新绩效不应局限在某一层面,它应是一定期间内对组织创新成果的综合表现;基于此,Tidd 认为创新绩效应包括多个方面,是产品、服务、过程的创新;Jantunen 进一步指出创新绩效是产品或工艺上的创新给组织带来的绩效提升。国内学者高建认为创新绩效由产出绩效和过程绩效构成,是实现一定的目标创新;郑建军通过研究指出创新绩效是组织成员在工作过程中提出的有创意的、新颖的想法或设计,并且这些想法或设计有利于提升组织的绩效。韩翼等学者则将创新绩效定义为组织员工在知识的共享转移过程中,为了增强自身的竞争优势,将知识重心不断转移的过程。

2.2　创新绩效的内涵

创新绩效是用于衡量行为过程与目标的契合程度的一项指标,也可以说是企业采取某一方法或通过某一途径而实现的结果。专注于创新研究的学者们在对创新效用进行判定时通常选择创新绩效这一判定指标。学科的多样化以及研究方法的丰富化使得国内外学者很少明确界定创新绩效的内涵,也没有形成一致的结论。通过梳理有关文献整理了关于国内外学者创新绩效内涵及测量方法的表格,见表 2-1。

表 2-1　　　　　　　　　　**国内外学者创新绩效内涵及测量方法**

研究作者及年份	创新绩效的内涵
Drucker(1993)	认为创新绩效绝非局限在某一个层面,是技术创新期间对企业创新成果的综合反映
Tidd(1995)	认为创新绩效是多方面的,是产品相关的创新,服务方面的创新和过程创新等
Curba(2001)	狭义方面上创新绩效是将创新引入市场评价机制的结果;广义方面上包括了创新、技术、发明等
林文宝(2001)	认为创新绩效包括了过程创新相关的绩效和产品相关的绩效等
Hagedoorn(2003)	宏观层面上创新绩效是创意思想产生价值的过程;微观层面上指产品创新、服务创新的数量和市场接受的程度
高建等(2004)	创新绩效是实现一定的创新目标,包括产出绩效和过程绩效
Jantunen(2005)	认为创新绩效是指产品创新或工艺创新给企业带来绩效的提高
戴勇、朱桂龙(2011)	认为创新绩效主要体现在产品创新、技术创新等多方面
Mohammad(2014)	认为创新绩效是企业长期以来新颖点增加得多少
Ahuja 和 Katila (2001)	认为创新绩效需要综合考虑创新的技术层面以及新技术商品化
Cloodt(2003)	区分了发明绩效、技术绩效、狭义的创新绩效以及广义的创新绩效。狭义的创新绩效是指企业在多大程度上实际将发明引进市场的结果,如新产品、新工艺系统或新设备的引进率

（续表）

研究作者及年份	创新绩效的内涵
Ernst（2001）	广义的创新绩效则是指概念与想法从产生到形成发明，直到最终进入市场的轨迹中所产生的成就，覆盖了从研发到专利实施和新产品引进的所有阶段的度量
陈劲（2006）	从产出的视角，认为企业创新绩效是能客观测度和感知的技术创新活动产出的成果绩效，包括如新产品利润率、新产品销售率等直接经济效益和技术诀窍、专利等间接经济效益
Desh（1998）	认为企业创新绩效是业务规模、市场占有率、盈利能力、创新能力等
吴剑（2011）	在肯定创新绩效对企业经营发展重要性的同时，也对创新绩效的重要意义进行了分析论述。他认为，创新绩效可具体以新产品开发速度、专利申请数、新产品数为指标进行量化分析，能够确保中小企业创新绩效评估分析的科学性与准确性
Janssen（2000）	员工创新绩效是指员工在个人职能范围中产生积极创新的且能够实施的有助于实现工作目标的工作方法，并进而达到的工作成果
Oldham Cumming（1996）	创新绩效是特定领域产生的，新奇而具有适用性的想法

述评：通过上述有关创新绩效内涵的罗列，本书认为创新绩效的内涵主要包括：①认为创新绩效是技术创新和产品创新的结合；②认为创新绩效是价值的增加；③认为创新绩效是从投入到产出的成果。本书认为创新绩效不是简单的产品创新，而是既包括产品创新又有技术创新或者过程创新等方面。

2.3　创新绩效的维度

国内外学者针对创新绩效的测度展开了广泛的研究，由于研究角度不同，所用测量方式及指标选择有较大差异。根据数据来源方式的不同，创新绩效的测量可以划分为主观测量和客观测量。主观测量方法是指以问卷的形式，让被调查者根据企业实际情况对企业创新绩效做出评价，多以量表的形式进行。客观测量方法则是依据现有上市公司财务数据、企业调查数据、专利数据、权威机构出版数据等二手数据进行测量，可靠性相对较高。本研究对相关文献进行了整理，整理结果见表 2-2。

表 2-2 创新绩效文献综述

研究作者及年份	创新绩效的测量维度
Barczak（1995）	市场的占有率、产品销售总额、产品的满意度、盈利情况
Subramanian（1996）	创新平均数量、创新平均所费时间、创新时间
Curba（2001）	研发经费投入、专利数量、新产品发布数量
Lovelace（2001）	新产品的数量、申请的专利数、新产品销售额占总销售额比重、新产品的问世速度、新产品的成功率
林文宝（2001）	产品创新（产品品质、功能改变、新产品商品化速度、市场占有率、获利能力和利润率等项目）和过程创新（引进及改善新技术、新产品设计速度、新设备对生产率的提升等项目）两个方面
Hagedoorn（2003）	研发投入额度、申请的专利数、引用的专利数、新产品开发数量
高建等（2004）	信息交流质量、工作进度、时间指标满足程度、产品发布前设计项目变更程度；科技奖励数量、专利数、完成项目数、新产品及改进产品发布数、项目与公司战略一致程度
韩翼（2006）	创新意愿、创新行为、创新结果
陈学光（2007）	研发成功率、研发速度、新产品数、新产品的市场反应
Zhang（2010）	新产品的研发、推广速度和新产品质量
戴勇、朱桂龙（2011）	新产品利润率、专利申请数、新产品产值占销售额的比重
Hitt（1997）；Wang 和 Kafouros（2009）；Acs 和 Audretsch（1989）；吴文华和姚丽华（2014）	研发投入；新产品（数量、销售收入、产值或其占比）；专利指标（专利数量，申请或授权数量；专利质量，被引次数）；财务绩效指标（主营利润、净资产收益率、销售净利率、企业市值）
单红梅（2008）	将创新绩效的评价维度定义为经济效益、社会效益
吴亚桃（2008）	强调了生态效益的重要性，将企业创新绩效的评价指标具体确定为经济效益、社会效益与生态效益

述评：从表 2-2 可以看出，由于研究背景和研究角度的不同，学者们对创新绩效的测量指标选取并不统一。基于客观测量的学者多使用研发

投入、专利（数量及质量）、新产品（数量、销售收入、产值或其占比）及财务绩效等单一指标或多指标来衡量企业创新绩效。使用研发投入作为创新绩效衡量指标的学者强调企业先前的研发投入会进一步引致其后续研发投入（Nelson and Winter，1982），且研发投入指标很可能直接导致企业的创新产出（Hitt，1997）。使用专利指标的学者多认为专利涵盖了发明专利、实用新型及外观设计，集中反映了企业的新技术、新工艺和新产品等，是非常切合企业创新绩效测度的指标之一。但同时有学者强调除了高技术产业之外，专利数量并不能作为所有产业创新绩效的表征（Mansfield，1986；Arundel and Kabla，1998）。与专利所体现的技术绩效不同，有学者指出新产品产值指标凸显创新带来的成果（Wang and Kafouros，2009；马文聪等，2013；杨洋等，2015），但是，新产品相关指标较难量化，需要深入企业调研才能获得。此外，财务绩效指标是指企业创新活动带来的财务绩效的综合表现，如利润的增加、企业市值的上升等，亦得到学者们的重点关注。

总之，学者们就创新绩效的衡量进行了大量探索，且自 Hagedoorn 和 Cloodt 使用四个指标来表征创新绩效并验证这一综合指标的有效性，越来越多的学者考虑利用多个创新绩效指标来共同表征企业的创新绩效，并意识到企业进行技术创新活动并不仅仅是为了专利数量的增加或者专利质量的上升，而应当更多地体现企业经济的产出，如新产品产值、市场收益以及企业市值等。对于创新绩效的实证分析，学者们大都采用韩翼提出的创新意愿、创新行为和创新结果三维度模型。

2.4 创新绩效动态研究脉络

进入 21 世纪，全球市场不断开放，企业间竞争更加激烈，组织内外部商业环境变化加速，日趋复杂。创新成为企业面临的重要挑战，为了维持自身优势,企业必须不断地改进自己的技术和产品,采取多种手段和方式来适应不断变化的市场,所以企业不得不将创新、变革及管理作为确保其生存和成功的手段,因此创新受到了前所未有的关注。创新能力是关乎企业生存和成功的决定性因素之一。组织创新绩效的好坏不仅直接关系到企业当前时期及未来的发展,还会影响到组织再次创新的激情、动力与信心,影响良好的组织创新氛围的形成。激发和强化对组织创新绩效起推动作用的积极因素,控制或削弱对组织创新绩效起阻碍作用的负面因素,对于控制组织创新风险,提高创新成功率,提高组织创新的效率与效果具有重要作用,因此明确影响组织创新绩效的因素显得尤为重要。在竞争如此激烈的社会,创新在不同的行业和职业中受到人们越来越多的关注,创新对于企业的长期发展而言,扮演着一个相当核心的角色。企业能否永续生存,取决于企业能否持续不断地创新。企业要发展,增强竞争力是关键,而竞争力的提高要靠创新,所以,员工的创造性绩效是提高企业竞争力的核心要素之一。

组织创新绩效有狭义与广义之分,狭义的组织创新绩效是指组织的创新水平和组织的创新结果,广义的组织创新绩效是指在创新过程中的结果绩效,这其中包括企业的实际产出和服务。关于组织创新绩效内涵的界定主要有以下三种观点:

(1)过程观点:主要侧重于行为过程,提出组织创新绩效是企业员工为了保持自己的优势,在获得知识、共享知识的过程中,不断成长,转移知识重心的行为过程。

(2)结果观点:把组织创新绩效当作衡量企业利润的一个指标,指通过变化产品和服务来达到客户的要求为企业增加利润,达到目标,这样也可以看出这个企业是否达到创新目标。在强调结果的同时,创新绩效受到人的特质、任务特征和环境因素的影响。

(3)作用观点:在研究组织创新绩效的过程中,提出组织创新绩效是企业的创新活动和创新环境之间的相互作用,是企业自身的。

大多数学者接受第二种观点。结果观点给出了考察创新绩效的两个重要方面，即有效性和效率。有效性是指与预期相比的满意程度，即新产品研发速度与新市场开拓速度；效率是指投入和产出相比较的时间进度，即新产品研发时间、成本和满意度。Guzzo 提出团队是由社会个体组成的，团队成员因共同的目标使命而相互依赖、彼此协同，最终实现组织、个体的共同发展。这个对团队的定义强调团队成员之间的社会互动和相互依赖。团队是一个开放的有结构的系统。创新是一个不断发展、进步的过程，是一个企业、国家、民族生存的根基与灵魂。变革时代的到来，大众创业、万众创新的思想深入人心，对一个组织来说，面对复杂多变的环境与日趋激烈的市场竞争，创新与科技正逐渐成为其快速成长与变革的关键支柱。团队创新绩效是组织关注的重点，其反映了团队创新行为的完成程度，强调在完成团队目标和任务时的有效产出，这些产出结果可以被有效衡量并给组织带来丰厚的经济回报。Cohen 和 Bailey 在相关研究中给团队创新绩效的定义为：在一个正式团队中，有目的性地使用某些技术、创意或思想，并且这些技术、创意或思想有新意，通过使用它们能给组织带来显著的回报。沈海华提出，所谓团队创新绩效是指团队分工合作实现组织目标的创新过程中，产生的能够被感知和实际测量的成果。刘惠琴等则认为，团队创新绩效可以由团队创新能力、创新行为等维度构成，在一个团队中，通过测量团队创新能力和团队创新行为，来衡量团队创新绩效。在目前对团队创新绩效的定义中，学者们并没有达成一致，但大致可以分为以下几个角度，分别是对象观、结果观、过程观等。Freeman 和 Soete 从狭义的角度认为创新绩效是指将公司的实际发明投入市场的程度，即新产品、新过程、新装备引进的程度。而 Ernst 则从广义的角度定义了创新绩效，创新绩效不仅包含专利内容（专利的数量和引用率），R & D 投入，新产品发布等三个绩效测量指标，还描述了从创意的概念到将一个发明投入市场的程度。国内学者韩翼等人认为员工创新绩效是在知识的转移与共享过程中不断地转移知识的重心的行为。他们认为这不仅是员工内在的一种成长，还是这种成长过程中表现出的外部行为，均是员工创新绩效所需要研究的内容。郑建军指出员工创新绩效指的应该是员工在工作过程中提出的有新意、有创意的产品、设计或者想法，这些产品、设计或者想法有利于组织或者团队的创新速度以及绩效的提升。因此可以认为韩翼和郑建军两位学者均认为创新促进了绩效的提升，这就是创新绩效，为进一步的测量提供了支持。

为全面衡量绩效，组织往往采用多重维度的衡量方式，在现有的研究中，对团队创新绩效的维度研究有很多，且不同学者从不同的角度去考虑衡量，因此对于团队创新绩效维度的划分方式亦是多种多样。一般目前主要有三种划分维度的标准，分别是根据创新对象、创新阶段、创新结果等不同方面的需要进行划分。从创新对象角度进行划分，Daft 在研究时提出将创新分为技术创新和管理创新两大维度；Algre 和 Chivac 两位学者认为创新绩效不只包含产品的创新，还应该包括流程和效率创新，因此，创新应由三个维度构成，分别是：产品创新绩效、流程创新绩效、项目创新效率。West 和 Anderson 则是从团队创新数量和团队创新质量两个维度去衡量团队创新绩效，其中，团队创新质量应具有突破性、重要性以及新颖性。中国学者刘惠琴和张德在本土化研究过程中提出，团队创新绩效应当含有三个维度，分别是团队创新结果、团队创新行为以及团队创新能力。其中，作为团队创新绩效的驱动因素，团队创新行为和团队创新能力最为关键。从创新阶段划分，Janssen 和 Yperen 按照创新阶段将团队创新绩效划分为创新想法的产生、对创新的支持和创新实施三个维度，这种划分方式将团队创新绩效看成一个有过程、能力、最后结果的综合体，是一个动态的过程。从创新结果划分，Lovelace，Shapiro 和 Weingart 三人在研究中，以产品的创新性、创意数量、技术绩效和对环境的适应性四个维度来测量团队创新绩效。Hsieh 等则提出了从专利引用情况、专利数量等多个方面来对团队创新绩效进行测量。Chistensen 根据技术创新过程中作用及功能的不同对创新绩效进行划分，提出了四种创新成果：

产品创新应用成果、科学研究成果、美学设计成果和工艺创新成果,前两种创新成果是产品创新绩效,后两种是过程创新绩效。Moorman 认为新产品问世的速度和创新性、专利数量、新产品在组织所有的产品中所占比例以及新产品获利率等都可以作为衡量创新绩效的指标。Prajogo 和 Ahme 认为对于组织创新绩效的具体测量应围绕创新的新颖程度、新产品开发、产品和服务创新的种类和成本及变革的速度等内容来研究。Alegre 和 Chiva 在对创新产品研究后,提出应从产品的替代、新市场开拓和市场份额等方面对组织创新绩效进行衡量。在对员工的创新绩效进行测量时,国内外的部分学者所采用的是员工创造力或创新行为测量量表。Scott 等人提出创新绩效三维结构分别为想法产生、想法提升、想法实践;而 Janssen 等则认为当想法变成具化的现实即是员工创新成果的体现,而不一定有所应用才有价值,因而将 Scott 等人三维结构中的想法实践变为想法实现。在中国情境,文化氛围及亚文化氛围影响下,又稍有区别,所以韩翼进行了本土化研究后认为创新意愿、创新行动、创新结果能够更好地体现中国员工创新绩效。此外,在经济和管理领域中创新投入和产出也能够反映创新绩效,如 Zhang 和 Li 在 2010 年编制的五题项的创新绩效量表中,将新产品的研发、推广速度和新产品质量等因素纳入;罗颖等提出使用当年专利数、工业总产值、新产品销售收入、创新项目成功率和新产品开发速度五个测量指标来衡量产业集群的创新效益。

新企业的成长,基于创新的创业,均与外部环境和内部创新活动有紧密关系,有研究者对组织创新的决定因素中的相关研究进行了回顾,利用三个理论基础来对组织创新的决定因素进行分类,高阶理论为创新领导提供理论基础,动态能力理论为管理水平提供理论支持,最后过程理论为商业过程提供理论根据。因此可以将创新绩效的影响因素分为两个部分,即内部因素(个人因素)和外部环境因素。影响组织创新绩效的因素主要有个体、团队、组织和社会文化因素。个体因素包括个体创新倾向、个体创新行为;团队因素包括团队沟通、团队冲突行为;组织因素包括组织的领导风格、吸收能力、知识来源、学习能力、员工知识共享、获取、文化因素；社会文化因素包括人际情境和组织结构情境。

1. 个体因素

研究者对影响组织创新绩效的个体因素进行了研究，主要包括个体创新倾向、个体创新行为。

（1）个体创新倾向

具有创造力的员工，是组织创新的基础，通过员工个人创新行为来促进组织创新。个体创新倾向对组织创新水平和质量都有较强影响，个人在组织中有强烈的创新欲望，才能使组织不断进步。

（2）个体创新行为

组织成员的个体创新行为和创新是正相关的。创新是员工个人行为，并不是组织员工的共同愿景，不会被组织奖励，不过这种行为却能帮助组织更好地完成任务。但是员工是否愿意创新，取决于心理契约的实现程度，所以理解什么能够激励和促进员工个人去创新是最重要的，只有员工的心理被满足，他们才会在工作中不断地创新。国内学者侯二秀等人认为，创新绩效存在于个体与组织之中，其中个体因素表现在认知风格、创造性人格、自我效能感、情绪智力、创新能力、内在动机等。如董雅楠等人利用质性方法发现心理资本对个体创新绩效有正向影响，王树乔以高校科研团队为研究对象，发现情绪智力与高校科研团队的创新绩效之间呈正相关。

2. 团队因素

在输入-过程-输出的理论框架中，对于组织创新而言，团队沟通、团队冲突行为都是影响组织创新绩效的重要因素。

（1）团队沟通

团队沟通对于组织而言很重要，同一层次的不同部门之间，不同层面的团队成员之间都要有很好的沟通。有效的团队沟通可以使团队获取有效的知识,并将知识更好地整合,进而促进组织知识整合。团队保持与外界有效的沟通,更容易获得组织支持,及时全面了解外界信息与市场结构,促进组织内部的协调,这样更加有利于提升组织创新绩效。

(2)团队冲突行为

有些人认为团队冲突行为是破坏性的,是应该避免的,还有人认为群体里的冲突是不可避免的,最后是两种观点相综合,一定水平的冲突是可以接受的。当一个组织的冲突水平较低时,组织会呈现一种没有生气的状态;当冲突水平较高时,会呈现一种不稳定的状态;而当冲突呈现中度水平时,组织会呈现一种不断革新、螺旋前进的状态。团队冲突可以分为关系冲突、过程冲突和任务冲突,冲突行为的种类不同,对组织绩效的影响也不同。

3. 组织因素

影响组织创新的因素有很多,这些因素同样也影响着个人和团队,组织创造力与创新理论将组织创新和个人(团队)创新相结合,工作环境是影响个体和团队创造力的重要因素,同时个体和团队的创造力是影响组织创新的重要因素。组织因素主要包括人际情境、组织结构情境和文化情境。隋杨等人通过51个工作团队的研究结果发现,创新的氛围对团队创新绩效有积极的影响,其中创新自我效能感在两者之间起调节作用;张山虎基于工作特征理论和人力资本理论,实地调研的数据表明工作特征与员工创新绩效之间呈正相关关系。不仅如此,还有学者认为知识分享的能力以及开发能力均对创新绩效产生影响。近些年,研究者们对员工的创新绩效的研究越来越感兴趣,并且研究多集中在其前因变量方面,如管理者的行为风格、工作复杂度、员工与领导以及同事的关系、评估、奖励、目标和时间压力、工作环境的空间结构等因素。近两年来,研究者们对创造性绩效的研究角度进一步拓展,已经开始探讨员工与组织之间的交互影响方面的研究。杨皎平等人2014年的研究证明了两者对创新绩效共同发挥作用,其研究发现,团队认同增强了成员异质性对团队知识面的积极作用,降低了其负向作用于团队紧密度的程度,团队知识面对团队创新绩效有积极影响,而团队紧密度能够正向调节两者间的正相关关系。

4. 社会文化

（1）人际情境

企业领导者的领导风格是影响员工创新的关键因素。变革型的领导可以使员工具有创新思想,帮助员工以新视角看待问题,让员工尽最大的努力去解决问题。变革型的领导可以使团队成员明确自己的目标,进而达到组织目标;通过学习、尝试新的方法,增加自己的创新能力;可以给予下属鼓励和信任,关心下属,使下属更有归属感,更好地为组织工作,对创新绩效有积极影响。

（2）组织结构情境

组织结构情境主要包括组织吸收能力、组织学习能力、组织知识共享、组织创新气氛、组织人力资源管理、组织资源和制度。企业创新的过程与知识的获取、整合、创造有密切联系,要想加快企业创新的步伐,就要加快企业知识转移。在创新过程中,企业吸收能力越强,就越能更好地实现组织知识转移,这样不仅可以提高企业创新能力,还可以推动企业技术创新。创新是不断追求新的知识,组织创新是在探索过程中不断学习。学习的目的是改进自己现有技术,提高创新绩效,而组织学习可以帮助组织获得新技术、新方法、手段、理念,组织在学习的过程中所获取的新知识,是组织进行下一轮创新的基础。知识分享是组织创新绩效的重要方面,组织内的员工知识共享氛围越好,组织创新能力就越强,就越能够提升组织的创新绩效,这对组织而言是一种成长,也是一种核心能力。知识共享为知识的整合提供了一个机会,强化了显性知识和隐性知识的相互转化;同时知识共享可以增进员工之间的交流,产生新思路、新方法,刺激创新;组织创新气氛是影响员工创新绩效的一个重要因素,影响员工创新绩效也就是影响组织创新绩效,它可以影响个体工作动机、工作态度和对工作的满意度。而组织生产力、团队支持、挑战性和组织内个人创造力的发挥有很大关系,这就是说组织创新气氛的好坏与员工的创新行为有着密切的关系。企业组织制度是指企业组织的基本规范,它规定企业的组织指挥系统,明确了人与人之间的分工和协调关系,并规定各部门及其成员的职权和职责。组织制度会通过对组织创新气氛、员工创造性及创新过程中各部门之间的任务、进度等相关问题协调衔接的影响来最终影响创新的效率与效果。组织文化是企业的灵魂,是组织内部特有的价值观,是组织的信念,可以指导组织的活动和行为。学习型的组织文化能够强化组织的学习氛围、激发组织的学习热情、激励组织的学习行为,有助于提升组织的团队水平、业务素质与创新能力,促进组织长期良性发展。一些员工和领导在面对组织创新失败的时候,往往选择逃避;我们都是求同存异,所以个体想要创新会受到很多压力;尽管他们可能发现了好的方法,但是担心失败,所以不敢去冒险,这都会影响组织创新。

2.5　创新绩效现存研究不足

(1)我国对于组织创新绩效的研究相对不足,大部分创新绩效理论和相关实证研究都是以西方研究成果为背景的,这些理论和实证研究在中国这样一个文化传统、经济社会环境都与西方存在较大差异的背景下是否适用,值得进一步思考。

(2)没有充分认识到影响创新绩效的各层次因素之间的交互性和复杂性。组织本身是一个嵌套结构,即个体存在于团队中,团队又处于组织中,而以往的研究还是以孤立地研究某个层次的变量为主。

(3)没有充分考虑到阻碍创新绩效的因素。目前主要从促进创新绩效的角度进行研究,然而是否存在一些因素能够破坏创新绩效值得进一步研究。基于此,本书认为今后对于创造力研究的重点主要有以下三个方面。首先,很多理论我们都是借鉴西方学者的观点,所以都是以西方为背景的,中国是有自己传统文化的国家,西方的研究理论在我国是否适用?中西方的文化背景有很大不同,西方背景下的道德理论是否可以直接应用到中国?西方国家尤其是美国人,是以个人主义为背景的,组织重视员工的创新行为,而我国儒家文化影响着企业和组织,比较重视求同存异,我国的创新氛围还有待进一步建设,至于建立哪些机制促进创新,需要我国学者进一步研究。同时我们还应考虑在中国的本土文化背景下,探索出中国特有文化对创新绩效的影响因素。其次,没有充分考虑影响创新绩效的各个层次因素之间的相互作用。组织本身具有复杂性,个体存在于团队中,团队又存在于组织中,而以往的研究都是孤立地研究某一个层次。所以应探讨组织与团队和个体之间的相互影响,个体是如何影响团队和组织的,团队又是如何影响个体和组织的创新绩效水平。虽然存在着很多因素,但是这些因素在提高创新绩效方面的作用大小是不同的,究竟哪些因素更能激发员工的创新活动,本书认为应该深入比较众多因素的作用大小,结合组织文化,提出实用的预测模型,研究什么样的领导风格更有利于提高员工创新能力,从而提高员工创新绩效。最后,以往的研究没有考虑到阻碍创新绩效的因素,目前只是从提高创新绩效的角度出发,然而是否存在一些阻碍创新绩效提高的因素有待进一步研究。

第**3**章　高校创新问题的研究

>>>

在这个创新驱动发展的时代,高校是国家科技创新的主力军,而且高校还是培养下一代科技人才的重要基地,本书将从高校创新创业教育以及高校创新团队建设两个方面来对高校创新问题展开讨论。

3.1　创新创业的相关概念和基本内涵

1. 创新

经济学家熊彼特在《经济发展理论》中首次提出"创新"的概念。他认为创新就是"执行新的组合"。创新是指在特定的环境中,提出有别于常规或常人思路的见解,利用现有的知识和物质,本着改变现有物质或现状的不足或为满足社会需求,而改进或创造新事物、新方法等,并能获得一定有益效果的行为。其本质有三层含义:更新、创造新的东西、改变。创新的模式有渐进式创新、突变式创新、持续性创新和破坏式创新。创新的目标一是追求更好的改变,二是创造价值,走向市场。

2. 创业

一般认为创业是劳动者通过自筹资金、自主经营、自担风险创办企业或从事个体经营的一种经济活动。相对于创建企业、自负盈亏的创业过程,创业精神关注的是创业者是否具备求新、求变、求发展的心态,即"是否创造新价值",而不在于设立新公司。广泛的创业精神应该是指一切克服困难、追求机会的行为动力。创业精神包含承受压力、自我激励、发现机会和创新思维等综合能力。高校的创业教育应该立足于创业精神的培养。

3. 创新与创业的关系

1934 年约瑟夫·熊彼特提出,创业的过程就是创新的过程。创新者就是创业者,创业是创业者通过努力,对现实拥有的资源进行优化整合和创新,从而创造出更大的经济效益和社会效益的过程。美国著名的创业教育研究机构考夫曼基金会把创业定义为:将创新转化成可持续并能创造价值的事业的过程。综上可以看出,创新是成功创业的前提。

4. 创新创业教育的基本内涵

基于以上学术界对于创新创业概念的共识,高等学校开展创新创业教育应该着重于创新创业精神的培养。高等学校创新创业教育改革的相关文件中指出,要把高校创新创业教育作为深化高校创新创业教育改革的着力点,融入人才培养过程中,实现学生创业意识和创新创业能力的提升。高校的创业教育不是让学生在校期间孵化出一个小公司自谋职业,而是要使学生有创业的梦想,能够积累出全面的能力,在未来有能力凭借技术和资源,开办创新型企业。因此高校创新创业教育的内涵应该是在专业能力的基础上培养具有创新思维和创业素质的复合型人才。

3. 2　高校创新创业教育

党的十九大报告明确提出"深化科技体制改革,建立以企业为主体、市场为导向、产学研深度融合的技术创新体系,加强对中小企业创新的支持,促进科技成果转化"。大学生作为社会主义现代化建设的参与者和实施者,是国家宝贵的人才资源,是社会新思想、新技术的前沿群体,其创新能力是国家和民族兴旺发达的不竭动力。把"培养具有创新精神和实践能力的高级专门人才,发展科学技术,促进社会主义现代化建设"作为自身使命的高校,作为人才的主要供给侧,对实施创新驱动战略起着基础性、先导性作用,必须紧随时代潮流,结合时代特点,培育出符合当今形势的创新型人才。在新形势下,高校如何利用自身教育和科研优势,将创新意识和创新能力融入大学生教育的各个环节,从大学生的创新动机培养、创新方法培养及创新外部环境打造三个方面入手,更科学、有效地提升大学生的创新能力,为我们国家实施创新驱动发展战略更好地服务已成为一个重要课题。

21世纪是全球化竞争的时代,创新已成为个人、组织和国家竞争力的核心指标,培养具有高创造力的专业人才,提升国家竞争力,是高等学校面临的问题。由于我国高等教育的人才培养依赖于学科专业体系,学生知识的综合性不足,普遍缺乏开创性的思维和开创性工作的能力,这也是现实社会中创新能力不足的根本原因。面对世界工业4.0和我国工业制造2025的发展浪潮,国家提出创新驱动战略。国务院办公厅2015年印发了《关于深化高等学校创新创业教育改革的实施意见》,要求各个高校加强创新创业教育,从2016年起,高校都要开设创新创业课程。大众创业,创新先行;万众创新,教育先行。没有创新性的思维和素质,创业很难成功。没有创新教育,不可能有创新性人才。创业不是人人都可以做的,高校作为培养人的组织,如何认识创新创业教育的本质? 如何开展适合本校的创新创业教育? 国外对于创业教育越来越重视,尤其是发达国家,很早就意识到知识与科技创新的发展有利于培养创新人才。20世纪70年代,美国就提出要培养具有创新精神人才的教育目标。其中百森商学院的杰出教授杰弗里·蒂蒙斯认为,将创业所需的创业意识、创业精神和创业能力等与其他各类专业知识进行整合,更有利于学生在创业型的社会环境下学习和分析实际问题。19 世纪 60 年代,国外对于创业教育理论和实践方面的研究已经取得了很大的进展。进入 20 世纪后,越来越多的学者参与到创业教育的研究当中。国外学者对创新创业教育的直接研究比较少,大都从创业教育入手,在后期融入了创新教育研究。尤其是欧美一些国家比较早地展开了创业教育活动的相关研究。国外学者发现,参与过完整的创新创业教育体系的学生,进入各个行业后能够成为具有各类专业知识和创业能力的创新型人才,成为行业当中的中坚力量。同时能够对经济的发展产生积极作用,有效地促进经济社会的高速发展。在许多现有的文献中已经证实,创业活动对于社会经济增长产生了积极作用。根据经济和发展组织的意向调查表明,在 8 个接受调查的样本国家中,初创企业对于经济的贡献率为 20％～40％,说明创业能够有效地推动经济的发展。因此,从社会长远发展的角度考虑,创业教育对于知识经济社会的快速发展与变革有着积极作用。至今,国外的创业教育理论研究和实践已有半个多世纪的发展历史,主要集中在创业对经济发展的作用方面,包括教育理念、课程体系、师资队伍和教育模式四个方面。

1. 在教育理念方面

威尔士认为创业教育是一种新的生产力,通过创业教育可以培养大批有创新意识和创新思维的人,通过他们的知识和技能可以推动高新技术产业的快速发展。杰克·哈维认为创业教育主要是培养人的创新意识、创业精神和创业能力等,最终的目标是培养具有创新创业能力的人才。

2. 在课程体系方面

20 世纪初期,美国是第一批开设创业课程的国家。1947 年,哈佛商学院率先开设了与创业相关的课程,后期"新创企业管理"这门课程被学者们认为是创业教育在高校首次出现的标志。当前各国的高校均普及创业类课程,并且不断在课程内容和结构上实施探索,逐步形成完善的课程体系。麦克马伦认为创业课程能够激发学生创新和创业意识。所罗门认为创业课程应该包含创业管理学、创业财务、市场营销以及法律等方面的相关知识,实现创新创业课程多元化,让学生能够独立创立企业。亨利认为创新创业是一种创造性的行为,他将高校的学院大致划分为理科、文科和商学院三类。其中理科学院和文科学院比商学院的发展空间小,因此要在课程设置上填补一些空白。文科要加上理科的基础课程,理科要加上文科的基础课程,这样会达到更好的效果。

3. 在师资队伍方面

美国有学者建议可以通过对创业教学活动过程和结果进行教学评比,激发教师的教学能力和教学热情,从而很好地构建师资队伍。其中唐纳德认为创新创业教育的师资队伍构建是创新创业教育过程中的重中之重,当前需要一批既有科研能力,又有实践能力的高素质师资队伍,为学生传授创新创业教育的理论与实践。

4. 在教育模式方面

国外的创业教育经过多年的探索,主要强调以创业实践活动为载体,培养学生创业能力。皮埃尔·贝沙尔和丹尼斯认为教育模式应主要是理论与实际相结合,通过各种活动丰富学生的创业实战经验,提高创新创业能力。伯特兰认为创业教育模式要结合宏观和微观两个方面,将创业的相关知识和技能精练地教授给学生,让学生快速地获得知识与技能。而国内对于地方高校大学生创新创业教育研究包括以下三个方面。

(1)创新创业教育的理论应用

通过 CNKI 文献检索发现,我国对于创新创业教育理论方面的研究较少,大部分论文主要集中在介绍国外创业教育的特点和经验,分析我国当前创新创业教育的现状、问题及对策等。其中创新创业教育中理论应用较少,文献期刊中主要为企业成长理论、创业机会理论、人的全面发展理论、自我效能感理论等。在管理学理论方面,我国学者葛建良认为高校应用企业成长理论实施创业教育会帮助大学生提高创业成功率。通过理论对创业教育的模式进行创新有利于提高持续发展力,提高创业教育的绩效。张克兢认为创业机会理论是引导高校对接受创业教育的人群进行分类指导。因为不同的个体有不同的资源和创业机会,通过个体将资源创造性地整合以满足市场的需求。在教育学理论方面,黄毅军提出用人的全面发展理论指导大学生的创新创业,将创新创业教育的宗旨定义为大学生的全面发展,其核心内容为培养学生的创新创业精神和整体素质。柴旭东认为自我效能感会对创业者自身产生积极作用,具体表现为内化创业教育目标、拓展创业教育途径、营造创业教育氛围。他还认为高校在应用自我效能感理论时,要与就业生涯规划、教学改革、教师自身和心理健康教育结合好。另外,他在硕博论文主要是从高校和学生个人这两个角度进行研究,主要应用马斯洛需要层次理论、三螺旋理论、创新理论、积极心理学理论以及个性发展理论等。

(2)创新创业教育的课程体系

杰弗里·A.蒂蒙斯将创业教育课程分为理论和实践两个部分。理论课程通过实践的形式引导学生掌握创业知识,确保创业实践活动的进行。实践课程以丰富的理论课程内容为核心,催生新的创业知识,实现课程内容的创新。不过我国学者有不一样的看法,其中刘沁玲的观点比较具有代表性,认为当前我国的创新创业教育课程主要分为三种模式:第一种模式是综合性课程模式,即创新创业教育是由多种类型的课程组合和构建而成的,包括专业的创业教育课程、活动为主的活动课程、通过舆论形成的环境课程和在做中学的实践课程。第二种模式是单一的课程模式,对创业的构思、创业的计划和创业的实施整个过程开设创新创业教育课程。第三种模式是将课程与科研活动相互结合,即将学科课程、活动课程、实践课程以及创业环境教育等结合起来,进行综合性的创新创业教育。在课程的三种模式下,部分学者又深入研究,设计出课程体系。马永斌、柏喆以清华大学为例指出,目前创新创业教育的课程缺乏系统设计、课程与实践分离,要从"专业教育与创业教育""必修课与选修课"相融合的生态系统来创造一个多层次的课程体系。胡剑锋、江泳指出从课程体系、师资配备和实训体系三个方面建构有机的创新创业课程体系,整体实现专业与通识、理论与实践的有机结合。林雪治借鉴国外的教育经验,优化应用型高校的创新创业课程体系,形成集中的基础教育、孵化以及精英培养一体的递进式、全覆盖的创新创业人才培养模式。创新创业教育的必修课是对全体学生开设的,创新创业孵化选修课面向有创业潜质和意向的学生开设,创新创业的实践课程则面向能进行创业实践的学生开设。

(3)创新创业教育的教育模式

从 2002 年和 2008 年教育部分别选取了 9 所和 30 所高校进行创新创业教育的试点,逐渐出现了各类创新创业教育的模式。张彦认为应当根据校情构建多样化创新创业教育模式,综合性研究型大学应当以培养学生创新创业精神为首要任务,引导学生进行科技型创业;普通型大学应当侧重引导学生进行服务型的创业;应用型大学应当着重开展创业实务等方面的训练。周卫中明确提出了在高校中已经形成了四种创新创业教育模式,分为"普及性的创业教育""系统性的创业教育""创业实践活动"和三个部分内容的综合型。刘志侃则将高校创新创业教育模式总结为三种类型:以宁波大学为代表的"三位一体"模式;与学生年级特点相结合实施阶段性培养的"孵化"模式,即大一大二为孵化阶段、大三大四为成长阶段;创新创业理论、实践、活动课程"3 课堂"的教学平台和创业课程实验、创业基地实训、创业社会实践的实践平台的双平台联动与"普及层+提升层"的双层次促进模式。王峰借鉴可持续发展的理论提出高校创新创业教育的"可持续发展模式",认为高校应当遵循教育本身的发展规律,满足教育本身的需求,应从教育主体、结构、功能、体系四个方面进行分析探讨。

综上所述,随着高校创新创业教育的快速发展,高校对于创新创业教育的研究深度不断增加,越来越多的理论也应用到创新创业教育的改革和发展中,为日后的实践发展提供了较丰富的理论成果和指导,但研究质量和水平仍然与创新创业教育实践活动发展的速度相矛盾。

3.3　高校教师创新绩效的心理学本质

现有研究表明高校教师的创新绩效和其自身的心理能力相关,这些心理能力包含了学术创新力、学术合作能力、学术批判反思能力、学术自主能力以及学术综合交叉能力等。

1. 学术创新力

随着现代社会不断发展,创新显然已成了社会的主流话语,诸多领域都在积极倡导创新,并且渗透到了我们的日常生活领域。作为研究者,我们需要梳理创新的知识史或观念史,并在此基础上探究创新型高校教师到底需要何种创新力。

自从 1950 年吉尔福特提出创新学以来,创新的心理学理解逐渐占据了主流。心理学往往从创新所具备的特定心理特征来理解和研究创新。例如吉尔福特认为创新型人才在人格上具有以下八个特点:①有高度的自觉性和独立性,不肯雷同;②有旺盛的求知欲;③有强烈的好奇心;④知识面广,善于观察;⑤工作中讲究理性和严格性;⑥喜欢抽象思维;⑦富有幽默感;⑧意志品质出众,能长时间专注于感兴趣的问题当中。心理学对创新的研究大大推进了我们对创新心理方面的认识,在一定程度上揭开了创新的神秘面纱。作为现代社会主要学科之一的经济学,对创新也十分重视,把创新理解成经济的结构性发展,从而实现经济质的飞跃。熊彼特在 1912 年的《经济发展理论》中提出了经济创新理论。所谓创新就是把生产要素和生产条件的新组合引入生产体系,降低成本,使企业在竞争中占据优势,获得超额利润的一种经营管理活动。企业家是这种经济创新的主体。经济学对创新的理解,不像心理学那样从微观的角度解释创新的个体或群体的心理特征,而是强调创新的经济价值。

此外,文化领域也有不少关于创新的研究。有学者对创新进行了跨文化研究,并得出这样的结论:创造的文化差异首先表现在人们对创造进取心的价值判断上,其次表现在文化对个体心理结构的塑造上。这种差异主要表现在社会化过程的自我建构方面:西方个人主义文化中的成员以独立的方式建构自我,他们认为自己是社会群体的一个独立个体,愿意用直接的方式表达个人的情感和观点;生活在东方集体主义文化中的成员则以一种互相依赖的方式建构自我,将自我看成是社会群体的一部分,服从群体规则。不同文化对创造力本质的理解也不同。例如西方文化强调产品导向、独创导向,而东方文化更多的是将创造力看成个体成长或自我实现的过程。

现代经济学、文化学对创新的这些理解和研究都离不开现代主体哲学。现代主体哲学是一种人义论哲学,人义论将创造或创新视为一种人与生俱来的天赋或能力,它把人看作创新的主体,追求的是人的创新价值。马克思的历史唯物主义哲学也是一种主体哲学,它认为,人的创造性主要体现在人从自然的必然世界走向目的自由王国的历史过程。马克思的创造概念是一个人类学的概念,是一种以人为中心,把人的创造活动理解成人类世界的自我构成原则的人学世界观。西方现代主体哲学的演变影响着创新理解的演变。西方主体哲学经历着原子主体哲学到社会主体哲学的演变。与之相应的是,对创新的理解也经历着从强调创新的先验性、个体性到注重创新的经验性和社会性的演变。与传统单子式主体哲学强调创新主体的个人天赋和个人能动性相比,现代主体社会哲学更强调创新的社会因素。特别是后启蒙主义哲学下的社会学,在很大程度上解构了启蒙主体的创新性,把创新视为个体建构与社会建构的产物,而其中的批判社会学则把创新视为权力的产物,创新离不开权力,创新需要赋权。

通过对创新观念史的考察,我们不难发现它遵循着两条基本逻辑:主体逻辑和价值逻辑。创新的主体逻辑指创新的主体从传统的神义论到现代的人义论,再到后现代的社会论及批判论。神义论认为创造是上帝的特权;人义论认为创造或创新是人的天赋或特殊才能;社会论认为创造或创新是社会建构的产物;批判论认为创造是权力的产物。创新的价值逻辑也基于创新的主体逻辑的进步而不断发展的,从上帝的创世价值取向,到最终人的自身价值和社会价值的价值取向。尤其是在当下市场经济主导的全球化竞争时代,创造或创新的经济价值和竞争价值尤为突显。

高校创新同样遵循着这样两条基本逻辑:主体逻辑与价值逻辑。高校创新的主体逻辑表现为大学从最初传说布道到当代的科研学术创新、人才培养创新和社会服务创新的综合。最初的大学多由一些宗教人士组成,为了传说布道而聚集到一起交流研讨。这时大学还不是创新的主体,大学也没有凸显它的创新功能。随着现代大学的建立,特别是洪堡大学理念的出现,大学的创新议程逐渐凸显,科研和学术创新成了大学的重心,学术成了大学的灵魂和生命。自真正意义的大学诞生以来,当代大学已由最初单纯的以教学为中心,转变为"教学与科研的统一",进而发展为通过创造新知识为社会服务。大学成了人类和社会创新的重要主体。大学的创新价值逻辑也实现了由最初的宗教价值到现代社会世俗价值的转变。大学从事的科学、教学和社会服务的创新都主要是为社会创造价值,推进着国家与人类社会的发展与进步。

2. 学术合作能力

很长一段时间,人们一直认为学术研究专指科研。1990 年,美国著名高等教育家、卡内基促进教学基金会前主席欧内斯特·L.博耶发表《学术反思》。在报告中,博耶给"学术"一词赋予了更广阔的、内涵更丰富的解释。博耶认为,学术应包括互相联系的四个基本方面:探究知识的学术、整合知识的学术、传播知识的学术、应用知识的学术。这一概念内涵大大拓展了学术研究工作的范畴。

本书中"学术"一词采用的就是博耶关于学术的宽泛含义。学术合作能力被界定为：某一组织内部或组织之间的个体或群体之间基于平等信任关系和差异性，在共同探究、整合、传播和应用知识的学术实践活动中形成、发展起来的能动力量。

3. 学术批判反思能力

学术批判反思能力包含了两种心理能力，学术批判能力和学术反思能力。学术批判中的"批判"，在现代汉语大词典中解释为：①批示、判断；②评论、判断；③对错误的思想、言论或行为做系统的分析，加以否定。在英语中，"批判"和"批评"同义，动词含义为 critique，名词含义为 criticize，解释为"做出判断；对文艺作品的质量进行分析和评判；找出错误的言论或行为"。在汉语语境中，目前使用比较广泛的是"学术批评"。关于学术批评能力的研究自古以来就没间断过，集中体现于在对学术批评中认识真理的能力。在西方学术批评史上，笛卡尔以理性怀疑，开创探讨学术批评能力的先河，后来的康德、黑格尔、马克思、胡塞尔都提出了各自的学术批评观点。在中国学术批评史上，根据各派学术思想倾向，可以逻辑地推出他们对这一问题的看法。儒家以《礼记·中庸》为代表从礼制角度说批评能力，道家似乎提倡人有自然批评能力，追求批评中的"乘天地之正，御六气之辨，以游无穷"的逍遥自由境界，法家强调政治批评能力。

博耶认为，学术的评价应该从学者的品性、学术工作的标准、学术证明和学术评价过程的可靠性四个步骤来考虑。学术批判是学术评价中最为激进的部分，指的是学术领域的批评、争论和争鸣。高校教师学术批判能力即高校教师分析、判断、评论学术成果的心向和方法。这里需要强调的是，批判是对学术研究结果本身局限性和不足之处的批判，而非对学者本人的批评和指责。只有学术批判普遍化、常态化，才可能出现"百花齐放，百家争鸣"的学术盛世，创新才得以发生。

"反思"（Reflection）一词古老而深奥，是一个哲学认识论名词。英国哲学家洛克认为，认识一方面是由外界事物作用于我们感官而引起的感觉所形成的，另一方面是由对我们的心灵活动的观察所形成的。德国哲学家黑格尔把反思理解为间接的知识,即事物本质的反映。中国哲学历来是充满着反思精神的,所谓"扪心自问""反躬自省""反求诸己""举一反三""三思而行"等,都包含着深刻的反思成分。中国古代哲学家曾子说"吾日三省吾身",把反思作为自己修行的主要方式。由此可见,古今中外先贤对反思的认识与重视。

杜威最早将反思概念引入教育学中,他指出:"反思指人们积极、持久地关注某一观念和实践,并坚持不懈地认真思考支持它的原因以及依赖于它的每一种结果,反思是一个能动的审视和认知过程,它涉及一系列相关的观念,反思性思维一般与问题解决相联系。"对于高校教师来说,学术反思能力是决定其学术创新力的重要基础。高校教师学术反思能力主要是指高校教师把自我作为意识的对象,不断对自我及学术研究进行积极、主动的计划、监察、评价、反馈、控制和调节,并根据反思的结果对学术研究过程及成果进行评价和调整的能力。具有反思能力的教师能够对原有的教学经验进行反思,主要品质体现为:无偏见、能接受新思想、具有责任心、拥有专一性。

4. 学术自主能力

玛丽·汉高认为,学术自主是指"大学教师能够自由地选择和追求自己的研究计划,并且能够管理自己的工作模式和工作内容的权力"。尼夫则将学术自主定义为"高等教育中的工作人员决定其工作文化的权力"。伊凡希雅和卡玛指出,在高等教育中的"自主"主要有两个维度:第一,制度性自主,即大学独立于外部利益相关者的程度;第二,个体专业自由的自主,基于这种自主,大学教师可以选择研究项目以及研究方法、成果发表方式等。与学术自主相近的另一个概念是学术自由。玛丽认为,可将学术自由划分为"消极的学术自由"和"积极的学术自由"。前者是指个体研究者无论何时都具有在其自身的教学和研究中追求真理的权利,而不至于受到外界的阻碍与惩罚;后者是指以知识的发展为最高准则,能够自由地选择研究计划。这两种定义间存在着细微的不同。前者消极地强调来自宗教、政治或经济方面的干扰、对真理的威胁,而后者则更加积极地将知识发展本身作为学术自由的前提。通过比较发现,学术自主和学术自由在内涵上其实很相近,在大多数情况下可以互换使用,而且它们都存在着个体性和制度性两个层面。因此,阿尔瓦罗提出应该要对制度性学术自主和个体性学术自主做出区分。

当前的研究中,对个体性学术自主的分析主要是通过两个路径来实现的。第一个路径是个体权利视角。在这一视角下,学术自主是指具有主体身份的学者,在探索、发现、传播和应用知识的过程中所拥有的对客体的决定权、支配权和学术自主权。第二个路径是行为能力视角。在这一视角下,学术自主是指学者的学术自主能力。具体地说,也包括两个方面的内涵:一是指学者在学术研究过程中仅以知识和真理为原则,能够通过理性的反思批判来决定自己的思想和行为,而不受外在力量控制和左右。比如杨莉曾指出,学术自主不仅仅是学者在研究、发表和教学等诸多学术环节上不受学校行政管理方面的限制,而且更重要的是它强调学术活动自身的逻辑。二是指学者个体能够独立胜任研究工作的主观条件。即学者在探索、发现、传播和应用知识等学术研究过程中,能够拥有自主的意识(自我判断、自我控制)和自主的行为(自我决定、自我行动)。

5. 学术综合交叉能力

在词典中,"综合"的含义是总结、概括,其英文单词对应的是 synthesize 或者 sumarize。"综合"有三层含义:①把分析过的对象或现象的各个部分、各个属性联合成一个统一的整体,跟"分析"相对;②不同种类、不同性质的事物组合在一起,如综合大学、综合治理等都是这层意思;③作家围绕一个中心意念,加工、改造许多旧材料,使之糅合成一个新的、有机的艺术形象的过程。著名哲学家张岱年曾经在对中国传统哲学文化论述时,强调了综合能力对创新的基础性作用。他指出,"所谓综合有两层含义:一是中西文化之综合,即在马克思主义普遍原理的指导下综合中国传统文化精粹内容与近代西方文化的先进成果;二是中国固有的文化中不同学派的综合,包括儒、墨、道、法等家的合理思想的综合以及宋、元、明、清以来理学与反理学的综合"。他把综合作为哲学文化创新的基础。"交叉"本意是两条线出现相交的状态,或者有部分重叠的状态,后来引申为事物出现的重叠、相关的状态。"交叉"所对应的英文词是 cross,inter-sect,crisscross 或 overlap 等。在学术研究领域,有人把跨学科人才的基本类型分为横向型人才和综合型人才。前者指那些善于在两门或多门学科的交界处,通过"边缘杂交"而从事边缘学科研究的研究者,这些人具备敏锐的洞察力、丰富的想象力和创造性的思维能力;后者指那些具有横跨自然科学和社会科学的知识和智能,特别是善于提出和解决那些具有综合性的重大问题的研究者,这些人具备综合分析和解决问题的能力以及强烈的好奇心。学术综合交叉能力主要包含了学术综合能力和学术交叉能力。

3.4　我国高校教师创新能力发展和创新团队建设现状

3.4.1　我国高校教师创新能力发展现状

1. 高校教师创新能力有所增强

近些年来,随着政府大力支持创新,经济生产领域、教育领域不断开展创新活动,都促进了高校教师创新能力的提升。我国高校教师的整体素质不断提高,相应的创新能力也逐渐显现出增强的趋势。工业 4.0 时代的到来使我国对创新人才的需求更加强烈,国家越来越重视科技强国。从 20 世纪 70 年代末以来,我国先后制定了科教兴国、人才强国战略以及一系列的宏观政策来支持科技的创新,保障创新型人才的优先发展。这些政策和方案推动了高校教师创新能力的发展,是高校教师创新能力发展的政策保障。目前,高校是国家创新体系的骨干力量,这一宏观背景为高校教师创新能力的发展提供了契机。国家高科技研究发展计划(863计划)、国家重大科学研究计划中指出要形成一批具有国际水准的研发基地;2017年,中共教育部党组印发了《关于加快直属高校高层次人才发展的指导意见》,提出直属高校高层次人才发展要坚持党管人才、服务发展大局、突出育人导向、激发人才活力、优化人才布局和扩大人才开放等六条基本原则;2018年7月,习近平总书记在全国组织工作会议上发表重要讲话,明确指示"要加快实施人才强国战略,确立人才引领发展的战略地位,努力建设一支矢志爱国奉献、勇于创新创造的优秀人才队伍";人社部也表示,"十四五"期间将开展大规模高层次的技能人才职业培训,完善职业技能培训政策体系。一系列的优惠政策为高校教师创新创造了良好的环境,推动了高校教师创新能力的发展。

企业是国家创新体系中的主体,企业的发展离不开知识创新、科技创新。近些年来,我国企业为了摆脱依靠国外技术的发展模式,更加积极地与大学联合,自主研发高新技术;高校也主动参与到国家技术创新体系中去,日益成为企业创新的一股重要的动力。企业和高校的结合在减少技术创新成本、加强企业技术创新建设的同时也为大学的发展提供了机遇,为高校教师创新能力的提高创造了条件。

随着我国国家创新体系的建立,培养大学生的创新精神、创新能力日益成为大学人才培养的目标。为此,以研究性教学为主的大学教学改革在高校逐步展开。研究性教学要求高校教师打破原有凝固的学科逻辑,根据每类学生个性化的差异来组织教学;在课程教学中改变以往的内容和形式,不仅仅传授"真理",还要把自己的新观点、新见解以及产生的思路、研究的方法引入教学,变知识为情景化,变结论为过程化。要实现研究性教学,高校教师首先要提高自身的教学创新能力,这推动了高校教师创新能力的发展。大学学科的交叉融合也推动了高校教师创新能力的发展。历史表明,科学上的许多重大突破往往都是多学科的交叉融合、相互渗透而产生的。自然和社会现象是一个复杂系统,仅从一个视角或层面很难揭示其规律本质,更不可能深刻地认识其全部规律。只有从多视角、多层面,通过多学科交叉融合,才有可能形成正确的、完整的、系统的认识。目前,各高校正在积极贯彻落实"2011 计划",通过多种形式推动不同学科之间的沟通、碰撞,探讨学科交叉融合的新思维,推动学科建设观念的大转变,为促进多学科交叉融合提供强大的思想基础。因此,各学科交叉融合促使多学科大学的教师相互交流与合作、共同解决复杂的科学问题或社会问题。多学科、跨学科的合作容易产生创新成果,在合作的过程中也可以促进高校教师创新能力的发展。

2. 高校教师创新能力有待进一步提高

相对以往的水平而言,我国高校教师的创新能力在不断增强,但若将我国高校教师和发达国家的高校教师相比,我们会发现我国高校教师创新能力的总体水平还不尽如人意。首先,高校教师创新成果不尽如人意。高校教师的创新能力往往是通过开展创新活动并且产生具有创新性的产品显现出来的。因此,对创新能力的评判往往会以高校教师的创新成果为根据。高校教师的创新成果可以分为两类:学术创新成果(包括某类学科的理论创新或者技术创新)和教学创新成果(创新人才)。学术创新成果方面,我国高校教师论文发表的数量和质量方面都与发达国家教师有较大差距。教学创新成果方面,走出校门的研发人员水平不高,高校培养的未来创新主体——研究生的水平也不容乐观。高校教师创新成果不尽如人意,也反映了我国高校教师创新能力的水平与建设创新型国家的要求相比还存在着很大的差距。

其次,高校教师创新能力发展不协调。为了圆满地完成高校的工作任务,高校教师理应在教学、科研方面都要有所创新。但是现实情况是高校教师的教学创新能力和科研创新能力发展不协调的现象屡见不鲜。有些高校教师对教学创新不够重视,将精力主要投放到各级科研项目的获取和开展上,不注重将科研创新的成果运用于教学,导致教学内容、方法更新不及时,教师教学创新能力发展缓慢;有些高校特别是教学型高校的教师,重视教学,忙于更新教学方法、手段等,忽视科研,丧失了大量从教学中启发科研创新的机会,影响了高校教师科研创新能力的发展。

3.4.2　我国高校创新团队建设的现状及存在的问题

一直以来,高校都是我国培养人才的摇篮与基地,它汇集了各学科、各行业的精英人才,容易形成人才的集聚效应。从现实角度出发,21世纪需要创新型人才的涌现,因此,党和国家政府对创新型人才的培养与扶持力度不断加大;从地方各高校的角度出发,创新团队形式培养创新型人才,丰富研究生培养方式,有利于地方高校的持续发展,在为国家和地方培养和输送创新型人才的基础上,大幅提高学校的知名度,为学校的后续发展带来强劲动力;从个人的角度出发,研究生作为专业性较强的人才,培养团队意识和自我创新意识,有利于其今后个人的全面发展。所以,无论是从国家、社会需要还是从个人角度出发,研究生创新团队建设都是十分必要的。

当今世界是要求创新的世界,国家间的竞争归根结底都是人才的竞争,而具备创新能力则是对新世纪人才的重要要求,只有着力培养创新人才,发挥自主创新优势,才能在日益激烈的国际竞争中立于不败之地。近年来,研究生教育大规模扩招对研究生培养质量提出了严峻的考验,如何在研究生规模大幅扩大的基础上进一步提高研究生培养质量,是地方高校研究生培养亟待解决的问题。在中国研究生院院长联席会上,多数院长共同提出针对研究生培养方面的一个共同课题,会议从现实角度出发,探讨了研究生创新能力欠缺的原因并提出了相应的解决措施。由此可见,面对国家和世界发展的外部大环境,通过国家的政策与经济支持,在地方高校建立研究生创新团队是时代的需求,也是我国可持续发展、参与世界竞争的现实需要。

高校创新团队是以学术问题为纽带,以科学技术研究与开发为内容,以科研创新为目的,由为数不多的学科知识与技能互补的科研人员组成的既分工又协作,具有良好互动性和凝聚力的学科内或跨学科的创新研究群体。高校创新团队是高校为适应时代发展而在科研队伍管理中推行的一种新的人才组织模式,是高校培养人才、加强学科建设、提升科研水平、增强创新能力的重要途径。

近年来,高校创新团队建设的成就有目共睹,也为国家科技创新实力的提升做出了积极的贡献。但不可否认的是,无论在团队自身建设方面,还是在外部环境支持方面,均存在诸多问题。本研究就其中存在的问题,提出了相应的对策建议,以期能为高校创新团队的建设提供有益的参考。

1. 高校创新团队建设的现状

我国高校创新团队的组建和运行主要依托于重点学科和科研基地,围绕确定的创新领域或方向的重大科研项目,实施创新团队计划。团队成员基本上都是由本校内或不同高校相关优势学科不同职称的科研人员或研究生组成,呈现出学术梯队特征。团队建设的总体目标以科技攻关为主,具体目标主要是获得预期的研究成果,取得原创性成果的自主知识产权,发表科研论文,进行学术交流,整合学术梯队,培养科研后备人才等。根据科研攻关内容和学校科研的发展需要,创新团队具有多种不同的组建模式:既有由相同学科人员组成的团队,也有由跨学科人员组成的团队;既有由本校教师组成的团队,也有跨区域校际联合的团队;既有研究方向和研究人员相对稳定,具有持续申请项目能力的团队,也有以课题和任务为导向的流动性团队。近年来,在国家"人才强校"战略思想的指导下,许多高校在加强引进和培养优秀青年学术带头人的同时,开始关注创新团队的建设。2000 年,国家自然科学基金委员会开始试行设立"创新研究群体科学基金",以稳定地支持基础科学的前沿研究,培养和造就具有创新能力的人才和群体。迄今为止,基金委已资助了 140 个创新研究群体。2004 年,教育部开始推行"长江学者和创新团队发展计划",其目的是大力推进创新团队建设,提高高校的整体科研水平,充分发挥优秀人才的群体力量,争创标志性重大成果。从 2004 年至今,教育部已资助了 182 个创新团队。2006 年,国务院全文颁布了《实施〈国家中长期科学和技术发展规划纲要(2006—2020 年)〉若干配套政策》,强调"要培养造就一批创新能力强的高水平学科带头人,形成具有中国特色的优秀创新人才群体和创新团队"。这些政策举措一方面表明有关主管部门对优秀人才群体和创新团队的高度重视,另一方面则在高校中掀起了构建创新团队的热潮。目前,众多高校纷纷出台了关于创新团队建设的思路和办法,其中不少高校已进行了积极的实践探索。创新团队建设对于提升高校创新能力和竞争实力的重要意义,已被多数人所认识。国外团队理论从诞生至今取得可喜成绩。20 世纪 90 年代中期以后,团队理论渗透到科研组织领域,从而诞生了科研团队的研究成果。目前,在国外的研究文献中,还没有查到专门的地方高校研究生创新团队建设方面的研究文献。本书从创造力、团队管理理论、团队绩效三方面列出具有代表意义的实际研究成果,作为本书研究的参考资料。针对创造力方面,吉尔福特认为创造力是个体用于产生新的观念或产品,或融合现有的观念或产品,加入自己的构思与创造,将其改变为一种新颖形式的历程;唐纳德提出创造力是一种能力,唯有具备较强专业知识及能力、准备充分的人,才能有所展现。阿莫拜尔也从理性促进创造力的角度出发,认为创造力的生发需要在认知背景下产生六个方面的协同运作才能得以完成,这六个方面分别是:认知下的知识获得过程、动力、激情、接受信念、能力信念以及知识运用能力等。针对团队创新能力方面,格特泽尔提出,团队创新行为是有机组织、人格特质、社会化机制、团队影响力与文化价值五个元素交互作用产生的。斯特恩则提出,团队创造力是组织中所包含着的六个非预期力量,它们分别是意向调整、自发行为、非正式活动、意外发现、多样刺激及内部沟通。团队管理理论在 19 世纪末 20 世纪初才形成,有一个发展和完善的过程。泰勒的科学管理理论,强调团队合作,对团队管理的发展具有重要作用。泰勒作为科学管理的创立人被称为"科学管理之父"。其代表作《科学管理原理》，围绕提高劳动效率进行研究，推行标准化管理，制定工作定额，并且使用标准化的工具和材料；建立刺激性工资制度，为提高劳动生产率而共同努力；管理组织和体制改革，建立职能工长制，使管理者脱离实际生产劳动。伦西斯·利克特是美国教育家和组织心理学家，出版《新型的管理》和《人类组织》，提出了关于企业领导方式的四种模式：①专权的命令式；②温和的命令式；③参与式；④协商式。第一种是传统领导方式，第二种属于权力主义的管理方式，第三种是参与型管理方式，第四种是协商式的管理方式。针对团队绩效的研究，国外从 20 世纪 60 年代开始关注团队绩效的研究，起步早，研究相对成熟。从团队相关概念的基础上，建立了不同的模型来揭示团队价值创造过程。其中影响较大的有描述性模型、规范性模型、实证性模型与启发式模型。描述性模型将团队绩效的变量分成四大类，为后续的研究提供宝贵的理论基础。规范性模型在组织内部建立完善的奖励系统、教育系统及信息系统，有利于团队科学化地成长。实证性模型，加入实际调查和数据分析，更加全面地分析团队绩效的影响因素。启发式模型，总结前人经验的基础上发展的理论阐释模型，对团队绩效影响因素的分析更加深入。国内对于高校研究生创新团队建设的研究是从高校科研团队建设发展演变而来，从 2006 年开始，国内关于研究生创新团队建设的研究文献逐渐增多，但是，套用的观点多为自主创新，对地方高校研究生创新团队建设的研究更是少之又少。针对创新能力的研究，叶矜达在创新、创新能力概念界定的基础上，从传统文化、社会环境、工作环境、个人自身因素四个方面分析对创新能力的影响。童洪志从政治因素、制度因素、导师因素、个人因素和环境因素五个方面分析对创新能力培养的影响，并构建了创新能力保障体系，一级指标有政策保障、基础平台建设、组织建设和制度建设，二级指标有政策执行力度、政策实施效果、实验室平台建设、组织凝聚力、组织实施效果、奖罚制度等。张茂林在研究生创新能力的基础上，论述了研究生创新能力具有开发性、能动性、互动性、专业性等八个基本特征。针对交叉学科研究，20世纪80年代，我国开始倡导加强交叉学科研究和人才培养工作。20世纪90年代，院校合并加快了我国各学科之间的合作和交流。随着交叉学科的发展，越来越多的学者加入交叉学科研究的行列，相继产生了一大批文献著作。高磊结合国内外研究现状，分析我国研究生交叉学科培养和培养模式转变中存在的问题，并对上海交通大学进行问卷调查和深度访谈，结合应用方程模型，对交叉学科研究生培养进行研究。针对团队文化建设研究，国内直接研究团队文化建设的内容有限。徐挪从团队目标、团队分工合作、团队人际沟通、团队激励策略方面构建学术团队文化制度，从学术使命和团队信条方面构建学术团队精神。郝维奇在界定团队文化相关概念基础上，从团队文化号召力、团队文化凝聚力、团队文化发展力三个方面构建高校科研团队文化。在团队文化凝聚力影响因素方面，学者关培兰提出影响因素应该包括群体成员在一起的时间、加入群体的难度、群体规模、群体成员的性别构成、外部威胁、此前的成功经验、有效情绪认同、群体内部的奖励方式、群体的领导方式等九大因素。

2. 高校创新团队建设中存在的问题

高校创新团队是一个开放的系统，其发展必定会受到来自系统内部和系统外部多种因素的影响。应该说，在创新团队建设问题上，国家、地方和高校不乏热情和主动精神，在实践过程中也积累了一定的宝贵经验，但高校创新团队建设是一个科学、理性的过程，也是一项复杂的系统工程。由于对创新团队建设的规律性、目的性和科学性还没有给予充分的考虑和足够的认识，我国高校创新团队建设还处于雏形期，在团队自身建设以及外部支持环境方面，均存在诸多问题。

（1）团队自身建设方面

①团队组建动机不纯。自国家自然科学基金委和教育部推行创新团队（群体）资助计划以来，国家和地方开始大力支持创新团队建设。团队激励措施不足的表现主要有四个方面：第一，地方高校和研究生创新团队

内部对激励措施的重视度不高,对于激励措施没有具体的管理办法和实施细则,激励措施随意性大,不具有科学性和规范性。第二,地方高校研究生创新团队建设中,激励手段主要是物质激励和政策激励。地方高校一般采取的是科研创新基金,用项目基金的物质刺激鼓励研究生创新团队建设,如研究生奖学金和助学金,在生活上为研究生解决后顾之忧。创新团队内部的激励措施主要是成果的分享。在创新团队建设的细节上没有相应的激励手段,激励的有效性有限。第三,研究生创新团队建设中,团队建设为成员进步提供可能,成员的努力也促成团队的成果。作为研究生创新团队的重要组成部分,每个成员的需要直接影响着他们在研究生创新团队工作中的积极性,进而影响着整个团队的创新。目前研究生创新团队的激励机制主要针对团队整体,对团队内部成员的激励机制稍显不足,缺乏多种激励手段的综合运用,没有深入团队成员内部,了解团队成员的真实需要。第四,团队沟通不畅。不同性格、不同能力的团队成员在研究生创新团队建设过程中,没有及时沟通,导致团队成员的真实需要被忽视。同时,地方高校在激励措施实施中,不重视激励刺激的时效。团队激励措施不足的原因主要有四个方面:第一,研究生创新团队建设发展过程中没有与时俱进加强和完善团队管理,对于激励措施的实施仍然缺乏科学的规范。第二,地方高校在发展过程中忽视精神激励。精神激励是对团队和团队成员的肯定以及赞美,可以弥补物质激励的不足。团队内部的激励措施有物质激励、授权激励、目标趋近激励、肯定赞美激励、参与激励等,在团队的实际建设中,并没有具体运用。团队成员感受到地方高校和团队的尊重及肯定,团队对地方高校的归属感增强,团队成员对团队的依赖性增强,地方高校、研究生创新团队和团队成员三方共同受益。第三,根据马斯洛需要层次理论,地方高校研究生创新团队和团队成员在不同时期的需要具有差异性,不是一成不变。如有没有关注研究生创新团队和团队成员会有哪些需要,如何最大限度地满足团队和他们;由于不同研究生创新团队问题不一样,有没有根据不同的团队采取不同的激励措施,各种激励措施如何发挥最大效率。第四,团队缺乏有效的沟通机制,研究生创新团队没有定期组织深入团队内部,了解团队成员最新真实需要,导致团队成员的真实需要被忽视,团队内的激励发挥的作用有限。

②拼凑现象严重。在高校,一些创新团队的形成是由于项目负责人承担的项目需要不同专业的研究人员而临时"拉郎配"建立的,这些团队功利性强,价值取向融合度不够,缺乏信任和合作精神,短期行为多,稳定性差,很难取得标志性成果,且随着项目的结束,还会造成一定程度上的资源浪费。还有一种情况是,由于引进了优秀人才,高校将一些没有长期合作经历的研究人员强拉在一起,为其组建创新团队,而这种团队同样存在着磨合时间不长、协调性差、稳定性不强等缺点。然而在地方高校研究生创新团队建设中出现人员结构不合理现象,主要体现在两个方面:第一,团队成员构成随意拼凑。在学习中形成的研究生创新团队,面临课题项目申报,一般能够慎重选题,成员之间相互沟通,达成相对一致的意见,为课题提出假设,并且积极论证,得出谨慎负责的成果。而在课题申报过程中形成的地方高校研究生创新团队,由于时间紧、任务重,不考虑团队实际能力随意生拉硬拽研究生成为团队成员,在科研过程中,成员之间相互推诿,边磨合边探索,其项目结果往往是凑人数、凑数据、凑结果,这种团队致使有限的科研项目没有发挥作用,同时也浪费宝贵的科研经费。第二,团队成员缺乏交叉学科人才。美国《科学》杂志评出"20世纪十大科学突破",其中多项突破是跨学科研究的产物,向人们展示了跨学科研究成为新世纪科技创新的源泉。地方离校研究生创新团队的成员接受的都是研究生专业教育。教育研究生与本科生不同,学科细化到某一方向进行学习研究,因此就容易导致团队出现学科背景相同、知识结构相似、功能固着的情况。研究生按照学科分类分到相应的院系并细化到具体专业,无形中形成专业的鸿沟,不仅导致团队研究方向单一,缺乏交叉学科前沿,而且造成成员之间思维活力不高,进而阻碍不同专业人才的交流,

不利于跨学科团队的建设。

　　③近亲繁殖现象普遍。现在高校中不少创新团队都是由研究生导师和其毕业留校的学生组成,而其他导师的学生则很少。这种"师徒合伙"式的团队规模往往比较小,研究方法"千篇一律",研究方向不易改变,创新活力不足。科研项目的成果往往仅用作晋升职称的资本,没有后续研究,因而很难产生原创性的重大成果。地方高校占全国普通高校数量的比重超过95％,已成为培养创新人才的重要力量。但是,研究生创新团队建设起步晚,发展缓慢,还存在以下管理问题需要解决:a.科研经费缺乏仍然是地方高校需要解决的问题。地方高校创新基金与国家重点高校创新基金相比,地方高校创新基金比重小、金额有限,而且用于科研经费的来源有限,渠道狭窄,研究生创新团队需要利用人脉资源寻求机会。创新基金从哪里来,如何管理这些创新基金,如何防止滋生腐败问题,如何监督管理科研基金的使用情况,地方高校没有给出明确的解决路径。b.缺乏研究生创新团队的信息系统。地方高校注重研究生创新能力的提高和培养,但是针对研究生创新团队建设缺少科学的支持体系和管理制度。研究生生源面向全国各地,信息量大,信息输入烦琐,需要耗费大量人力物力财力,地方高校信息系统的内容少、信息笼统不具体、更新慢。地方高校管理薄弱的原因主要有四个方面:第一,地方高校研究生创新团队为科研项目的顺利完成,需要依靠优势资源,地方高校作为研究生培养的摇篮,在物质保障和政策扶持中,在研究生创新团队建设中发挥着举足轻重的作用。但是,地方高校与国内一流大学相比,研究生创新团队建设优势资源相对薄弱。国家和地方财政投入有限,优惠政策倾斜度低,地方高校对于研究生创新团队建设的认识不到位,缺乏有经验的人才管理。第二,地方高校研究生培养规模有限,重点放在本科生的培养,学校政策制定的出发点大多是本科生,研究生培养空间不足。第三,研究生创新团队建设成效慢、任务重,需要专门的人员负责,地方离校师资紧缺,人员配备不及时。研究生信息系统仍然属于传统职能部门的工作,研究生参与度低,对

于研究生创新团队的信息更新不及时。资金后期监管不到位,缺乏有效的监督管理机制。第四,地方高校过度行政化,导致一些地方高校对研究生导师遴选不是学术审查而是行政审查,特别是为了照顾关系户外聘了一些素质偏低的校外导师,成为影响地方高校研究生创新团队建设质量的重要原因之一。

④缺乏真正的学科交叉。目前,在高校创新团队的建设中,还缺乏真正的学科交叉、强强联合。主要表现在以下几方面:第一,我国高校创新团队多是在原先的课题组或教研室基础上发展形成的,研究任务相对独立,且研究内容较单一,只关注科研任务的完成,不关注学科的交叉综合与发展。第二,大学组织内部传统的按学科分类的院系建制以及长期存在的学科壁垒,客观上增加了不同学科之间整合的难度,阻碍了跨学科、跨部门团队的建设。第三,高校创新团队的开放程度还较小,在已形成的跨学科的团队中,理工科内的小交叉多,而人文社科和理工科的大交叉少,并且,跨校际和地域界限的创新团队还相当缺乏。第四,部分学校为了加强所谓的"学科交叉"而组建团队或成立跨学科基地,这种简单拼凑的"团队"通常目标不明确,合作不协调,承担任务时往往"饥不择食",系统性研究不够。

⑤团队文化建设薄弱。团队文化是团队有效运行和团队工作能力培养的关键因素之一。团队文化指通过共同的规范、信仰、价值观将团队成员联系在一起,对团队相关事物产生共同理解和行为的系统。团队建设的发展过程衍生了团队文化,反过来,团队文化又促进研究生创新团队建设的发展,为团队可持续发展提供精神动力和文化支撑。高校创新团队的团队文化主要受团队负责人的影响,而现今团队领导机制的简单化导致团队负责人重"外"轻"内",往往将更多的精力放在争取科研项目,赢取外部资源和支持上,而对内部的文化建设重视不足,团队内部难以形成和谐宽松、合作互助、共同学习、彼此激励的工作氛围。这样无疑不利于团

队凝聚力的形成,而离开了团队文化的支撑,团队也势必不能高效运行。

《第五项修炼》中指出"共同愿景"与个人愿景不同,是所有团队成员个人愿景的延伸和整合,以团队为基本单位,从团队角度出发需要长期奋斗的目标。共同愿景可以在团队成员之间形成强有力的凝聚力。团队的共同愿景是具体的、可衡量的,具有明确的截止期限。地方高校研究生创新团队的共同愿景,是站在团队利益上的共同愿景。团队每个成员能够描述出团队共同愿景,并且自觉献身这个愿景。然而在地方高校研究生创新团队建设过程中,发现部分研究生创新团队缺乏团队共同愿景,研究生创新团队成为空架子,缺乏内在凝聚力。长期以来,地方高校研究生创新团队都是在平时的合作学习与研究中形成,团队成员缺乏对共同愿景重要性和必要性的认识。在课题申报方面,是否立项成为唯一的目标,能不能立项成为最终目的。因此,在课题申报时,以团队负责人为主,甚至有个别团队直接是团队负责人自己申报课题。在科研过程中,团队成员之间没有分享共同愿景,当团队成员的个人愿景和团队共同愿景发生冲突时,共同愿景未能起到协调作用,完全是谁有能力谁多做事。在团队发展过程中,也没有树立团队长远愿景,只顾眼前利益,认为只要能完成科研项目就是唯一目的。团队分享科研成果时,往往还会产生利益不均的情况,阻碍研究生创新团队建设的发展。团队缺乏共同愿景的原因主要有三个方面:第一,社会协作理论提出,共同的目标是团队成立时首先要确立的。在地方高校研究生创新团队建设中,课题申报立项成为团队成立的首要条件,所有团队成员都是围绕课题申报、立项、结项展开工作,忽视团队共同愿景确立。第二,共同愿景是长期奋斗目标,要平衡好个人愿景和团队愿景。团队成员在科研工作中,往往更加注重个人愿景是否实现,注重个体利益,团队共同愿景和成员个人愿景难以兼顾。第三,共同愿景的提出或大或小,没有结合团队实际情况。共同愿景过高,愿景如同水中捞月不切实际,团队成员容易产生挫败感,打击科研积极性;共同愿景过低,团队成员容易止步不前,盲目自信,不利于研究生创新团队可持续发展。

（2）外部支持环境方面

①缺乏顶层设计和行政引导。国家自然科学基金委员会和教育部以及各级政府等主管部门在资助创新团队时，没有充分考虑现有学科分布及未来学科发展趋势，没有充分考虑团队之间的协同关系和战略布局，缺乏总体的结构设计。另外，虽然由于科技创新具有自由度高、不确定性大等特点，提倡"由下而上"靠自主结合组建创新团队，但是在大科学时代，我国的经济发展水平决定了团队建设还离不开行政手段的有效引导，还应该通过"自上而下"的方式，针对经济和社会发展亟须解决的重大科技问题，从优化配置相关学科优质资源的角度出发，组建创新团队，进行集中攻关。目前，这方面的政策规定、行政措施还相当缺乏。

②缺乏科学的团队管理制度。对于创新团队建设，各高校所做的主要工作大多雷同，就是先对创新团队进行认定，然后对经认定的团队提供资助，而当创新团队成立后，却没有建立相应的团队支持体系，缺乏科学的团队管理制度，团队管理中存在着管理责任不明确、负责人被琐碎事务缠身等问题，从而使科研工作不能顺利开展。另外，一些高校对创新团队的管理有明显的行政化倾向，行政权力在学术管理中的作用过大，致使代表学术的广大教授和学者的发言权和参与管理权不够，从而导致行政负责人、学科带头人的主从关系错位，形成了"行政权力泛化，学术权力弱化"的现象。

③评价考核体系不科学。科研工作中的评价体系对科研活动具有很强的导向作用，公正合理的评价体系是健全激励机制的基础，直接关系到科技资源的合理配置和高效使用。目前，在高校创新团队评价考核体系中主要存在以下几个问题：第一，对不同性质的创新团队采用同一套评价考核指标，评价标准单一，无法体现不同性质创新团队的研究价值。第二，对创新团队的考核主要侧重于如论文数、专利数、获奖数等数量上的考核，而对科研成果质量的考核相对较弱，势必导致团队研究水平的下

降。第三,在职称评聘、岗绩津贴发放的考核中过分强调主持人和学科带头人的作用,对团队其他成员所做的贡献重视不够,即使在项目研究中起关键作用的骨干成员,其功效在考核时也往往大打折扣,甚至忽略不计。这不仅使大多数参与成员的经济利益蒙受损失,而且严重打击了他们的积极性,在很大程度上迟滞了团队建设的步伐。第四,考核年限过短(一般以一、二年为限),团队的系统性研究不够,不愿承担周期长,但意义重大的基础性研究,同样不利于创新团队建设。

第 4 章　创新绩效研究范式概述

4.1　心理学领域对创新绩效的研究

在心理学上,对创新绩效的理解一直是从影响创新绩效的心理能力入手来展开研究的,心理学认为能够影响个体创新绩效的关键心理能力主要有创新力、联想、想象力等方面的能力。

宏观层面上,心理学对创新绩效的研究主要集中在创新人才方面。利用心理学相关知识一直是研究"创新人才培养"的重要途径。在心理学领域内探讨创新人才主要是围绕人的创造性思维这一主题展开的,有学者曾针对创造性思维与知识积累之间的关系展开讨论,在对某些创造性任务的个案分析和认知心理学的大量实证研究的基础上,提出创造是长期思考和知识积淀的结果。林崇德将创造性人格概括为 5 个方面,即"健康的情感、坚强的意志、积极的个性意识倾向、刚毅的性格、良好的习惯"。对创新人才进行心理测验是心理学中针对创新人才开展研究比较常见的方式。如张景焕在博士学位论文《科学创造人才心理特征及影响因素研究》一文中,利用其设计的"科学创造人才编码手册"对数学、物理、化学、地学和生命科学五个领域的 34 名科学家进行了访谈,请科学家们讲述创造性成果的产生过程以及重要的生活事件,运用一系列方法找出了这些富有创造力的科技人才所具有的共同的心理特征并加以分类,从而提出了科学创造人才心理特征的分类模型、概念模型和层次模型。这一研究进一步丰富了人们对创新人才心理特征及其影响因素的认识。

社会经济的发展需要大批具有创新素质的人才。在教育实践的过程中,创新人才理论研究的指导作用愈加凸显。当前,就研究成果数量而言,"创新人才"领域的研究成果已经达到较大数量,并涌现出许多富有真知灼见的创新见解。就研究内容而言,已经涵盖了从探讨创新人才的内涵和意义到探索创新人才培养的途径,从分析创新人才的成长过程和规律到测量创新人才的各种心理特征等诸多研究领域。就研究方法而言,偏重资料的经验归纳、问卷访谈等形式的实证调查研究为数不多。

自 20 世纪 50 年代吉尔福特在美国心理学协会上作了题为"心理学和教育领域的创新"的演讲后,"创造性"一词就成为研究热点并长久以来一直备受关注。目前,国内学者通常将外文文献中"creative""creativity""innovation""innovative"等词语与中文中的"创新"相对应。国外的研究主要见于心理学、人力资本、科技创新等领域,其中对创新人才的内涵理解中具有代表性的有以下几种:吉尔福特将富有创造性人才的人格特点总结为八个方面,即"有高度的自觉性和独立性;有旺盛的求知欲;有强烈的好奇心;知识面广,善于观察;工作中讲求理性、准确性与严格性;有丰富的想象力、敏锐的直觉,喜欢抽象思维;富有幽默感,表现出卓越的文艺天赋;意志品质出众"。斯滕伯格认为,创新人才应具有自由的思想,不墨守成规,不循规蹈矩,有质疑精神,符合社会道德标准等素质。

国内亦有许多学者针对创新人才的概念和内涵开展了研究,呈现出研究观点百花齐放的现状。总体而言,国内学者主要围绕知识、思维、能力、人格等对"创新人才"的定义进行描述和界定。比较有代表性的有:朱清时把创新人才素质归纳为"广博的多学科交叉知识、浓厚的好奇心和兴趣、敏锐的洞察力、勤奋刻苦和集中注意力、极易被社会接受的品质"。钟秉林认为创新型人才的基本素质要求包括"博专结合的知识基础,以创新思维和创新能力为特征的智力和能力,以创新精神和创新意识为中心的自由发展的个性,积极的人生价值取向和崇高的献身精神,国际视野和竞争意识,强健的体魄和健康的心理"。卢宏明提出"创新人才是指具有独创能力,能够提出问题、解决问题、开创事业新局面的人才",其中"超常的健康人格、很强的创造性思维和能力倾向、良好的社会适应性和充沛的精力(或体力)是创新素质的三大特征"。林崇德则从心理学的视角对"创新人才"的内涵加以阐释,他认为创新人才在一定意义上就是创造性思维加创造性人格,并提出"创新能力是一种连续的而不是全有全无的品质,人人包括儿童在内都有创造性思维或创新能力"。

学者们根据不同的标准将人才成长过程划分为若干发展阶段。比较常见的划分标准有如下几种:按照时间因素划分,如将人才发展过程划分为"幼儿期、求学期、创造期、成熟期和老年期"五个阶段;按照空间因素划分,如将人才成长过程分为两个阶段,即"第一个阶段主要在学校度过,第二个阶段是学校教育结束后,以立志成业的饱满热情进入社会,走上工作岗位";按照人才所能发挥的作用划分,如"准人才—潜人才—显人才—领军人才"四个基本阶段;根据人才创新能力逐步发展变化过程划分,如"从一个普通的学生过渡到具有创新能力的专门人才,必须经过五个阶段,即创新意识萌芽阶段、创新思维形成阶段、创新学习提高阶段、创新能力涌现阶段和创新人格顶峰阶段"。从目前的研究结果可以看到,学者们对人才成长过程与规律已有较为全面和深刻的认识,这些都可以作为当前创新人才培养实践的理论依据。

(1)通过创新教育培养创新人才。在学者们看来,创新教育是相对于现行的"知识教育"而言的,希望能够改"应试教育"为"创新教育"。提倡"创新教育"并不是否定知识在教育过程中的基础地位和重要作用,而是强调在此基础上培养学生的能力。因此,在关于"创新教育实施策略"的讨论中,王娟等认为"创新教育实施过程中教师是关键",并且对教师提出了要求,"实施创新教育的教师应具备开放的思想、活泼的思维并且能够随时更新自己的经验,能对各种新鲜事物迅速做出反应,富有创造性的判断力,性格结构相对民主,对各种观点、兴趣、习惯、生活方式等都能够接受,能对各种信息提出独特见解,同时应该充满自信"。在关于"创新教育的特点"的讨论中,杨曼英提出"创新教育具有主体性、全面性和创新性"三个特点,其中"主体性充分肯定了受教育者的主观能动作用,全面性主张学生素质的全面发展,创新性是对教育内容、教育形式、评价标准等提出具有新颖性和独特性的要求"。

(2)文理学科交叉与融合培养创新人才。从国内外的人才培养情况看,采取文理交叉与融合进行人才培养一直是培养高素质人才的重要途径之一。学科的交叉与融合能够极大地拓宽科学研究的视野,培养学生博专的知识,各种思想、理论在交汇融合时必然迸发出新的思想,这为科学研究提供了新的理念与方法,提供了解决问题的新思路。学科的交叉与融合能够推进新的研究领域的出现,成为创新人才培养的助推力。可见,学科交叉与融合意义重大。

(3)产学研一体化和创业教育培养创新人才。从优势互补的角度考虑,相对于传统教育,采用产学研结合的人才培养途径可以使大学、产业和科研三个要素有机地结合到一起,不失为培养创新人才的良好途径之一。因此,在培养创新人才时,要实现产学研一体化,让学生接触生产、科研实际工作,促进学生创新能力的养成。与产学研一体化培养方式一样,"创业教育是创新人才培养的重要组成部分,它通过对在校生将自己所学的知识和技能进行应用转化进而创办企业的教育,增强大学生的创新精神和创新能力"。创业教育将学生置于实践中,通过创业实践,让学生接触各种实际问题,充分调动学生的才智,使学生创造性地解决问题进而培养他们的创新能力,达到提高他们创新素质的目的。

(4)本科生导师制培养创新人才。在各个高校培养创新人才的实践中,有的学校设立了各种基地班、创新实验班等,也有若干高校从完善师生联系入手。如浙江大学推行的本科生导师制:组织学科(学术)带头人和大批教学、科研的骨干教师,在高年级本科生中定点定人进行因材施教,以提高学生的思想素质、文化素质、专业素质和分析问题、解决问题、适应社会竞争的综合能力,弥补课堂教学环节中大学生基本能力和素质培养方面的不足,更好地完成本科教育的教学育人任务。

微观层面上,心理学对创新绩效的研究主要集中在创造力理论方面。Guilford 首先提出创造力的说法,认为创造力是一种能力,创造性人格是解释个体创造力的关键。随后一些学者以此为基础,认为创造力属于个体认知能力的范围,具有创造力的个体拥有创造性地将新方法应用到工作中的能力,并能够促进新思想、新事物的产生。另有一些学者认为创造力是一种人格特质,是一种认知风格,具有弥散性和持久性。Amabile 从组织行为学视角出发,认为创新是员工将创新想法具象化为创新成果的实践。Maranville 认为创新是对未得到满足的新市场需求、未被发掘的蓝海市场需求或对现有市场需求提供新颖有效的产品、解决方案或策略。Lyons 等人根据想法是否具有实用价值将创新定义为能够创造价值的新颖想法。Beesley 认为创新是新知识及相关有使用价值的产品、流程或服务的产生。而后学者们发现,创造力是驱动创新的重要来源之一。对于企业而言,新颖却无实用性的创造力对组织是无任何贡献与实际意义的,但创造力是孕育创新的母体,缺少创造力的创新是缺乏生命力的。Amabile 基于组织创新构成模型也认为,个体创造力与组织创新是相互独立但密切相关的两个概念,认为个体创造力孕育组织创新,组织创新工作环境反向提升个体创造力。他从社会心理学视角出发,提出创造力成分理论(Componential Model of Creativity),认为创新主要由三个重要成分组成:领域内技能(Domain-relevant Skills)、创造性技能(Creativity-relevant Skills)和任务动机(Task Motivation)。领域内技能指个人在某一专业领域内的经验积累,包含领域内知识、相关技能和专业天赋。专业天赋指个人特有的认知模式、后天教育与实践经验共同作用形成的相关才能。创造性技能指个体具备催化创新的个人特质,包括创新认知风格、启发创新想法的方法论积累,积极的工作风格等。创造性技能通常与个人创新特质、接受的创新训练有关。任务动机指个体对任务的态度,是激发员工创新的关键因素,且受内在动机与任务环境双重影响。在确定创造力的成分要素后,他构建了"任务呈现—准备工作—响应阶段—确认响应—创新成果"的通过创新任务触发员工创新的作用路径,并明确领域内技能主要在"准备工作"与"确认响应"两阶段发挥作用,创造性技能只在"准备工作"阶段发挥作用,任务动机则在"任务呈现"和"响应阶段"发挥作用。

创造力成分理论在前人研究基础上加入个体动机因素的考虑,通过综合讨论个体动机因素、个体能力因素与工作环境因素,发现个体动机可以提升个体能力水平的同时,还总结了工作环境因素对个体创新的影响,首次通过考虑个体与环境两方面的影响讨论影响个体创新的作用机制,为之后研究提供了较高的理论参考价值与研究新视角。

4.2　组织行为学领域对创新绩效的研究

在组织行为学中,创新绩效指的是员工的创新绩效。这些研究多数从影响创新绩效的因素方面入手展开研究之后,提出一些合适的提高员工创新绩效的对策来应用。

Oldham 将创新绩效定义为满足两个条件:新颖的或原创的,与组织相关或对组织有用的产品、想法或流程。Janssen 从创新绩效的过程角度出发,认为员工创新绩效包含三维度:创新想法产生、创新想法完善与创新想法实现。国内学者韩翼基于 Janssen 的研究,认为创新绩效是个体生产的原创的、新颖的,同时具有实用性的,对组织有价值的产品、步骤、方法或想法,并认为创新绩效包含:创新意愿、创新行为和创新成果三维度。Mumford 和 Gustafson 对组织中的创新进行深入研究后,认为创新是许多工作所必需的,但创新性想法却可以涵盖日常工作中的微小改进与重大的科学技术创新。Madjar 等人进一步将此想法应用到组织创新领域研究中,将员工创新按照新颖性与实用性的标准,分为突破性创新与渐进性创新。其中突破性创新是指与组织现有实践或做法完全不同的新想法，强调新颖却不重视使用，而渐进性创新是对现有框架体系进行少量的改变或对组织现有做法和产品提供较小程度修正的想法，强调使用却不重视新颖。Gilson和Madjar同样指出渐进性创新绩效侧重于改进，重视提出不同的解决方案来减少问题或改善现状，因而员工可以预先估计自身的投入与收益来获得稳定的回报；而突破性创新偏重改变，通常是问题驱动导向，即对存在的问题没有具体的解决方案，要完成创新的前提是进行无准确方向的探索，在这个过程中会产生方案或产生更多的问题，因而具有更高的风险。国内学者刘宁和刘颖在此观点上，将创新绩效分为突破式创新绩效与渐进式创新绩效，并指出突破式创新绩效指对行业、现有技术有巨大冲击的，足以颠覆现有行业布局的创新成果；而渐进式创新绩效指对公司产品或技术在其原有基础上进行改善，其本质核心并未改变。

Unsworth认为可以从创新的驱动或诱发原因出发，将员工创新分为主动创新与被动创新。主动创新的定义为：即使手头没有具体的问题需要解决，个体也会积极主动地寻找机会，产生想法去解决他们发现的问题来提供进一步改进的建议；而被动创新定义为：个体针对某一情况的需求的响应，解决指定的、提出的问题而提交创新想法。

以往对创新绩效的研究通常与几个相似的概念混杂在一起，本节主要对两个相似概念进行辨析：创造力（Creativity）与创新（Innovation）。

Sternberg根据投资理论，认为创新是一种有意识的选择，个人的创新行为是在有限精力下综合考量不同资源要素后做出的理性决策。该理论认为创新由六种不同但相关的资源组成：智力技能（Intellect Abilities）、知识（Knowledge）、思考方式（Style of Thinking）、人格特质（Personality）、动机（Motivation）和环境（Environment）。不同的个人拥有不同的资源水平，对使用资源的决策往往是导致个体差异的重要因素。

智力技能。Sternberg 指出三种智力技能尤为重要：(1)以新方式看待问题并避免传统思维界限的综合技能；(2)辨别那些创新想法是否值得投资的分析技能；(3)懂得说服其他人出售那些有价值的想法的实践技能。综合使用三种技巧是十分重要的。在没有其他两种技能的情况下单独使用综合技能会产生全新的未经审视的想法，这类想法需要经过改善来确保可以工作。在没有其他两种技能的情况下单独使用分析技能会产生具备批判性但不具有创造性的思维。在没有其他两种技能的情况下单独使用实践技能可能会导致外界对思想的接受是因为这些思想得到了很好且有力的表达，而不是因为这些思想是好的。

知识。一方面，个人需要对一个领域有足够的了解来推动它向前发展。当个人不了解该领域时是无法实现创新的。另一方面，对一个领域的知识了解越深入，越容易陷入封闭和根深蒂固的观点中，导致个人不能超越过往观点从全新角度看问题。因此知识可以帮助，也可以阻碍创造力。例如，Frensch 在一项对桥牌专家和新手的研究中发现，在常规情况下，专家的表现优于新手；当游戏表层发生变化时，专家和新手在游戏中都有轻微不适应，但很快就恢复了；当游戏结构发生深层次的变化时，专家在初期的不适应程度大于新手，但后来专家恢复了水平。其原因大概是，当游戏规则发生深层结构性变化时，专家对现有结构的使用太过深入，而使得其比新手更需要重新规划自己的思维。因此，一个人需要抉择是否使用他过去的知识。

思考方式。思考方式决定了个人技能的选择方式，其本质上是关于如何选择一个人可用技能的决策。以严谨的方式思考对于个体创造力的培养尤其重要。这种偏好需要与创造性思考区分开来：有些人可能喜欢沿着新的思路思考，却少有好想法。如果一个人能够从全局和局部的角度来思考问题，并由此认识到哪些问题是重要的，有助于他成为一个富有创造性的思考者。

人格特质。许多研究调查都支持某些人格特质对于创造性功能的重要性。这些特质包括克服障碍的意愿、承担合理风险的意愿、容忍模糊的意愿，以及自我效能感。富有创造力的人往往用一种与他人想法相反的方式来思考。一个人可以决定克服障碍，承担合理的风险等。

动机。以任务为中心的内在动机对于创造力也是必不可少的。Amabile等人的研究表明了这种创造性工作动机的重要性，并指出，除非人们真正热爱自己所做的事情，并将注意力集中在工作上，而不是潜在的回报上，否则他们很少会在某个领域进行真正的创造性工作。动机不是人固有的，而是由事件或其他条件所激励的。通常，在自己不感兴趣的领域工作的人会认为，考虑到要在那个领域工作，他们最好想办法让自己感兴趣，然后，他们会从新的角度来看待他们需要做的工作，从而让这份工作吸引他们而不是让他们感到无聊。

环境。个人实现创新需要一个支持和奖励创造性想法的环境。一个人可以拥有进行创造性思考所需的所有内部资源，但如果没有一些环境支持（比如一个可以提出这些想法的论坛），其内在的创造力可能永远不会得到展示。环境通常不会完全支持个人发挥其创造力，有些人就被环境中的不利因素阻碍了其创新产出。因此，个人必须决定如何应对环境的挑战。

Sternberg认为创新的产生不仅仅是个体的六个组成资源的简单相加。首先，某些组成资源（如知识）是存在阈值的，当个体知识资源低于阈值时个体不可能产生创新行为。其次，资源之间存在相互补偿的可能，当个体动机资源上存在优势，即个人有较高的内在创新动机时会弥补环境资源的不足。最后，智力技能和动机等资源之间可能会发生协同作用，这两方面的高水平可以成倍地提升个体创造力，产生既新颖又有价值的创意。但现实中创新常常被认为是对现状的反对，是令人不快的，而且会被别人以足够的理由忽视创新的想法。大量证据表明，创造性的想法在最初提出时经常是被否定的。一些最伟大的科学文章在发表前不止被一家杂志拒绝，而是被几家杂志拒绝。例如，约翰·加西亚，一位著名的生物心理学家,当他第一次提出所谓的经典条件反射的学习可以在一次学习实验中产生时,立即遭到了谴责。因此,从投资的角度来看,有创意的人通过提出一种最初不被重视的想法,然后试图说服他人认同其价值,从而低价买进。在确信自己的想法是有价值的,从而增加了投资的感知价值之后,这些有创意的人会不断完善想法,完成创新。

创造力投资理论强调创造力在很大程度上是一种决定,并明确创新是不断发展的。当学生们相信创新成果将得到奖励而不是惩罚时,对学生的创新要求可以使他们更有创造力。创新决定遵循以下流程:个体决定产生新的想法并对这些想法分析,然后把这些想法卖给别人。一个人可能具有综合的、分析的或实际的技能,但可能不将它们应用于涉及创造力的问题。例如,一个人可能会决定跟随别人的想法而不是综合自己的想法、不对自己的想法进行全面评估或期望别人听从自己的想法,因此决定不去尝试说服别人相信这些想法的价值。

该模型在综合考虑了产生创新的基础——知识、思考方式与人格特质,以及激发创新的关键——智力技能与动机即在影响创新决策的外在环境基础上,发现影响个体创新的六种资源对个体创新不同的重要程度与相互之间的协同和替代作用,并强调了决策在个体创新过程中的关键作用。同样,本模型存在两点不足:一是未对模型中的各类资源进行详细讨论,如对人格特质仅考虑了创造性人格对创新的影响,对动机的讨论仅强调内在动机的激励作用。二是在讨论决策过程时未对创新的价值进行详细定义,仅考虑了外界对创新成果的价值定义的否定与肯定,过分强调想法的潜在投资价值。

国内学者吴志国改进企业中培训创新人才系统,综合宏观层面——创新环境,与微观层面——员工创新行为的触发机制,提出触发员工创新行为的 KTMT 理论模型。该理论模型由四个基本要素组成:知识(Knowledge)、思维(Thinking)、动机(Motivation)和时间(Time)。

知识要素主要包括员工自身的知识水平、技能水平与工作经验,是员工能否触发创新行为的基础。知识水平指员工个人的知识储备情况,是由专门技术和基本原理组成的个体知识库的一部分。员工知识水平可以通过主动学习或工作实践得到提升,也可以通过向他人请教获得。但日常情况下员工个体知识处于分散的状态,只有应用到组织的产品生产或服务提供中才能发挥价值。触发员工创新行为的知识水平具有两个特点:一是高水平的专业知识,即员工对专业领域有深入的了解并紧跟前沿知识发展。二是合理的知识结构,即员工储备各领域知识的比例和相关度。多领域知识能为员工提供多种视野,知识之间的相关度为知识整合提供了可能性。

思维要素包括抽象思维和形象思维。抽象思维来源于经验思维,是在摆脱了经验思维不确定性的基础上,帮助人们系统地、有序地认识事物。逻辑抽象思维又常被称为逻辑思维,是抽象思维中重要的一环,指人们通过"概念化—制定标准—推理运用"的规范化程序进行新知识的归纳与总结。形象思维指想象,指通过在脑海中对记忆表象进行推理演绎再形成新形象的过程,是创新的开头。抽象思维促进人理性思考与总结,形象思维赋予人灵感与想象空间,抽象思维与形象思维协同作用是员工创新行为的核心。

动机要素指员工个体为实现组织目标而付出的自身的努力程度与坚持程度,具有动机的员工更愿意根据自身需求,有选择地通过付出努力来换取所需,动机强的员工更愿意通过调动自身知识水平来完成组织期望的行为(如创新行为等)以换取所需。组织行为学认为,源于个人兴趣、愉悦、满意与工作的挑战性等工作本身激发的内在动机对人们创造力的激励效果是最强的。有心理学家提出,人的心理结构主要存在两个层面即认知层面与情感层面,其中情感层面对个人成就起主导作用。这启示我们,员工创新行为并非简单的知识积累与思维训练的叠加,进行创造的动机也称创新精神,是触发员工创新行为的关键因素。

时间要素通过赋予员工自主权与时间压力正反两方面的作用来影响

员工创新行为。组织通过赋予员工自由支配时间权力的管理方式,能让他们保持"闲适的好奇心",对创新有更深入的思考。员工拥有高自主权能够给个体一种主人翁的感觉,掌控自身工作和思想的个体能够被激发出更多的创新行为。研究表明,时间压力与员工创新行为呈"倒 U 形"的关系。适度的时间压力会被员工感知为一种挑战,尤其是对高效能感的员工,此时时间压力对员工创新行为有促进作用;但当时间压力过大,特别是被员工感知为一种威胁,表现为预期时间内无法完成但还是要把时间浪费到任务中时,员工对创新行为持消极态度。

KTMT 员工创新行为触发模型中,既包含员工特质层面的知识水平、思维模式,又包含组织氛围层面的动机、时间要素等,囊括了思维复杂性、知识深度、解决问题能力、思维方式等触发创新的必备要素,也涵盖了思考时间、自主性、组织文化、工作挑战性、工作压力、个人成就动机类型等触发创新的关键要素,应综合考虑决定员工创新可能性的创新必备要素与决定员工创新实现与频率的创新关键要素,为组织根据实际情况构建合理有效的创新培训、触发体系提供理论支撑。

该模型在综合考虑知识水平、思维方式、动机因素、时间要素的基础上构建了一个严谨的有实用价值的理论模型。但该模型存在两点不足:一是对动机因素的讨论不够深入,单一从内在动机角度讨论创新意愿并不充分,有学者基于自我决定理论对动机进行详细划分,认为动机从内到外可以分为六类。二是对于组织层面要素的讨论仅限于时间要素,有研究表明除时间要素之外,愿景激励、主管支持等都能够显著促进员工创新行为。

激发个体创新,提升创新绩效是一个复杂的过程,讨论激励员工创新绩效的过程需要综合考虑个人因素与环境因素协同作用。通过对相关理论研究的梳理,发现对员工创新绩效的研究正从单一角度向多视角转变。

通过对心理学以及组织行为学方面的创新绩效理论的梳理总结,形成了表 4-1。

表 4-1   创新绩效理论一览表

理论名称	视角	观点	出处
智力构成理论	认知心理	外界刺激激发大脑使用发散性思维进行反应,进而产生创新绩效	Guilford(1967)
创造力成分理论	社会心理	领域内技能、创造性技能和任务动机是促进员工创新绩效的关键	Amabile(1983)
创造力激励模型	行为决策	采取创新还是常规性活动是个体在群体竞争中对自身行为选择的结果	Ford(1996)
创造力投资理论	投资理论	创新是一项理性决策,个体的智力技能、知识、思考方式、人格特质、动机和环境都会对创新决策产生影响	Sterberg(2006)
KTMT 理论模型	创新人才系统保证模型	创造是人的本质特点,优化组织环境激发员工创新特质是提升员工创新绩效的关键	吴志国(2007)

4.3   实证范式概述

对创新绩效为主体的实证研究,学者们多选择以创新绩效为因变量,研究影响创新绩效的各种因素。对国内外相关文献进行阅读与研究可得出,对于创新绩效的实证研究,大致可以从两个研究角度进行分析,一是对于员工创新绩效的实证研究,二是对于企业创新绩效的实证研究。首先我们来看以员工创新绩效作为因变量的研究概述。

员工创新绩效大体上受"环境因素""个体因素"和"领导因素"的影响。最早对创新绩效进行研究的是国外学者 Amabile,他和他的同事针对工作环境的特性对创新绩效的影响总结出了五个大类,包括鼓励创新、工作自由度、获取资源、工作压力等。这些环境特性对于创新绩效总是产生正面或者负面的影响。Oldham 认为对创新绩效影响的环境因素主要有三个方面。一是工作的复杂性和获得同事、上级以及组织的支持。二是个体特性,Oldham 和 Cummings 发现工作环境相对复杂的个体,比按照常规且在缺乏自主性环境中工作的个体,更具有创新能力,因为他们更能够展现独立决定的能力以及体验工作的多样性。三是领导特性。随后Scott 和 Bruce 认为主管行为对个体创新绩效的影响主要通过两种途径产生,一是因为主管能够提升一种气氛,这种气氛能够促进创新绩效,或者阻碍创新绩效;二是因为主管对于特定个体的期望和鼓励行为关系到个体的创新意愿。Tierney 和 Farmer 也证实了这一点,他们表明主管对下属的创新期望程度和给予下属的支持对个体的创新绩效具有积极的影响作用。Janssen 认为在领导—员工交换关系中,目标导向与领导评价角色内工作绩效、领导评价创新工作绩效以及工作满意度具有正相关作用,而绩效导向则相反。Anderson 和 West 研究团队创新氛围时,证实了团队创新氛围对团队创新绩效有显著的正向影响。同样,团队心理授权也会对团队创新绩效产生影响,心理授权在一定程度上能提升团队自主性,这样团队成员就能更加主动积极地工作以促进团队绩效水平的提高。笔者对国外研究员工创新绩效的影响因素进行了梳理,见表 4-2:

表 4-2　　　　国外研究者对员工创新绩效影响因素的研究成果

研究者及年份	员工创新绩效的影响因素
Amabile(1996)	组织中的创新气氛与创新绩效呈显著正相关
Oldham 和 Cummings (1996)	个体特性、工作特性以及管理特性都对创新绩效具有影响作用
Tidd(1997)	创新气氛的多种因素如愿景、创新意愿、沟通等对于组织创新绩效的提高具有显著预测作用
Bessant(1997)	员工参与与创新绩效有直接关系,它代表组织的竞争优势
Madhaven 等(1998)	组织是否具有信息分享和开放的沟通对组织的产品创新绩效产生影响
Scott(1998)	组织是否文化共享、鼓励创新行为会影响组织创新绩效
Edmondson,Bain 等 (1999)	组织创新气氛的部分因素对组织创新绩效具有预测作用
Bharadwaj(2000)	个人创造力、组织创新机制与创新绩效呈正相关

（续表）

研究者及年份	员工创新绩效的影响因素
Madjar 和 Oldham（2002）	工作上以及非工作上对创新的支持程度对创新绩效有正向影响，并且乐观情绪对创新具有调节作用
Tierney（2002）	工作年限、工作自我效能感、主管行为以及工作复杂性有助于形成创新性自我效能感，而创新性自我效能感对创新绩效具有预测性
Janssen（2004）	领导—成员交换理论中，目标导向与领导评价的角色内工作绩效以及创新绩效之间呈正相关关系，而绩效导向则相反
Arthur（2004）和 Walton（2005）	知识型科技员工的管理方式应当从控制管理转变为忠诚管理和自我管理，促进创新意愿的自然生成和创新活动的自觉开展。科技人力资源管理实践可以实现两种管理方式的有效转化，它对提升员工创新绩效有积极且显著的影响
Lubart 和 Franck（2008）	积极的情绪会促进创新绩效水平的提高，员工内心对创新的感知以及态度会对绩效产生影响
Avey（2012）	除了内心态度，个体知识储备的丰富与否、智力水平的高低以及面对挫折是否能够保持乐观，均会对员工创新绩效产生影响
Carmeli 等（2013）	领导支持行为有助于知识分享和提高员工展现在创新过程中解决问题的能力，从而提高创新绩效

在国内对于员工创新绩效的研究起步较晚，最早在 2009 年，魏峰、袁欣等人对交易型领导、团队授权氛围以及创新绩效的关系进行了研究，结果表明交易型领导行为与下属创新绩效的相互关系受到团队授权氛围的调节作用影响，并且交易型领导和团队授权氛围对创新绩效的交互作用部分以下属的心理授权作为中介变量。黄亮探讨了员工幸福感和创新绩效的关系，并证明了组织自尊在工作幸福感和创新绩效间起中介作用，交易型领导对员工的组织自尊与创新绩效产生负向调节作用。唐朝永等研究表明，社会资本可显著增强科研团队的创新绩效，在社会资本和科研团队创新绩效之间，失败学习起部分中介作用。张伟明在研究中证实了，魅力型领导可以通过信任机制作用于团队创新绩效，促进团队创新绩效的提升。汤超颖也表明，魅力型领导的领导风格能够有效增强团队成员对组织的认知感，进而提升团队创新绩效。朱少英等人研究发现，在变革型

领导带领下的团队,其团队创新氛围更强,知识共享的力度更大,对团队创新绩效的影响也就更明显。在过程变量中,现有文献已经证实,团队创新氛围、团队沟通、团队心理授权对团队创新绩效有着显著影响。研究表明,团队创新氛围在输入与输出团队创新绩效之间具有重要的中介作用。杨珍认为领导者对创新推崇和支持力度的增加可以明显带动员工上下协同创新,从而可以通过对领导创新精神的观察和测量有效地推导出员工创新绩效的发展方向。在东方社会中,受中国传统儒学的影响,孕育出了一种有别于其他领导方式的领导理论——家长式领导,这种领导方式已经被越来越多的学者证实广泛存在,并适用于具有其他文化与组织情境的国家和地区。同时越来越多的研究表明家长式领导不只适用于中国,其在某些权力距离较大的亚洲国家被认为是一种有效的领导风格,如日本(Uhl-Bien M.,1990)、马来西亚(Ansari M.,2004;Abdullah A.,1996;Saufi R. A.,2002)等。Dan Nie 等在研究中表明仁慈领导对芬兰的华人具有积极作用,Martínez S. M. 等探讨了家长式领导在墨西哥的发展状况。Aycan 等在对 10 个国家的跨文化研究中也发现,印度、巴基斯坦、中国、土耳其等国家在家长制方面得分最高,罗马尼亚、美国、加拿大、俄罗斯等国家得分居中。由此可见,虽然家长式领导孕育于东方文化之中,但其影响范围不断扩大,从世界范围来看,家长式领导不但适用于部分亚洲和欧洲地区,也同样适用于部分中东和拉丁美洲地区(Pellegrini E. K.,2008)。家长式领导作为一种“仁”“德”“严”相结合的领导风格,对员工的创新绩效会产生显著的影响。

另外,我国学者在国外学者研究的基础上考虑到中国企业自身的实践,对企业创新绩效的影响因素做了大量的探索,并产生了丰硕的研究成果,2011 年戴勇、朱桂龙对 94 家广东企业进行问卷调查统计,结果表明社会资本和吸收能力均对企业创新绩效存在显著的正向影响,其中吸收能力显著调节社会资本与创新绩效之间的相互作用关系。蔡宁等建立了开放式的创新绩效模型,从以往的过度关注财务视角转变成从财务和战略两个维度来测量企业从开放式创新中获得的不同类型的收益。解学梅等通过探讨知识吸收能力对企业协同创新网络特征与创新绩效额的中介效应证实了知识吸收能力与企业创新绩效之间呈正相关关系。陈衍泰等则研究了开放式创新文化与企业创新绩效的关系。随后众多学者从企业科学能力、技术多元化、客户知识转移的知识管理等角度更加深层次地研究企业创新绩效。马文聪等研究发现在新兴产业中,研发投入强度和人员激励对企业创新绩效产生正向影响。罗明新等依据高阶理论和资源基础观研究发现,政治关联与技术创新绩效负相关。吴清、王靖通过对珠三角地区高新技术企业员工和管理层调查分析发现,组织创新氛围对企业创新绩效产生影响。舒成利等认为知识获取能够帮助企业提升创新绩效。刘学元等在中国关系社会的背景之下研究发现,创新网络关系强度与企业吸收能力都和企业创新绩效有正相关关系。马蓝、安立仁基于组织学习角度研究发现,合作经验和网络权力均与创新绩效存在正相关关系。Lee通过对上级支持和产品创新程度之间的关系研究,发现上级支持程度越高,企业创新气氛越浓,从而也利于提升企业的创新绩效。宋建波和文雯,张信东和吴静,Lee和Park,刘凤朝等,黄婷等均进行了高管海外背景对企业创新的影响研究,且均发现高管海外背景能够显著促进企业创新绩效,其中,宋建波和文雯还发现具有海外背景的非独立董事比独立董事的促进作用更显著。张信东和吴静还发现高管海外背景有利于技术创新效率的提高,且相对于非创新行业,创新行业的显著程度更高。Sofka和Grimpe通过对欧洲数千家制造企业的研究分析后指出,对知识获取策略的决策将显著影响企业创新绩效。李浩肯定了合作关系对创新网络的积极意义,认为良好的合作将实现知识的有效交流与共享,从而提高知识的综合利用率并促进企业创新绩效的提升。Li等认为,企业若想实现良好的创新绩效,就必须充分保证自身获取和利用外部知识资源的综合能力,充分挖掘知识的价值,实现良好的创新效果。王向阳等从实证研究的层面出发,对我国企业技术创新的一般路径进行了研究分析,充分肯定了知识获取对技术创新的积极意义。Stowe 和 Lahm 等的研究也表明了知识积累与企业创新绩效存在非常显著的内在关联,随着知识积累数量和质量的提升,企业创新绩效也将同步上升。Iansiti 和 Clark 的研究结果表明,企业内部知识整合能力能够对组织内不同部门的知识进行协调,内部知识整合能力对其创新绩效具有正向的促进作用。Menon 研究发现,个人创造力、组织创新机制对企业创新绩效具有正向影响。吴庆松、游达明选择对湖南省六家机械制造企业进行分析,发现组织创新氛围对企业的技术创新绩效有直接的影响。郑建君等通过分析指出,组织创新氛围可有效预测企业创新绩效。解学梅、徐茂元通过对长三角地区中小型制造业企业的问卷调查数据分析研究表明,好的协同创新氛围有利于企业创新绩效的提升。通过上述分析发现,很多学者认为创新绩效的高低会受到组织创新氛围的影响,然而并不是所有的研究者都认同这个观点,有的认为创新绩效的高低与组织创新氛围没有必然的关系。Avison 等认为若组织能将更多的精力放在如何改进现有产品上,那么即使在创新程度不高的情况下也能取得不错的产品创新绩效。Anderson 等研究表明个人知识能力等对企业创新绩效有显著影响。Gladstein 也曾提出个体技能、特质可以作为输入变量,直接或者间接提高企业创新绩效。

评述:实证研究中创新绩效的衡量指标较为纷乱,尚需进一步完善。现有研究针对创新绩效的衡量进行了大量探索,但是仍没有形成统一的标准。基于二手数据的实证研究中,学者多以单一指标衡量企业创新绩效,难以刻画创新绩效的复合性特征。部分学者使用研发投入指标衡量企业创新绩效,而现实中企业创新投入存在大量无效投入,创新投入情况并不能准确反映企业创新产出。也有学者仅将专利作为企业创新绩效的衡量指标,而企业从事创新活动不仅仅是为了企业专利数量的增长,专利只是其盈利的手段,并非所有创新绩效都以专利形式加以保护。因此,未来研究有必要从多个方面考虑创新绩效的评价。

4.4　实验范式概述

创新绩效作为一个宏观层面的描述,其包含了很多方面的绩效,不仅企业有创新绩效,高校也有。对于创新绩效的研究,多采用实证方法来展开,采用实验方法的相对较少,多数是心理学者以实验的方式来对可能影响创新绩效的心理能力展开研究的。

在心理学界,运用较多的实验方式主要是行为实验、眼动实验、脑电实验三种。

行为实验的范式主要是:学者在确定了所要研究的变量之后,设计合适的实验场景让被试进入,在此过程中,研究者不干涉被试的行为,让其在自然状态下展开自己的行为,研究者观察其行为并进行相应的记录,通过这些记录来分析被试的行为,得出自己的研究结论。由于行为实验中,被试多少会有自己在做实验的心理暗示,因此,自己的行为会受到一定的影响。为了尽可能地减少这种影响对实验结论的干预,人们发明了眼动实验和脑电实验。

眼动实验范式和脑电实验范式大致相同,只是过程中收集的数据类型和使用的实验仪器不同。具体步骤为:研究者确定自己所研究的变量,之后寻找或制作适合的实验材料(如:图片、视频等),设计好实验程序之后,通过预实验进行实验程序的矫正、实验材料效度的检测。在检测过实验材料的效度,矫正完实验程序之后,进入正式实验。在这个实验中眼动实验主要是利用眼动仪器搜集被试的眼睛运动数据,研究者通过分析这些数据来总结自己的实验结论。而脑电实验则是利用脑电仪器搜集被试的脑电波运动数据,研究者通过分析这些数据来总结自己的实验结论。

无论是行为实验还是眼动实验、脑电实验,都是研究者进行分析的一种方式,三者各有利弊,在研究的过程中,学者需要根据自己研究的实际情况来选择最合适的实验方式采集数据。

第5章　新视角下高校教师创新绩效研究的理论基础与相关变量

>>>

5.1　相关理论基础

5.1.1　角色冲突理论

Kahn 等首次定义了角色冲突理论,他们指出个人处于不同位置与不同阶段都会有相匹配的期望,而这些期望多多少少都会给个体带来身体与心理的负担,个体所扮演的不同角色之间会以压力和时间等为基准产生冲突。角色冲突是个体扮演的至少两种角色之间的不相容,需要个体承受多个角色带来的压力与负担,在工作与家庭关系之间比较常见。例如,一位男士在工作中是企业高层领导,在家庭中他还需要扮演爸爸、丈夫等角色,在这种角色转换的过程中若产生角色混淆甚至角色模糊,则可能会导致家庭关系问题的产生。

角色冲突理论认为,个体在不同位置与不同阶段中扮演的角色也是不一样的,其状态是由这些角色一起决定的,若个体在任一角色中扮演效果不佳时,冲突就会产生。个体需要根据不同场景转换角色,工作与家庭就是最为常见需要转换的场景,若个体在角色转换过程中没有做到及时彻底,就会产生工作家庭关系的冲突,最终对工作、家庭产生不利影响。

角色冲突理论能够很好地解释当前人们工作家庭不平衡状态下产生的一系列问题,是本书一个重要的理论依据。

5.1.2 资源保存理论

资源保存理论认为人所拥有的时间和精力是有限的,假设人们会有一种动机来保护资源(Hobfoll,1988),当个体在一个领域中资源不足时,他就会将另一领域的资源转移到该领域,从而实现两个领域的满足(Matthews,2013),但由于个体所拥有的总资源是有限的,当一个领域的资源增加,另一个领域的资源就会随之减少,从而可能会导致某一领域内的资源不足,产生两个领域间的冲突。

Hobfoll 等指出资源保存理论可以被广泛应用于工作家庭冲突的研究中,根本原因就是该理论强调资源有限,为解决工作家庭关系之间的冲突问题尤其是个体在扮演的不同角色间的转换问题创造了条件(Halbes Leben,2009),因此,在工作家庭冲突的研究中,该理论可以作为一个重要的理论基础被研究者广泛使用(Crain,2014)。此外,该理论还认为,如果个体能够体会到有充分的资源来面对压力时,还会在某种程度上缓解工作忧虑,工作上的压力会加剧个体的心理资源损耗,从而会分散其投入家庭领域的资源,这种工作与家庭领域间的矛盾会显著影响个体的幸福感。综上所述,本书认为资源保存理论可以用来作为理解工作家庭界面与主观幸福感(Subjective Well-Being,SWB)关系的理论依据。

5.1.3 社会交换理论

早在原始社会,人们就已经形成了交换关系,随着社会的发展,人们对这种交换关系逐渐信任。学术界研究者们对这种交换关系进行了大量研究,渐渐演变成了心理学中重要的理论。20 世纪 60 年代,霍曼斯正式创立了社会交换理论,该理论主要的代表人物还有布劳、埃默森等。

社会交换理论(Blau,1964)认为社会交往的质量导致了那些以自身利益为行动导向的人的回报义务,这种关系常常被描述为一种劳资双方潜移默化的互惠关系,在这种关系中,付出行动的人会向对方寻求回报行为,直到一种双方都满意的潜在的交流平衡感知存在。社会本身就是一个交换系统,这种交换包括有价值的资源间的交换,如金钱、心理、感情等;人们之间的关系从本质上来说就是交换关系,包括物质交换与感情交流(Cook,2006)。在组织行为研究领域,社会交换理论也被广泛应用,它认为组织和员工间存在着交换关系,组织对员工重视程度越高,给予的组织支持程度越大,员工就会用更加努力的付出来回报组织。因此,本书认为社会交换理论可以用来作为组织支持感(Perceived Organizational Support,POS)的理论基础。

5.1.4　创新自我效能理论

对自我效能的研究起源于 20 世纪 70 年代,心理学家、社会学理论鼻祖 Bandura 基于社会认知理论和三元交互决定论首次提出了自我效能理论。Bandura 认为,自我效能是自身在多大程度上采取一些必要的行动,去应对和处理可能出现情况的一种信念或判断。换句话说,自我效能是人们对于自己能否成功地完成某一项行动的主观判断,是一种自我认知。在自我效能的影响下,个体不会对行为做出客观的评价,但是却会影响自身努力程度和目标的设定。随后,Tierney 和 Farmer 沿着自我效能的方向进行研究,将自我效能理论与 Amabile 的"创造力学说"相结合,首次提出了"创新自我效能"的概念。相比较一般的自我效能,创新自我效能更能凸显个体在创新领域中对自我信念与自我肯定的判断,也有学者将创新自我效能称为"创意自我效能"或者"创造力自我效能"。创新自我效能是员工对自己创新能力的认知,是创新型个体的重要特质。受到 Amabile 和 Scott 等人的创造力研究影响,这个概念中的"创新"是指个体在工作过程中是否产生新颖而适当的想法和解决方法。它不仅包含了对提出创新方案与观点、产生创新思维的信念,也包含了对完成工作任务和获得创新成果的信念。它是自我效能在创新领域的进一步演化,对于预测创新领域的相关变量具有较好的效果(Choi,2004)。员工在参与创新活动过程中,创新自我效能也是保证员工从事创新活动和完成创新任务的内在动力(Zhang 和 Zhou,2014)。因此,本书认为创新自我效能可以在家长式领导和创新绩效之间产生某种关联效应。

5.2　工作-家庭平衡

5.2.1　工作-家庭平衡的定义

人们工作的首要目的就是获取生活所必需的资源、收入和成就感而使个体感到满足,保证生活能够正常地持续下去。工作和家庭间的不同之处可以分为两类:价值终端的不同和价值途径的不同。家庭则表示为个体所处的社会组织,个体需要维护家庭的关系,使家庭更加美好和睦,家庭生活因为亲密的关系和个人快乐而使人满意。研究发现,工作与家庭间的关系包括冲突、促进、增益、平衡、繁荣和资源补偿等。其中,工作-家庭平衡被定义为工作与家庭中的互相交融并产生愉快情绪,个体在工作与家庭中的两个角色都处于冲突最小化,进而可以轻松地承担工作与家庭两个角色间的互动并在此过程中获得相应满足。

后来随着积极心理学的发展,研究者试图以"加强假说"来打破关于工作家庭之间的关系研究主要集中在基于"稀缺假说"的工作-家庭冲突领域这一现象,"稀缺假说"认为个人拥有的时间、精力等心理资源是有限的,多重角色必然带来心理资源损耗并产生冲突(Goode,1960)。

根据新的理论基础,提出研究假设,并对这些研究假设进行实证研究(吕峰,2016),众多学者从积极的视角来看待工作-家庭的关系,并提出了工作-家庭促进的概念。类似于工作和家庭之间冲突的双向性,Green-haus 和 Powell 认为工作与家庭之间也存在着相互促进的关系,当个体在工作或家庭领域有了好的成果或心情,就会将这一好的表现带入另一领域,从而会对另一领域有促进作用。基于此,Carlson 将工作家庭促进分为工作-家庭促进和家庭-工作促进两个维度。

冲突和促进被一些学者认为是对立的,但"低冲突与高促进,高冲突与低促进"有可能同时存在,并且两者联合产生的协同影响比单独影响更大(Wayne,2015),在此之前,Frone、Greenhaus 和 Carlson 等一批在"工作-家庭"冲突或促进领域有丰硕研究成果的学者开始关注"工作-家庭平衡"的研究,在理论上丰富了"工作-家庭"的研究界面。其中,Frone 认为工作家庭平衡就是较高的角色促进与较低的角色冲突,工作家庭平衡问题的产生是由于个体兼顾工作和家庭两个方面而导致的角色模糊与冲突。因此他总结出了工作-家庭冲突(WFC)、家庭-工作冲突(FWC)、工作-家庭促进(WFF)和家庭-工作促进(FWF)四维度的工作-家庭平衡模型。以上分析,"工作-家庭"界面的研究经历了"冲突"—"促进"—"平衡"的演进过程,而"工作-家庭平衡"在这一领域中的研究更具有代表性与系统性(Wayne,2015)。

5.2.2　工作-家庭平衡测量维度

工作-家庭平衡维度问题是该领域争论较为持久的核心问题。国外学界较为成熟的维度划分包括:Frone 提出的工作-家庭冲突、家庭-工作冲突、工作-家庭促进和家庭-工作促进四维度模型;Greenhaus 提出的时间平衡、投入平衡与满意平衡三维度模型;Wayne 提出的加性渗溢、乘性渗溢、平衡满意性与平衡有效性的新四维度模型。国内学界也有学者沿着以上思路提出了自己的观点,如:马丽提出包括工作家庭边界管理的组织供给-个人偏好匹配、家庭资源-工作要求匹配以及工作回报-家庭需求匹配的三维度模型;王婷等将科研人员工作-家庭平衡划分为价值认同、资源共享、角色适度三维度模型；林雪莹、王永丽从自然界生态平衡的角度出发，提出抵御、转化、反馈、补偿和调节五维度模型等。

尽管国内学者始终呼吁在工作-家庭平衡的维度划分上要加入中国本土化因素，但是目前的划分方式仍然没有体现出中国情境的特点。中国文化中对于工作与家庭关系的论述如"家和万事兴"、集体主义观念与计划生育政策等，都会对工作-家庭平衡的维度划分产生影响。同时，考虑到 Frone 四维度模型使用的广泛性，王永丽等也验证了 Frone 四维度模型在中国情境下的适用性，表明该模型可以很好地描述中国员工工作家庭平衡状态。因此，本研究在 Grzywacz 和 Marks 开发的 Frone 四维度量表基础之上结合中国传统文化和现代社会特点对工作-家庭平衡量表进行了本土化情境下的修订。

5.2.3　工作-家庭平衡相关研究

目前学术界对于工作-家庭平衡的研究大多集中在工作-家庭平衡对于个体的工作绩效、工作满意度以及组织忠诚度的影响等。

早期的研究者会将工作和家庭当作两个系统来分别看待，认为男主外女主内。到了 20 世纪 70 年代，研究者开始从更系统更全面的角度来考虑问题(Katz 和 Kahn，1978)，提出工作和家庭相互影响，虽然两者有所不同，但感情充盈在两个系统中。"溢出理论"(Spillover Theory)表述的观点为：尽管人们的工作和家庭是分离的，但是在一个范围内的感情会被带到另一范围中去。比如，一位员工可能因为工作不顺利会把消极的情绪带回家中，与家人产生矛盾。"补偿理论"是对"溢出理论"的补充，该理论认为，假定在工作和家庭之间存在相反的关系，在一个领域中有所丧失就会在另一个领域中寻求弥补。工作和家庭间的关系是双向的，既包括工作对家庭的影响，又包括家庭对工作的影响，同时，这种相互的影响既包括冲突也包括促进。

Greenhaus 和 Beutell 提出了工作-家庭冲突是指由于家庭(工作)角

色的参与而使工作(家庭)角色的参与变得更加困难的一种角色间冲突，当个体面临工作方面的压力，又受到家庭方面的压力时，就会产生工作家庭冲突，并且这种冲突是双向的。Olliver-Malaterre 和 Foucreault 等提出工作和家庭的角色受到其所处文化环境的影响。随着在该领域认识的不断加深，Frone，Russell 和 Cooper 提出工作-家庭冲突主要有两种形式，即工作对家庭的干扰(WIF)和家庭对工作的干扰(FIW)。工作-家庭冲突的预测因素和结果的有影响力的理论模型已经在美国文化背景下发展起来。一些学者基于这个理论模型进行了一系列研究，结果表明，WIF 和 FIW 的关键预测因素包括工作和家庭需求，而理论化为结果的关键态度包括工作、家庭和生活满意度。但同时 Spector 提出一些质疑，他认为这些关系在不同文化背景下是否一致存在着不确定性。例如，一些跨国比较研究表明，在更个人主义和更集体主义的文化背景下，WIF 和已知相关关系的强度是不同的。正如 Olliver-Malaterre 所指出的，对跨国公司来说，缺乏跨国研究也是一种障碍，因为跨国公司很难找到方法来管理来自不同国籍的员工群体的工作和家庭问题。Sue Campbell Clark 在对先前一系列工作-家庭平衡理论进行批判的基础上，于 2000 年创造性地提出了工作-家庭边界理论，该理论认为人们每天都会在工作和家庭的边界中徘徊，这种边界可能是物理上的边界，可能是世俗上的边界，也可能是个体心理上的边界。该理论提出工作与家庭之间的联系不是感情，而是人。人们每天都在工作和家庭两个范围内转移。人们会塑造两个范围和它们之间的边界，影响边界跨越者与这个范围以及与其中的成员之间的联系。这种理论试图去解释边界跨越者和他们的工作与家庭生活之间的一种复杂作用，来说明发生冲突的原因，并以此为基础给出保持平衡的结构。

已有研究表明，工作-家庭平衡与组织成员生活质量关系密切。平衡程度越高的员工，他们的工作满意度也会越高(Aryee，2005；Clark，2001；Greenhaus，2003)，反之，平衡能力较差的员工，他们会面临更为明显的工作家庭冲突(Kossek，1998)、较低的身心健康水平(Jansen，Kant，Swaen，

2006）；Allen 等证实了工作-家庭平衡与组织忠诚度的正相关关系。此外，研究表明，高程度的工作-家庭平衡能产生较高的工作绩效、婚姻幸福和组织公民行为等（Carlson，2013；Voydanoff，2005；马丽，2017）；Kossek 和 Ozeki 的研究也证明各种工作-家庭平衡措施与工作绩效的正相关性，王永丽则从消极后果方面讨论了其与工作倦怠的关系等，但是目前对于工作-家庭平衡与创新绩效的研究还很少。

5.3　主观幸福感

5.3.1　主观幸福感的定义

幸福是人们永恒的追求，同时也是心理学领域研究的热门话题。对于幸福的定义不同的学者有不同的界定，Andrews 提出幸福感是由感知觉和情感构成的，其中感知觉是指个体对日常活动的满足，情感分为正向情绪与负向情绪。Seligman 将幸福定义为投入、正向情绪、联结、成就与意义。Diener 认为主观幸福感是人们在评价现在或者过去自身生活时的科学分析，包括人们对自己周围所发生事件的情绪反应和心情，以及对生活、工作、婚姻等是否感到满意或者充实的一种判断。主观幸福感主要是指人们对其生活质量所做的情感性和认知性的整体评价，从这种角度上来说，决定人们是否幸福的并不是实际发生了什么，关键是人们对所发生的事情在情绪上做出何种解释，在认知上进行怎样的加工。基于对前人研究的总结，主观幸福感是个体在特定的生活环境中，根据自身的设定标准对某一阶段诸如住房、薪酬、社会支持等基本生活水平是否达到预期所做的一种整体评价，以及对当前所达水平的满意程度与情绪体验。主观幸福感主要包括满意度、正向情绪和负向情绪，当个体有较高的生活满意度,能够体验更多的积极情绪与更少的消极情绪,则个体的主观幸福感就会处于较高的水平。

5.3.2　主观幸福感测量维度

主观幸福感是个体依据自身的生活质量来进行评价的,具有一定的主观性,因此它的测量是对自我的陈述评价。对于主观幸福感的测量最早出现的量表是生活质量量表,此量表使用 7 点评分制,问卷的条目相对简单,主要是测试被试者的生活质量程度(Andrews,1974)。在此研究基础之上,许多研究者提出了多项目量表,例如:Kozma 等编制了《纽芬兰大学生幸福感量表》,此量表包括积极情绪、消极情绪、积极体验、消极体验 4 个维度,共计 24 个题项。随其研究的不断深入,Kozma 在对主观幸福感的研究中加入了认知成分,从而编制成《生活满意度量表》,此量表也是采用 7 点评分制,在研究中得到了广泛认可(Diener,1985;Larsen,1985)。此外,Watson 等编制成《积极消极情绪量表》,主要应用于测量个体的情感。中国学者立足于中国本土化情境,编制了《幸福感指数量表》(汪向东,1993)、《青少年主观幸福感量表》(张兴贵,2004)等。本研究使用汪向东编制的《幸福感指数量表》来对高校教师主观幸福感进行测量,该量表包括总体幸福感指数与生活满意度两个维度。

5.3.3　主观幸福感相关研究

关于主观幸福感的研究始于 20 世纪 60 年代,大致分为三个阶段。第一阶段虽提出一些量表,但量表相对简单,主要研究不同群体的主观幸福感。第二阶段主要基于理论模型来研究主观幸福感与不同变量之间的作用机制,为后续研究奠定了理论基础。第三阶段,随着研究的不断深入,主观幸福感成为一个多元理论,并建立整合模型。

作为心理学领域的热门话题,主观幸福感一直以来都受到研究者的重点关注,并产生了丰硕的研究成果。早在 1980 年,Torgoff 就证实了重大生活事件能够影响青少年的主观幸福感；Diener等研究证实自尊能够正向影响主观幸福感，叶晓云和张国华则立足于中国情境，分别研究了大专生与本科生的自尊水平与主观幸福感的正向关系；此外，张兴贵等研究发现，人格特质与主观幸福感也有密切联系，其中，神经质人格负向影响其主观幸福感。近些年，关于幸福感的研究呈现出主体多元化的特点，学者们结合特定社会背景，以留守初中生、农村留守儿童、大学生、企业员工为研究主体，分别探讨了心理资本、师生依恋、心理韧性和高绩效工作系统与主观幸福感的关系（杨新国，2014；李晓巍，2013；王永，2013；杜旌，2014），丰富了主观幸福感的理论研究。

5.4 组织支持感

5.4.1 组织支持感的定义

1986年，著名心理学家Eisenberger于《应用心理学》期刊上首次提出组织支持感的概念。组织支持感是员工对于组织对他们的贡献的重视程度和对他们的利益的关心程度的一种感知与看法，包括组织多大程度上关心自己的利益与福祉，以及多大程度上重视自身对组织的贡献（Eisenberger，Huntington，Hutchison和Sowa，1986）。简言之，就是员工所感受到的来自组织方面的支持。这一概念包括两个内涵：一是员工对于组织对他们贡献重视程度的感知，二是员工对于组织对他们的心理的关怀程度的感知。他指出，如果员工得到组织更多的支持，组织对他们的重视程度和关怀程度越高，他们就会越受鼓舞，从而在工作中投入更多精力为组织创造更多绩效来回馈组织。组织支持感的相关概念也起源于社会交换理论的研究过程中，具体而言它反映的是员工对组织所做出的贡献是否与员工从组织中获得的回报相对等或者是一种公平的感知（Wayne，Shore 和 Liden，1997）。Hutchison 等也用组织支持感的概念来表示员工与组织之间的一种自上而下的承诺。

在此基础上，许多研究者也提出了自己的观点，例如 Guzzo 基于心理契约理论，将组织支持感定义为组织对员工的一种心理契约与责任；陈志霞提出，组织支持感是个体对于组织对他们的尊重、关怀与支持程度的感知；凌文辁将组织支持感视为员工对于组织所给予自身的利益关怀、价值认可与组织支持的感知。

5.4.2　组织支持感的测量维度

现有研究中对于组织支持感的维度划分，大致可分为单维度结构与多维度结构。目前研究中比较常用的是 Eisenberger 依据单维度结构编制的组织支持感量表，该量表分为长式量表与简式量表。长式量表共包含 36 个题项，简式量表则是由长式量表中选取的因子载荷较大的 6 个题项组成，采用李克特 5 点计分制。在后续的研究中，国内外学者也纷纷提出自己对于组织支持感的维度划分。McMillin 提出组织支持感分为情感性支持与工具性支持两个维度，其中，情感性支持包括对员工尊重、归属、荣誉等方面的满足，工具性支持则包括对员工生产设备、物资供应、培训等方面的满足。Kraimer 等在前人研究基础上又将组织支持感划分为事业性、金融性与适应性组织支持感的三维度结构。国内比较有代表性的维度划分包括刘智强提出的社会支持、领导支持、公平支持、亲密支持及工作保障五维度模型；凌文辁提出的利益关怀、价值认可与组织支持三维度模型。在对不同行业背景与不同群体的研究中，Eisenberger 编制的单维度量表信效度经检验均良好，因此，本研究使用了 Eisenberger 编制的组织支持感简式量表来测量高校教师的组织支持感。

5.4.3　组织支持感相关研究

学术界关于组织支持感的研究已成果丰硕，且研究主要集中在对员工的态度、行为和动机等方面,目前比较常见的有工作满意度、工作绩效、离职倾向、组织承诺和组织公民行为等。

Rhoades 等通过研究发现,组织支持感与员工的工作态度、工作绩效、满意度、组织承诺关系密切。组织支持感程度越高,员工就越容易有较高的工作绩效(Eisenberger,2001;Sun,2010;Chiang,2012)。也有学者分别以裁判员、派遣员工、三甲医院护士等不同主体作为研究对象,验证了组织支持感与工作满意度的正相关关系(Kim,2016;Kraimer,2004;冯晨秋,2015)。此外,George 等证实了组织支持感与角色外行为显著正相关;Shen 研究发现了组织支持感能够正向影响员工的组织公民行为;Jawahar 和 Meng 则从消极后果方面分别证实了组织支持感与工作倦怠及离职倾向的关系;我国学者张蕴通过对 100 多名国企员工展开调查,发现了组织支持感与组织承诺之间存在正相关关系,同时组织支持感在工作-家庭冲突与组织承诺的影响机制中起负向调节作用。

5.5 家长式领导

5.5.1 家长式领导的定义

领导风格是一种行为特点(Seyfi Top,2015),这种特点与领导者的实践经历和所处的组织环境相关,具有鲜明的个人特征。领导本身是一种普遍现象,存在于一切组织当中,一个特定的领导行为或风格在该地区该组织是否有效在很大程度上取决于它所处的文化,领导方式的内涵、作风和效果会随着文化的变化而不同(Hofstede,1980)。根据领导行为本身的特点和所处文化与背景的不同则产生了多种领导风格,诸如西方国家普遍流行的谦卑型领导、伦理型领导、变革型领导、交易型领导等领导方式会给组织及个人带来一定的积极影响,并且国内外对这些领导风格的研究已接近成熟。但是这些领导方式在其他文化中不一定会带来积极的结果(Dorfman 等,2004),因为,在领导力的研究中,考虑文化差异是至关重要的,领导效能会受到文化的影响(Yating Wang 等,2017)。在东方,受到中国儒家传统文化和家庭观念的影响,一种孕育于中国传统文化土壤中并与东方组织环境相契合的领导风格——家长式领导产生了。尽管有学者认为,家长式领导是一个东方文化下领导方式的典型代表,其领导方式的特点受到东方文化和组织情境的影响。但是,家长式领导作为一种跨文化的领导方式,已经被越来越多的学者证实广泛存在,并适用于具有其他文化与组织情境的国家和地区。家长式领导不仅仅在中国表现出其独特的优势,其影响力已经扩展至亚洲、欧洲和拉丁美洲的部分地区。对于这种类似的组织文化与背景,研究发现,一种独裁专制、纪律严明、领导支持和仁慈行为相结合的领导方式往往是首选(Dorfman 等,1997)。

5.5.2　家长式领导的测量维度

对于家长式领导的测量,采用 PLS 量表,不少研究均表明,此量表在中国有着较高的信度和效度。该量表将家长式领导分为威权领导、仁慈领导和德行领导 3 个维度,每个维度 5 个测量题项,共 15 个测量题项。采用李克特 5 点计分制,从"完全不符合"到"完全符合"计分。该量表仁慈领导、德行领导和威权领导的内部一致性信度系数 Cronbach's α 分别为 0.88、0.90 和 0.79,具备良好信度,能够被应用于一般的测量。典型题目有"对相处较久的部属,他会做无微不至的照顾""他是我做人做事的好榜样""与他一起工作时,他带给我很大的压力"等。

5.5.3　家长式领导相关研究

虽然家长式领导是一种孕育于中国传统文化土壤中并与东方组织环境相契合的领导风格,但是对于家长式领导的研究最早是从西方开始的。

家长式领导的研究起源于 20 世纪 60 年代至 70 年代,Silin 最早提出了类似于"家长式领导"的概念,虽然没有明确指出家长式领导的定义,但是却为后来的研究提供了基础。西方学者 Redding 扩展了 Silin 的研究范围,发现了中国企业存在着家族式特质,并且通过调查研究,Redding 明确提出"家长式领导"的概念,并在此基础上总结了家长式领导"组织层级明确、权力距离较大、教诲式教育、故意隐瞒自己真实意图"等典型特征。随后,Westwood 通过总结归纳 Silin 和 Redding 的研究,提出了首脑(Headship)的概念来形容东南亚华人组织的领导,并且将仁慈领导从已有的研究中提炼出来,指出仁慈是"时刻关注下属的感受"。同时 Westwood 认为华人企业组织中具有较显著的"以人为本"的特征,并且领导扮演着不同的角色,这使得仁慈领导并不会对所有员工一视同仁地表现出来。

正如前文所述,家长式领导在世界范围内已经广泛存在,其有效性和适用性已经得到学者证实。但是,作为一种孕育于东方文化中的领导方式,多项研究表明,相比较西方国家,家长式领导及其 3 个维度在中国的文化与组织情境中表现出更高的契合度,具有更高的领导效能。本研究也从中国的角度探讨家长式领导的发展背景。中国关于家长式领导的研究大约从 20 世纪 80 年代开始。郑伯埙经调查研究发现台湾企业的领导行为和 Silin 与 Redding 的研究描述相似,继而郑伯埙提出家长式领导的二维结构:立威与施恩。随后,在已有研究成果的基础上,郑伯埙通过对已有家长式领导的研究进行总结,证实了家长式领导广泛存在于现代组织当中,指出中国领导思维源于中国传统文化和传统家庭观念,区分了西方领导思维与家长式领导理论,它们的本质不同,并且正式提出家长式领导三元理论和家长式领导的定义。这一理论和定义的提出真正使家长式领导研究得到进一步发展并最终形成理论体系。目前在国内外研究中普遍被认可和使用的也是郑伯埙的家长式领导三元理论,该理论详细论述了家长式领导的 3 种不同行为方式与下属反应之间的动态关系。领导者们往往拥有绝对的权威和较大的权力,严格按照规章制度办事,迫使下属服从自己的命令,与下属保持一定的距离(Gu 等,2018)。相对地,领导们也会表现出对待下属的体谅与关怀,宽容下属的错误,从而使下属对自己产生感激之情,这种来自领导的支持、保护和利益,使得员工以服从和承诺来进行回应(Pellegrini 和 Scandura,2006)。此外,家长式领导所表现出的公正无私、严于律己、奖罚分明、以身作则的优秀品质,为下属树立了榜样,使得员工认同效仿(Farh 等,2008)。结合家长式领导的上述行为表现,Farh 和 Cheng 将家长式领导定义为:在一种以人为本的氛围下,表现出父亲般的仁慈、道德的公正与廉洁、严明的纪律与权威相结合的领导方式,它包括仁慈领导、德行领导和威权领导 3 个维度。本书认为家长式领导中的仁慈领导、德行领导和威权领导三个方面对高校教师的创新绩效有显著影响。

第 **6** 章　实证范式探索一：基于工作-家庭平衡与高校教师创新绩效关系的实证分析

>>>

6.1　研究模型与研究假设

6.1.1　研究模型

本书依据已有的相关文献及上述讨论，提出了研究的理论模型，如图 6-1 所示。

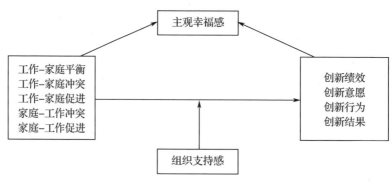

图 6-1　理论研究模型

6.1.2　研究假设

1. 工作-家庭平衡对高校教师创新绩效的影响

根据资源保存理论,工作-家庭冲突及家庭-工作冲突两个维度会带来角色的心理资源损耗,而创新性行为需要大量资源支撑。因此这种矛盾会减少高校教师的创新思维与行为,进而降低创新绩效。同时,工作-家庭促进及家庭-工作促进两个维度对创新绩效的影响与此相反。对于高校教师而言,良好的工作-家庭平衡状态,有利于其产生积极情绪,进而提升创新绩效。对此,本研究假设:

H1:中国情境下工作-家庭平衡对高校教师创新绩效具有显著预测作用。

H1a:中国情境下工作-家庭冲突负向预测高校教师创新绩效;

H1b:中国情境下家庭-工作冲突负向预测高校教师创新绩效;

H1c:中国情境下工作-家庭促进正向预测高校教师创新绩效;

H1d:中国情境下家庭-工作促进正向预测高校教师创新绩效。

2. 主观幸福感在工作-家庭平衡对高校教师创新绩效影响中的中介作用

多项研究表明工作-家庭平衡与主观幸福感关系密切。主观幸福感是人们在评价现在或者过去自身生活时的科学分析,包括人们对自己周围所发生事件的情绪反应和心情,以及对生活、工作、婚姻等是否感到满意或者充实的一种判断(Diener,2003)。积极的工作-家庭渗溢能够提高主观幸福感(Eunae Cho,2015),而工作-家庭平衡对主观幸福感也有显著的正向预测作用(Parasuraman,2001;Gropel,2009);喻轲、邵菊琴等则立足于中国情境,分别研究了高校女教师与护士群体工作-家庭平衡与主观幸福感的正向预测关系。另外,主观幸福感与创新性行为以及创新绩效等也有较强的相关关系。有学者指出主观幸福感能够帮助人们提高创新能力(Csikszentmihalyi,1996),同时,主观幸福感也能够对组织创新绩效产生促进作用(Rasulzada,2007)。此外,尽管概念有所区别,心理幸福感与创新力的正相关性关系(Wright T. A.,2003)、工作幸福感对创新绩效和创新行为的正向预测关系(黄亮,2015;王晓莉,2015),也在大部分维度上与主观幸福感相重合。综合以上,工作-家庭平衡程度越高,就会产生越多的主观幸福感,进而提升个体创新绩效。因此,本研究提出假设:

H2:中国情境下工作-家庭平衡对主观幸福感有显著预测作用。

H2a:中国情境下工作-家庭冲突负向预测主观幸福感;

H2b:中国情境下家庭-工作冲突负向预测主观幸福感;

H2c:中国情境下工作-家庭促进正向预测主观幸福感;

H2d:中国情境下家庭-工作促进正向预测主观幸福感。

H3:主观幸福感对高校教师创新绩效有显著预测作用。

H4:主观幸福感在工作-家庭平衡对高校教师创新绩效的影响机制中起到中介作用。

3. 组织支持感在工作-家庭平衡对高校教师创新绩效影响中的调节作用

工作-家庭平衡对高校教师创新绩效的作用强度与方向是否会受到其他变量的影响呢?多项研究表明基于社会交换理论的组织支持感对工作-家庭关系以及组织中个体的创新行为均有影响。如 Eisenberger 提出的组织支持感在工作-家庭界面研究中被 Clark 总结为三种视角,一是家庭支持组织观念,二是上级对工作-家庭的支持,三是组织文化与组织政策,如弹性工作时间、压缩的周工作时数等。文献分析显示,组织支持与工作-家庭界面的结合研究促成了 Behson 提出的一个重要概念:组织工作-家庭支持(Organizational Work-Family Support),Stock 则证实了组织工作-家庭支持有助于员工的工作满意度和绩效的提升。一般认为组织支持感对工作-家庭冲突有负向作用,因此正式的组织支持政策会提升组织支持感,进而降低组织成员来自工作-家庭界面的压力并减少冲突(Mirzaei,2016;Kahya,2014;马红宇,2014)。同时,学术界研究组织对创新绩效的支持分为五种形式:一是产生并发展新的创新想法的管理支持,二是自由时间的分配,三是权力下放或权力自主权,四是适当地使用激励或奖励,五是容忍创新工作中的失败(Alpkan,2010)。组织支持感能够提升员工创新绩效被证实是广泛的且作用巨大的(Madjar,2002),越是在具有较强组织支持感的环境中,工作-家庭平衡对创新绩效的影响程度越大。基于以上分析,本研究提出假设:

H5:组织支持感在中国情境下工作-家庭平衡与高校教师创新绩效之间具有调节效应,且组织支持感程度越强,工作-家庭平衡对创新绩效的影响程度越大。

6.2 工作-家庭平衡量表修订

6.2.1 工作-家庭平衡量表设计

1.量表条目的产生

本研究量表条目的来源主要有两个方面:一是参考前人研究量表的条目。在研究前人文献的基础上,根据工作-家庭平衡模型维度所体现的内容,直接借鉴前人研究量表能较好反映所研究内容的条目,这些条目主要来源于 Grzywacz 和 Marks 开发的 Frone 四维度量表,并且王永丽等也验证了 Frone 四维度模型在中国情境下的适用性,因而其能较好地代表中国本土化情境下工作-家庭平衡在理论与构念上的主要组成部分。二是通过企业访谈调研产生的条目。为了进一步使工作-家庭平衡量表更加完善,采用随机抽样的方法抽取具有代表性的企业的 13 位管理人员进行一对一访谈,然后根据访谈记录提炼出量表条目,如:互联网的普及(如微信的使用)在工作之余促进您与家人更多的交流、日常生活经济压力的增加(如房价问题)使您在工作时焦躁不安、上级或同事对您的认可使您在家中心情愉悦等,这些条目能较好地反映实务界对于工作-家庭平衡的理解。

2.量表条目的修订

在 Grzywacz 和 Marks 开发的 Frone 四维度量表的基础上,本研究结合本土化工作-家庭平衡的实际情况对测量条目进行了情境化处理。在工作-家庭冲突维度方面,如"您的工作使您疲惫不堪,在家中无法集中精力做事"和"回到家时,工作中的烦恼事和问题使您精力分散"这两个条目都是体现精力问题。有研究表明,改革开放以来,通货膨胀的上升削弱了我国居民的实际购买能力,同时也改变了居民的消费结构,文化、旅游消费减少且衣、食、住、行等生活基本需要的消费上升,导致 CPI 的相对上升,并进一步导致居民生活质量的下降以及生活成本的提高(谢剑锋,2017),生活成本的提高使得人们经济压力增大,而经济压力的增大会对家庭与社会的稳定产生不利影响(韩明元,2017)。另外考虑到双职工家庭已经成为我国城市最主要的家庭结构(谢菊兰,2017),所以本研究在工作-家庭冲突维度方面新增了"'家庭双职工'会减少您与家人相处的时间"的测量条目。

在工作-家庭促进维度方面,如"工作上的技能对您在处理家务事时有所帮助"和"您从事的工作有助于您应付家里遇到的个人或实际问题"都聚焦技能与方法层面。随着网络信息技术的迅速发展,互联网对人们的生活产生了巨大的影响,微信等网络工具的出现促进了与家人之间的联系和交流(龙颖,2017)。另外相对于西方来说我国传统的管理思想是以集体主义为核心,重视人际关系,研究中发现,处理好和上级与同事的关系能够显著提高人际和谐度(张琦,2017),所以本研究在工作-家庭促进维度方面新增了"上级或同事的认可使您在家中心情愉悦"的测量条目。

在家庭-工作冲突维度方面,如"个人或家庭方面的担心和问题让您在工作时不能集中注意力"中的"个人或家庭方面的担心"在中国情境下集中表现为"上有老和下有小"的现状,在工作中个人为了承担起家庭的责任和义务而时常分心(林晓深,2014)。又如"压力使您工作时急躁不安"中的"压力"在中国情境下最突出的表现为日常经济生活的压力(如房价问题),目前我国很多人的收入难以负担起过高的房价,房价问题给他们带来巨大的经济负担(田秋生,2016)。

在家庭-工作促进维度方面,如"家人对您的爱和尊敬使您在工作时感到很自信"中的"爱"与"尊敬"的描述偏西方化,中华民族自古以来就有"家和万事兴"的价值观,研究表明,家庭的和睦对工作的绩效有促进作用(潘安成,2017)。另外自古以来,在中国家文化的影响下,中国人对于家人与亲情是十分重视的(周尚义,2017),家人的支持程度与个人的职业使命感有显著的正相关关系(沈雪萍,2014),所以本研究在家庭-工作促进维度方面新增了"家人对您的支持使您在工作中充满动力"的测量条目。

综合以上分析,充分考虑中国文化特点及现实情境因素,得到了最初修订的中国本土化情境下的工作-家庭平衡量表,共有 21 个题项,其中工作-家庭冲突 5 条,工作-家庭促进 6 条,家庭-工作冲突 5 条,家庭-工作促进 5 条。邀请相关专家对题项内容进行讨论,让各位专家提出建议:一是看题项是否能较好地反映各个维度;二是看是否存在有歧义的题项;三是看是否存在缺少或冗余的题项。通过讨论,剔除了 3 个题项,保留了 18 个题项。进而将保留的题项设计成调查问卷并请 30 个相关学员填写,根据在填写过程中存在的各种问题来提出修改建议,形成中国本土化工作-家庭平衡的初始量表(表 6-1)。

表 6-1   拟开发量表维度、条目及其编码

维度构思	编码	条目
	N1	工作上的压力让您在家容易发火
	N2	由于有工作，您减少投入家里活动的时间和精力
工作-家庭冲突	N3	您的工作使您疲惫不堪，在家中无法集中精力做事
	N4	您的家庭经常因为收入问题而引发各种矛盾
	N5	"家庭双职工"会减少您与家人相处的时间
	N6	互联网的普及（如微信的使用）在工作之余促进您与家人更多的交流
工作-家庭促进	N7	如果一天工作都很顺利，您回家跟家人相处会更融洽
	N8	您从事的工作有助于您应付家里遇到的个人或实际问题
	N9	上级或同事对您的认可使您在家中心情愉悦
	N10	"上有老，下有小"的生活让您在工作时经常分心
	N11	家务事让您睡眠不足，以至影响工作
家庭-工作冲突	N12	对家庭尽责使您不能专心致志地工作
	N13	日常生活经济压力的增加（如房价问题）使您在工作时焦躁不安
	N14	"独生子女的养老问题"让您在工作时不能集中注意力
	N15	您的家庭生活让您放松，感觉准备好承担第二天的工作
家庭-工作促进	N16	和家里人交流讨论有助于您解决工作上遇到的问题
	N17	"家和万事兴"，您认为家庭的和睦有助于提高工作的绩效
	N18	家人对您的支持使您在工作中充满动力

6.2.2 初始量表预测试

1. 样本

本次研究采用随机抽样的方法，第一次测试（样本一）主要通过在东北三省的高校、企业、政府等单位发放了 227 份调查问卷，回收的有效问卷为 208 份，有效率是 91.6%，本研究采用李克特 5 点计分制，由"1"到"5"，分别为"非常不同意""比较不同意""不好确定""比较同意"及"非常同意"。在总体的有效样本中，男性为 36.3%，女性为 63.7%；20 岁以下的为 0.77%，20 岁到 30 岁的为 21.65%，30 岁到 40 岁的为 30.67%，40 岁到 50 岁的为 28.87%，50 岁以上的为 18.04%；企业人员占 27.32%，政府人员占 6.7%，事业单位人员占 55.15%，自由职业者占 10.83%。

2. 数据分析过程及结果

本研究对"样本一"各个因子进行信度检验,具体使用 Cronbach's α 系数来对量表进行评价,并且用各个题项与整体的相关系数(CITC)作为剔除题项的标准,将题项与整体的相关系数低于 0.35 的全部剔除(陈江,2011),经过分析剔除了 N5 和 N14 两个题项,剔除后量表的 4 个因子的 α 系数均大于 0.7,说明模型具有比较好的信度。

为了保证量表的简洁性以及各个题项的代表性,本研究对"样本一"进行探索性因子分析(EFA),通过分析得出数据的 KMO 值为 0.801,Bartlett's 球形检验的 p 值在 <0.001 水平下显著,所以数据非常适合做因子分析。然后对初始量表的 16 个题项运用"方差最大正交旋转"和"主成分分析法"进行因子分析,表 6-2 的因子分析结果显示:16 个题项在所属因子下的因子载荷值位于 0.573~0.838,均大于 0.5,在非所属因子下的因子载荷值均小于 0.4,说明模型具有较好的收敛效度和区分效度。

基于以上分析,剔除 2 个题项后,得到了 4 个维度 16 个题项的本土化工作-家庭平衡的修正量表。

6.2.3　量表的正式测试与确定

1. 样本

考虑到区域的限制等因素,第二次测试(样本二)借助了研究团队的社会关系在上海、北京、郑州、济南、南京、杭州、深圳、重庆等城市发放了 234 份调查问卷,回收的有效问卷为 201 份,有效率是 85.9%。在总体的有效样本中,男性为 36.43%,女性为 63.57%;20 岁以下的为 3.42%,20 岁到 30 岁的为 27.63%,30 岁到 40 岁的为 28.85%,40 岁到 50 岁的为 24.69%,50 岁以上的为 15.5%;企业人员占 27.38%,政府人员占 11.74%,事业单位人员占 47.68%,自由职业者占 13.2%。

2. 探索性因子分析

本研究对"样本二"进行探索性因子分析(EFA),结果显示:剩余的16个题项形成了4个因子,且因子载荷值都位于0.651~0.824,均大于0.5,4个因子累计方差贡献率达到60.15%,进一步验证了本土化工作-家庭平衡量表的结构维度。

3. 验证性因子分析

本研究在探索性因子分析的基础上使用 LISREL 8.7 对"样本二"进行了一阶因子载荷验证性因子分析(CFA),研究使用 IFI、NFI、CFI、GFI、NNFI、RMSER、Chi-Square(χ^2/df)这 7 项指标来判断结构模型的拟合度。一般来说,Chi-Square(χ^2/df)值要小于 2,IFI、NFI、CFI、GFI、NNFI 值要在 0.9 以上且 RMSER 值要小于 0.08,表明结构模型的拟合程度较好。表 6-2 研究结果显示:一阶 CFA 标准化因子载荷系数都大于 0.45,Chi-Square(χ^2/df)=1.38,IFI、NFI、CFI、GFI、NNFI 值均大于 0.9,RMSER=0.044,模型的拟合指标都达到了比较理想的水平,说明本土化工作-家庭平衡量表具有比较好的结构效度。

表 6-2 因子分析和内部一致性检验结果

维度名称	题项	样本一 EFA 因子载荷	样本二 EFA 因子载荷	一阶 CFA 因子载荷	方差解释%	Cronbach's α 系数
工作-家庭冲突	N1	0.798	0.776	0.77	23.734%	0.808
	N2	0.791	0.802	0.67		
	N3	0.773	0.780	0.72		
	N4	0.722	0.697	0.69		
工作-家庭促进	N6	0.734	0.755	0.57	21.294%	0.701
	N7	0.759	0.702	0.76		
	N8	0.573	0.670	0.50		
	N9	0.734	0.713	0.70		

（续表）

维度名称	题项	样本一 EFA 因子载荷	样本二 EFA 因子载荷	一阶 CFA 因子载荷	方差解释%	Cronbach's α 系数
家庭-工作冲突	N10	0.663	0.683	0.67		
	N11	0.838	0.824	0.67	8.034%	0.785
	N12	0.809	0.752	0.70		
	N13	0.685	0.651	0.62		
家庭-工作促进	N15	0.709	0.694	0.48		
	N16	0.747	0.730	0.67	7.083%	0.751
	N17	0.784	0.783	0.72		
	N18	0.694	0.735	0.81		

一阶 CFA 拟合指数:$\chi^2 = 135.16$;$df = 98$;Chi-Square$(\chi^2/df) = 1.38$;IFI$= 0.97$;NFI$= 0.91$;CFI$= 0.97$;GFI$= 0.92$;NNFI$= 0.96$;RMSER$= 0.044$

4. 信度检验

本研究对"样本二"进行了信度检验,表 6-3 研究结果表明,修正量表的 4 个维度的 α 值均大于 0.7,各个维度的组合信度(CR)也都超过 0.7,表明修正量表的信度水平较高,就此得到正式的中国本土化情境下工作-家庭平衡对高校教师创新绩效的影响机制研究调查问卷(见附录 1)。

表 6-3　　　　　本土化工作-家庭平衡量表的信度检验结果

维度名称	题项	α 值	CR
工作-家庭冲突	N1		
	N2	0.802	0.806
	N3		
	N4		
工作-家庭促进	N6		
	N7	0.717	0.731
	N8		
	N9		

（续表）

维度名称	题项	α 值	CR
家庭-工作冲突	N10 N11 N12 N13	0.757	0.761
家庭-工作促进	N15 N16 N17 N18	0.754	0.770

6.3　实证分析与检验

6.3.1　研究方法

1. 研究对象

本研究考虑到维度分解后的变量及控制变量，使用 G-Power 测算，选取了 985、211 及非 985、211 高校各 10 所，以发放问卷的方式随机抽取高校教师作为被试对象，共发放问卷 805 份，剔除填写不完整及数据严重重复的问卷，回收有效问卷 752 份，有效率为 93.4%。考虑到高校类型、性别及职称的不同可能对高校教师创新绩效产生影响，因此本研究选取高校类型、性别及职称作为控制变量。样本分布概况见表 6-4。

表 6-4　　　　　　　　　　样本概况分布

信息项目	项目选项	频数	百分数/%
性别	男	377	50.33
	女	375	49.67

（续表）

信息项目	项目选项	频数	百分数/%
年龄	20～30 岁	176	23.38
	31～40 岁	234	31.17
	41～50 岁	152	20.25
	51～60 岁	94	12.47
	60 岁以上	96	12.73
高校类型	985 高校	206	27.44
	211 高校	277	36.8
	非 985、211 高校	269	35.76
职称	助教	262	34.84
	讲师	216	28.74
	副教授	134	17.82
	教授	140	18.6

2. 研究工具

工作-家庭平衡量表：本研究在借鉴 Grzywacz 和 Marks 开发的 Frone 四维度量表的基础上，依据中国传统文化及现实社会情境对问卷进行了情境化的处理，并对收集到的 409 个有效样本进行了探索性因子分析、验证性因子分析及信效度检验，实证结果显示本土化工作-家庭平衡量表具有良好的信度与效度，最终得到的本土化工作-家庭平衡量表包括 4 个维度 16 个题项，4 个维度分别是工作-家庭冲突、工作-家庭促进、家庭-工作冲突、家庭-工作促进。

高校教师创新绩效量表：本研究采用贾建锋编制的高校教师创新绩效量表，该量表包含 3 个维度 8 个题项，3 个维度分别是创新意愿、创新行为、创新结果。

主观幸福感量表：本研究采用汪向东编制的主观幸福感量表，该量表包含 2 个维度 9 个题项，2 个维度分别为总体幸福感指数与生活满意度。

组织支持感量表,本研究采用 Eisenberger(1986)开发的组织支持感量表,该量表共有 6 个题项。

上述量表均采用李克特 5 点计分制,由"1"到"5",分别为"非常不符合""比较不符合""不好确定""比较符合"及"非常符合"。

3. 数据处理

本研究采用 SPSS 24.0 和 LISREL 8.7 对数据进行统计分析,包括量表的信效度检验、相关性分析、路径分析、多层回归分析等。

6.3.2 信度与效度分析

1. 信度分析

信度,即量表的可靠性,信度越高则表明量表的可靠性和稳定性越高,通常采用 Cronbach's α 系数来进行评价,一般认为 α 值大于 0.7 时,量表具有较好的信度。分析结果见表 6-5,说明本研究的四个变量具有良好的内部一致性,量表比较稳定,通过了信度检验。

表 6-5   量表信度分析

变量	维度	题项	Cronbach's α
工作-家庭平衡	工作-家庭冲突	4	0.741
	家庭-工作冲突	4	0.823
	工作-家庭促进	4	0.789
	家庭-工作促进	4	0.812
创新绩效	创新意愿	2	0.768
	创新行为	3	0.801
	创新结果	3	0.862
主观幸福感	总体幸福感指数	8	0.724
	生活满意度	1	0.775
组织支持感	组织支持感	6	0.793

2. 效度分析

效度,即量表的有效性,指的是测量的结果与要考察内容的吻合程度,吻合程度越高,则效度就越高。在研究中通常使用 NFI、CFI、GFI、NNFI、RMSER、Chi-Square(χ^2/df)等指标来判断模型的拟合程度,一般来说,Chi-Square(χ^2/df)<5,NFI、CFI、GFI、NNFI>0.9,RMSER<0.08,说明模型的收敛效度较好,检验结果见表6-6,各项指标都符合经验值。此外,四个量表每个维度 AVE 值的平方根均大于任意两维度间的相关系数,说明模型区分效度较好,因此通过了效度检验。

表 6-6 模型拟合指标统计

检验指标	χ^2/df	NFI	CFI	GFI	NNFI	RMSER
经验值	<5	>0.9	>0.9	>0.9	>0.9	<0.08
工作-家庭平衡	1.97	0.96	0.95	0.97	0.96	0.02
创新绩效	3.87	0.91	0.92	0.90	0.91	0.07
主观幸福感	2.73	0.93	0.93	0.92	0.94	0.05
组织支持感	2.45	0.93	0.92	0.92	0.93	0.05

6.3.3 变量之间的相关性分析

本研究对中国情境下工作-家庭平衡、高校教师创新绩效和主观幸福感进行了相关性分析,分析结果见表6-7:中国情境下工作-家庭冲突和家庭-工作冲突与主观幸福感及高校教师创新绩效显著负相关,中国情境下工作-家庭促进和家庭-工作促进与主观幸福感及创新绩效显著正相关,主观幸福感与高校教师创新绩效显著正相关。变量之间显著的相关性为中介效应及调节效应的检验奠定了基础。

表 6-7　中国情境下工作-家庭平衡、创新绩效、主观幸福感及组织支持感的相关性分析

变量	1	2	3	4	5	6	7
1.工作-家庭冲突	1						
2.工作-家庭促进	-0.197^{**}	1					
3.家庭-工作冲突	0.328^{**}	-0.420^{**}	1				
4.家庭-工作促进	-0.309^{**}	0.568^{**}	-0.512^{**}	1			
5.主观幸福感	-0.434^{**}	0.542^{**}	-0.451^{**}	0.749^{**}	1		
6.组织支持感	0.041	0.187	0.174	0.205^{*}	0.263	1	
7.创新绩效	-0.440^{**}	0.616^{**}	-0.447^{**}	0.770^{**}	0.742^{**}	0.309^{**}	1
M	8.631	10.644	10.085	10.741	6.982	18.817	10.112
SD	3.383	3.471	3.313	3.275	2.144	3.753	3.195

注：* 表示 $p<0.05$；* * 表示 $p<0.01$（双尾检验）。

✳ 案例 6-1　工作-家庭促进对高校教师创新绩效的增进

作为复旦大学的一名高校教师，总会有青年教师来向我请教我是如何平衡工作和家庭时间的，我通常会把自己的实际情况告诉他们，一方面是希望他们多加努力；另一方面是启发他们，以后走上社会、结婚生子，也会遇上类似的家庭和工作间的矛盾。工作-家庭促进是可以有效促进创新绩效的提升的，但是如果不能很好地处理两者间的关系，也会给工作带来很大的困扰，所以现在必须打造强悍的能力，否则将来会吃大亏。

说实话，我并没有"平衡"好工作和家庭的时间，并且是完全没有平衡好。我不是很相信那些"成功人士"能平衡好工作和家庭的时间。曾在网上看到一篇文章，说一个外国教授说，如果你不能在八小时之内干完自己的活，那你就找错了职业。但事实上，对于中国教师来说，要把工作做好，需要的时间远远不止八小时。即便你每天只需要工作八小时，家庭和事业的矛盾也够你"喝一壶"的了！

我是个寻常人，也会遇到家庭和工作冲突的情况。让我来说说这几年的经历。

2009 年 11 月妻子跟我回国的,那时候她在家里待产,我不忍心让她晚上独自待在家里,那时候启动经费也没有及时到位,仪器也没有,课也没有,所以晚上我除了写项目申请书以外,都待在家里。孩子 2010 年 2 月出生后,我的妈妈和岳母每天轮流到我家来和妻子一起带小孩。2010 年 9 月,妻子再次出国做博士后,我们把小孩放在我父母家中,一放就是一年多。这一年多,我面临着巨大的压力:一方面,我需要在单位里继续搭建实验室并证明自己给别人看;另一方面,妻子的前途还没有着落;还有一方面,一个家庭三个人住在三个不同的地方,这滋味也不好受。于是我像鸵鸟把头埋到沙子里那样埋头苦干。这时候,周围同事的文章像雨后春笋一样冒出来,我压力好大,晚上也到学校加班加点。2011 年 11 月,妻子回国任教,孩子被接回家中,平时还是我的母亲和岳母轮流过来带小孩。有时候遇到她们走不开的一天,我或者妻子就在家里待一天,周末把时间追回来。那时候,我们都很珍惜工作的时间,工作就是工作,不干别的事。2012 年 2 月,是最艰难的。我的妻子要出国开会。我百般阻挠她,她还是要出国开会。刚买好飞机票,我的妈妈开刀住院,妻子娘家的保姆回家过年,岳母要照顾九旬老人而无法过来带小孩。妻子的舅舅也从美国回来,需要接待。这时候,我要写基金,妻子也要写基金。我们两个人在寒假里轮流上班,每次到办公室,都像要把时间抢回来似的。

写完基金后,开学了。那段时间,我自己还是亲自做着实验的。有的实验需要"连轴转",我晚上回来吃完饭后,又去学校换样品,让仪器自动测试。那时候,真的是"含辛茹苦"。住在隔壁的那个老师每天早上很早出门,晚上很晚回来。在这样的气氛中,我的压力很大。2012 年 9 月,孩子进民营幼儿园托班了。每天早上,我骑着自行车送小孩。幼儿园下午四点放学了,由我的母亲、岳母、妻子和我轮流接小孩。有时候说好那天由我母亲接,但下午突然下起小雨来,于是我二话不说,披上雨披去接小孩。上海有的季节多雨,那时候挺"落寞"的。

小孩刚进幼儿园经常生病,基本上是每上两个星期就需要在家里待一个星期养病,班级里各种病是此起彼伏的。一旦小孩生病,在家里待着也会影响自己在单位"有效发挥"的,有时候不得不抽出时间在家里陪着或者带她去医院。那段时间是压力很大的。

2013年下半年,开始"渐入佳境"。从教师公寓搬到了新房子,买了一辆车,也换了幼儿园。新房子比老房子好多了,无论是房型、地理位置还是大小。到了新房子,我晚上坐在沙发上看书,坐在阳台的电脑前面办公。有了车,更加方便了,不需要骑着自行车、披着雨披接小孩了。我就在想,当时为什么不早买车呢!小孩生病的次数也明显变少了。更重要的是,我家里做了一个重要的安排:我的母亲把她在浦东的房子(三室两厅)卖掉,在我家附近买了一套房子(两室一厅)。一方面可以方便接应,另一方面腾出钱来给我还贷、买车,使整个家庭的"运转"更加圆润。同时,所买的两室一厅条件还是不错的,能够养老。这时候,也曾让我的父母帮忙接小孩几次,但效果不大理想。后来干脆我每天开车接送。妻子回家烧饭,至少要有人看小孩,那就是我。有时我晚上还开车去学校,大多数时候只能在家办公了。家里的办公主要是些"文"的事情,比如校对清样、处理电子邮件、撰写或者修改科研论文、审稿、处理科技导报栏目文章等,还可以打电话给学生,催问实验进展。这样,能把"损失"减到最小。我周五下午把小孩送到我父母那儿,周六我和妻子都坚持工作,周日上午我们会带小孩去玩,下午我开车把妻女送到妻子娘家后,返回校园继续工作到黄昏再去接她们。暑假、寒假把小孩放在我父母那儿,我坚持到校工作。

这一阶段,我自己对工作时间是非常珍惜的,我甚至忙得没时间吃饭,中午到楼下开车到学校的商品一条街买两个粽子回来,继续工作。虽然口袋里小本子上罗列的事情很多,但是我学会了适应大学的规律和节奏,我也开始明白一个道理:有时候"一眼望不到边"(好比说校对一本学术专著花了很多时间,一页一页地看很慢),也没有完整的一天时间做同样一件事,但只要足够坚持,今天做掉一点、明天做掉一点,做掉一件划掉一件,总归会有进展,总归会把"硬骨头"啃下来的。要学会习惯这种"前进方式"。

资料来源:青椒(青年教师)如何平衡家庭和工作时间?.经管之家, 2014-5-28.

✦ 案例6-2 工作-家庭冲突对高校女性教师创新绩效的冲击

随着教育改革的深入推进,我国高等教育对高校教师提出了更高要求,这使得高校教师将更多的时间和精力投入教学、科研和管理工作中。然而,由于个人时间和精力有限,高校教师的工作与家庭之间不可避免会产生了一定程度的冲突。这表现为高校教师既需要扮演教师、领导者的角色,又需要扮演家长、子女的角色,当这两类不同角色不能平衡时就会产生工作-家庭冲突。这对教师的工作满意度、生活幸福感产生了一定影响,并进而影响工作绩效和教书育人效果。如何更好地平衡工作-家庭关系,提高工作绩效成为社会各界探讨的重要问题。

中国高校中女性教师的比例一直高于男性。作为高知分子,高校女教师与男教师一样对职业成就寄予厚望,但他们在同一战壕共同前行时,女教师却比男教师背负了更多的负重。因为相对男教师而言,女教师承担了更多的家庭劳动分工。在时间与精力的限制下,这些角色常常让女教师的工作家庭天平出现失衡,或者体现为工作绩效下滑,或者体现为身心健康受损等职业倦怠的现象。因工作与家庭冲突带来的职业倦怠问题在全国各地高校中均有所呈现,也越来越受到组织的高度关注。

对于绩效结果,我们研究的仍然是工作和家庭角色内绩效。角色内绩效指的是对某个特定工作或角色相关的责任的履行和完成。如果履行一个角色的责任经常会干涉到第二个角色责任的履行,那么第二个角色的角色内绩效就会降低。同样可以预测,此时第一个角色的角色内绩效就会提高。Frone等报告了源于两个领域的冲突与对绩效的衡量呈负相关。Allen和她的同事在其研究中公布了工作绩效和工作-家庭冲突间的平均加权相关系数为—0.12。一系列的研究证明工作对家庭绩效有间接但是显著的影响。诸如较长的工作时间等工作压力源会导致雇员的紧张,这又会影响到家庭生活,往往会造成许多问题:身体的(如疲劳、头痛、紧张)或精神的(如心不在焉、担心、发怒)。所以,这种影响是间接的,会通过受影响的雇员表现出来,他们会感到紧张,随后在作为配偶或父母角色行使责任时会表现不好。

资料来源:

1. 张伶,胡藤. 工作-家庭冲突结果变量的实证研究——以高校教师为例. 华南师范大学学报:社会科学版,2007(5):130-136,148,160.

2. 赵鑫,谢玉,吴克强,等. 教师工作-家庭冲突与工作绩效的关系分析——以北京联合大学为例. 海峡科学,2021(1):67-70.

3. 颜丽娟,董大鹏,杨学丽,等. 黑龙江省重点与普通高校女教师工作——家庭冲突比较分析. 劳动保障世界,2016(14):11-12.

6.3.4 中介效应分析

1. 变量设置

根据量表自身的维度归属,本书对各个潜变量的观测变量进行如下设置:为了考察中国情境下工作-家庭平衡的 4 个维度分别对主观幸福感与高校教师创新绩效的影响作用,将工作-家庭冲突、工作-家庭促进、家庭-工作冲突及家庭-工作促进作为潜变量,各维度对应的题项作为观测变量;总体幸福感指数和生活满意度构成主观幸福感的观测变量;创新意愿、创新行为和创新结果构成高校教师创新绩效的观测变量。这样,测量模型包括了 4 个潜变量和 17 个观测变量。具体路径如图 6-2 所示。

2. 主观幸福感的中介效应检验

中介变量分为完全中介变量和部分中介变量。在完全中介模型中,前因变量通过中介变量间接影响结果变量;在部分中介模型中,前因变量

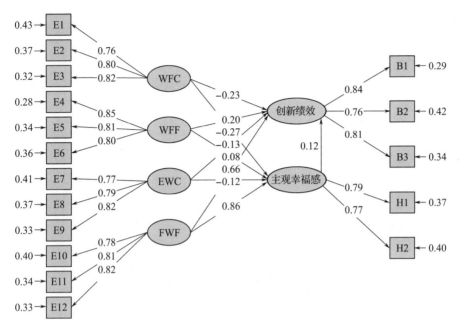

图6-2 主观幸福感在中国情境下工作-家庭平衡和高校教师创新绩效之间的中介作用模型

一方面直接影响结果变量,另一方面通过中介变量间接影响结果变量(李巧灵,2012)。

本研究根据温忠麟等(2014)提出的中介效应检验过程,采用最大方差似然法依次构建两个测量模型:(1)不含"主观幸福感"的直接作用模型;(2)包含"主观幸福感"的中介作用模型。根据模型拟合良好的标准,$\chi^2/\mathrm{d}f$ 要小于5,GFI、NFI、CFI、NNFI、IFI 等值均大于0.9且 RMSEA 值小于0.08(温忠麟,2004)。结果显示直接作用模型的拟合程度较好($\chi^2/\mathrm{d}f=2.30$,CFI$=0.99$,GFI$=0.97$,NNFI$=0.99$,RMSEA$=0.041$),由中国情境下工作-家庭平衡的4个维度到高校教师创新绩效的标准化路径系数都显著($\beta=-0.26$,$\beta=0.21$,$\beta=-0.15$,$\beta=0.76$,$p<0.001$),为中介作用模型的构建奠定了基础。接着将主观幸福感这一中介变量纳入构建的中介作用模型,结果显示中介作用模型的拟合程度较好($\chi^2/\mathrm{d}f=2.03$,CFI$=0.99$,GFI$=0.97$,NNFI$=0.99$,RMSEA$=0.037$),工作-家

庭平衡的4个维度对高校教师创新绩效的直接预测作用有所降低,但仍达到显著水平($\beta=-0.23,\beta=0.20,\beta=-0.13,\beta=0.66,p<0.001$),这说明主观幸福感在中国情境下工作-家庭平衡与高校教师创新绩效之间起部分中介作用,具体的标准化路径系数如图6-2所示。从图6-2中可以看出,在部分中介模型中,中国情境下工作-家庭平衡的4个维度对高校教师创新绩效的直接影响路径标准化系数分别为-0.23、0.20、-0.13、0.66,对主观幸福感的影响路径标准化系数为-0.27、0.08、-0.12、0.86,中国情境下工作-家庭平衡的4个维度对主观幸福感和高校教师创新绩效的间接效应见表6-8。

表6-8 中国情境下工作-家庭平衡对主观幸福感和高校教师创新绩效的效应分解

路径	中介效应
工作-家庭冲突→创新绩效	-0.23
工作-家庭冲突→主观幸福感→创新绩效	$-0.23\times(0.12)=-0.03$
工作-家庭促进→创新绩效	0.20
工作-家庭促进→主观幸福感→创新绩效	$0.20\times(0.12)=0.02$
家庭-工作冲突→创新绩效	-0.13
家庭-工作冲突→主观幸福感→创新绩效	$-0.12\times(0.12)=-0.01$
家庭-工作促进→创新绩效	0.66
家庭-工作促进→主观幸福感→创新绩效	$0.66\times(0.12)=0.08$
主观幸福感→创新绩效	0.12

为了进一步证明主观幸福感在中国情境下工作-家庭平衡与高校教师创新绩效之间的部分中介作用,本研究还与完全中介模型进行了比较。表6-9结果显示,虽然完全中介模型的拟合程度也较好($\chi^2/\mathrm{d}f=3.82$,$\mathrm{CFI}=0.98$,$\mathrm{GFI}=0.95$,$\mathrm{NNFI}=0.96$,$\mathrm{RMSEA}=0.058$),但是与部分中介模型相比,χ^2显著增加且$\chi^2/\mathrm{d}f$、NNFI、CFI等指标表现更差,说明路径"工作-家庭冲突—创新绩效""工作-家庭促进—创新绩效""家庭-工作冲突—创新绩效"及"家庭-工作促进—创新绩效"不可以删除,进一步验证了主观幸福感在两者之间的部分中介作用。

表 6-9 部分中介模型与完全中介模型的拟合指数比较

模型	χ^2	df	χ^2/df	CFI	NFI	GFI	NNFI	IFI	RFI	RMSEA
部分中介	211.4	104	2.03	0.99	0.99	0.97	0.99	0.99	0.99	0.037
完全中介	523.3	137	3.82	0.98	0.97	0.95	0.96	0.97	0.97	0.058

✳ 案例 6-3 教师幸福感的培养

幸福是童年的天真无邪、无忧无虑?

幸福是历经岁月磨砺后的成熟与睿智?

幸福是知足常乐的平常心平常事?

幸福是对生活、对事业永不言弃的执着?

幸福是心中始终有梦想相伴而行,身边始终有温情的目光凝视?

幸福是什么? 随着 9 月 1 日全国 2.6 亿中小学生在"幸福"的开学第一课中迎来新学期,我们将更多关注的目光投向为孩子们营造幸福的教师们,您的职业让您感到幸福吗? 作为一名一线教师,无论您是在幼教、普教、高教、职教、特教中的哪个岗位,您希望如何增强自己的幸福感? 教师节来临之际,《现代教育报》与人民网教育频道联合推出了"教师的幸福指数"调查,截至 9 月 8 日 17:30,共有 13 342 名教师参与了调查。调查显示,两成左右的教师感觉到比较幸福,而学生快乐学习并取得好成绩,是教师获得幸福的最重要来源。学生成才教师幸福指数提升的调查中,教师工作所在地分化较为明显,其中一线城市或省会城市的教师数量占8%,中小城市的占 38%,边远地区的则占到 49%。接受调查的教师中,1%是幼儿教师,30%是小学教师,56%是中学教师,5%是职业学校教师,5%是高校教师。公办校教师比例占到了 94%。在参与本次调查的教师中,中青年教师数量相对较多,20~29 岁的占 10%,30~40 岁的占 40%,40~50 岁的占 39%,50~60 岁的占 9%。教师教龄在 10 年至 20 年的占绝大多数,占总体的 40%,教龄 5 年以下的占 7%,教龄 5 年至 10 年的占11%,20 年以上教龄的占 41%。教师的学历也相对较高,本科学历的占总数的 66%,专科学历占 27%,硕士学历占 5%,博士及以上学历占 1%。随着社会进步和经济发展,人们对教师的要求越来越高,教师角色不再是简单的教书,更多的是育人,并占据了主导地位,这样的高要求给教师带来了巨大的挑战和压力。在本次调查中,仅有 2% 的教师感觉自己很幸福,16% 的教师感觉比较幸福,超过一半(55%)的教师感觉一般,也有 26% 的教师感觉自己比较不幸福。

"看到学生成长了、成才了,心里会很开心,那种幸福感可能是其他行业所无法比拟的。"北京市昌平区天通苑某学校英语(论坛)教师梁涛的心声,代表了很多老师的感受。超负荷压力让教师滋生疲惫"每天 6:00 起床,6:40 到学校,11:30 放学,下午 1:15 到校,4:30 放学,晚自修 6:10 开始到 8:10 结束,一周上 15 节课,每节课 45 分钟,加上备课时间要花上 3 倍时间。改 150 名学生的作业,起码每天要花上两个半小时,另外课外辅导学生(个别的)每天要 1 小时左右,加上学校的其他工作等,在学校根本做不完,还要把工作带回家做(改作业),连辅导自己孩子的时间都没有,每天加起来起码要工作 9 到 10 个小时,加上学校规定的家访、会议(周前会、政治学习、业务学习)等,一天休息的时间只有 6 到 7 个小时……"这是浙江台州的一位网友在网上贴出的工作时间表,由于这份表详细记录了不少教师的日工作量,引起了不少教师的共鸣。教师工作时间长、压力大已成共识。此次调查中,49% 的教师表示工作时间在 8 至 10 个小时,8 个小时以下的仅为 14%,12 个小时以上的教师也达到了 11%。结束一天的工作,67% 的教师感觉疲惫不堪,25% 的教师感觉很累但是觉得很满足,只有 3% 的教师感觉很轻松,2% 的教师感觉很高兴。据介绍,为提高教学质量和适应课改要求,教师必须不断学习。一些学校也出台相关制度督促教师学习。一位初中教师告诉记者:"我每天早晨 6 时走出家门,晚上 7 时 30 分才能回到家里,吃完饭还要批改作业,每学期还要写出 3 万字的学习笔记,身心俱疲,不知道这样的日子何时才能到头?"

相比其他工作,教师每年有两大假期,这也是其他行业羡慕教师的重要原因之一。那么，教师假期一般都会有什么安排呢？记者调查发现，教师在假期中为工作"充电"成为主题，但是也有不少教师在本次调查中发帖表示"希望能在假期里脱离工作，尽情放松"。虽然假期可能会被安排各种"充电"活动，但是教师对假期还是相当期盼的，在接受调查的教师中，只有13%的教师不期待假期。

教师面临五大压力源。"刚毕业时觉得做教师挺好的，清闲，假期又多，但是做了教师后，便感觉到方方面面的苛求和压力，每天不努力工作都不行。"一位教高中班的年轻女教师告诉记者。这位女老师是语文教师，兼任一个班的班主任。在工作日里，她总是早上7点左右就到教室，下午6点后才下班，整天忙忙碌碌。"有时，我都觉得自己生活在学生、学校、家长、社会等方方面面压力的夹缝里。"此次调查中，教师们反映，压力主要来源于五个方面，分别是领导的压力、职称的压力、考核的压力、学生的压力以及升学率的压力，分别占21%、20%、18%、16%、16%，教改的压力、继续教育的压力等相对较轻。调查显示，教师最需要得到的帮助：首先是工资按公务员标准发放，这一比例达60%；其次是住房宽敞、安全、舒适和有丰富业余生活的渠道，分别占14%和10%。

北京教育科学研究院德育研究中心白玉萍副教授指出：从社会心理学的角度来看，教师常常扮演的是为人师表的角色，他们接受了"人类灵魂的工程师"这个职业，就不得不尽量满足人们对这个神圣职业的要求。但是教师工作实际上是一种持续紧张的脑力劳动，需要高度的自觉性和积极性，因此易产生孤独感、抑郁等情绪，进而会导致心理问题。

"随着当前独生子女家庭的增多，家长对子女的期望值越来越高，人人都望子成龙、望女成凤，于是对教师的期望值也随之升高。"白玉萍认为，如今社会将一部分家庭教育的压力也转移到教师的身上，"家庭教育有危机，造成家长过度干涉学校工作，孩子在校稍有问题，家长就过分责难教师，导致教师工作难度加大，使得教师心理压力变得更大"。

教师"痛"并快乐着

鱼缸放水草的目的是增加氧的含量吗？老师读错"蝙蝠"自罚一百遍却得到学生宽容,你如何看待……这些"很杂"的试题,都出自南京市六城区中小学新教师招聘的试卷！近日,近7000名应聘者争夺451个公办教师岗位。"教师招聘的持续火热,反映了还是有不少人希望从事教师这个行业的。"一位负责此次招聘的工作人员说。虽然教师工作时间长、压力大,但是目前各地教师招聘依旧火热,学校对求职者的要求也越来越高。为何选择教师职业？超过一半（56%）的教师认为工作比较稳定,也有18%的教师是因为热爱所以选择教师这个行业,此外,还有10%的教师看中的是教师有较多的假期,6%的教师认为教师可以获得成就感,4%的教师认为社会对这个职业较为尊敬。在调查中,教师普遍认为自己对教师这个行业并不喜欢,选择喜欢的教师仅占13%,感到一般的占34%,超过一半的教师认为自己对工作比较厌倦或者难以言表。唯有身心健康的教师,才能培养出活泼乐观的学生。有幸福的老师,才有幸福的教育。在此次调查中,49%的教师认为,当学生取得好成绩时就可以让自己获得幸福的感觉,14%的教师认为集体融洽能使自己获得幸福的感觉,此外,工作环境舒适、领导肯定、家长支持也是教师认为幸福的来源,分别占8%、7%、6%。如果有再次选择工作的机会,你还会当老师吗？面对这一问题,明确表示不放弃的教师仅占26%,立即放弃的占12%,说不清的占46%,等以后再说的占13%。

心理疏导　化解压力寻找幸福

谁来为奋战在教学第一线的老师们减压？"不会自我调控的老师将会陷在压力的泥潭里,痛苦不堪,有的甚至患上抑郁症。"北京教育科学研究院副教授白玉萍认为,只有教师自己学会了心理调控,才能化压力为动力,找到职业的幸福感。

白玉萍认为,教师要想在重重压力下得到解脱,除了需要社会、学校的支持外,更要学会自我调控。为此,她给出了减压十招:

一、学会倾诉。找家人,找信得过的朋友,把心中的不快吐露出来,从而让自己的焦虑减轻,最后才能身心愉悦地面对新一天。所以创设一个良好的家庭氛围至关重要,交几个知心朋友也十分必要。

二、自我解脱。学校是社会的一个缩影,学校里所受的各种压力,社会上比比皆是,不必太在意。在教学上,尽力就行了,不必为能达到上级的要求而在工作上像个"拼命三郎",使家人见不到你的影子。对待学生,要有爱心,也要有宽容。要多考虑他们都是独生子女,父母的期望过高,他们的压力也大,当他们因为成绩不如意而迁怒于你时,要学会宽容,不与他们过多计较。

三、学会遗忘。时间是最好的解决问题的方法,积极忘记过去的、眼前的不愉快,随时修正自己的认识观念。别让一时的不快牵制你的未来,谁也阻止不了你前进的脚步。

四、要有理想。现实不如意,光是抱怨也无济于事。每个人都应有自己的理想,在人生的路上,为实现自己的理想而奋斗。理想要有成功的可能性,否则,一辈子朝着一个永不能实现的理想前进,必然痛苦。当我们为那个生命中的理想而努力时,人生路途中的沟沟坎坎又算得了什么呢?它们只会让我们的脚步更坚定。

五、建立自己的博客、微博。写给自己看,放松心情。这种方法可算是转移注意力法。就像听听歌、看看戏一样让自己有自己的生活和寄托。

六、注重过程淡化功利法。建立合理的、客观的自我期望值。例如,对待学历、职称、职务乃至人生,都应注重努力的过程而淡化结果。需注意两点:一是你的奋斗目标要合理;二是有时做事可往最坏处想,向最好处努力。

七、众人面前理智法。在众人面前最好多观察、思考,少盲目表现自己。人人都会有这样的心理体验:当自己在众人面前盲目表现之后,却因后悔自己的言行举止有损自己的形象而忧心忡忡。

八、更新环境自我调节法。在压力太大、心情不佳时变换一下环境。例如室外观景、室内养花、美好事物的想象、恐怖事件的回避（耳不听、眼不见、心不烦）。

九、音乐与生理保健法。各种声音通过耳朵被人感受，如他人的赞扬声、指责声、议论声、谩骂声等都会影响你的心态。因此，你可以多听一些优美的音乐，以缓解不愉快的心情。养成良好的生活与自我保健行为习惯极为重要。同时，创造和谐的家庭氛围更不容忽视。

十、自信自主激励法。即相信自己是最好的、最可以依赖的。每桩伟业都是由信心开始的。要知道你所遇到的问题、压力和挫折别人同样也会遇到，只是时间早晚而已。因此，别人能正视并勇敢面对的事，你如果想做，通过努力你也能做到。就算你没有成功，至少可以一搏，以防后悔。关键在于机会对人是均等的，只有在准备中等待机会，才能善于抓住机会。所以，自我安慰、自我激励、自我控制情绪、自我积极心理暗示，挖掘自己的潜能，培养并有效地展示自己的优势，才能走出属于自己的路。

"教师职业是一个压力来源较多、压力强度较大的职业。高强度的职业压力可能产生失常行为。对于教师而言，压力过大已经成为教师的一种典型生存状态。所以，在这种情况下，教师自我解压就显得尤为重要，也只有如此，我们才能更好地保护好自己。"白玉萍建议。

资料来源：教师幸福感调查：你是快乐的，我就是幸福的！. 现代教育报，2011-09-13.

✻ 案例 6-4　主观幸福感对高校教师创新绩效的影响

高校教师在一定程度上属于社会精英阶层，也是社会认可度非常高的职业。2019 年麦克思研究院发布的高校教师投入情况数据显示，在 2018—2019 学年，本科院校的教师平均工作时长为 46.9 小时，高专院校为 46 小时，在这其中，有近九成的高校教师表示对自己的工作非常认可，较高的认可度意味着工作能给教师带来更多的成就感。很多人认为大学老师的工作普遍轻松且悠闲,只在有课时来学校,也不需要坐班,生活看似很安逸很富足,工作和家庭也可以很好地剥离开来,因此越来越多的人希望能够走上大学从教的道路。但当过大学老师的人听到这样的话却总是大喊冤枉,真实的高校教师的生活只有他们自己知晓,而且很多事情也是在当上高校教师后才了解到的。

小张是五年前从学校毕业,在书香家庭中长大的她,从小就立志要做一名人民教师,尽自己最大的努力,为社会培养所需人才。博士毕业后应聘到一所高校做教师,当大学教师前,以为大学老师是一个相对比较轻松的工作,成为大学老师但还没正式工作前,以为自己的未来一定是桃李满天下,硕果几多存,实现自己的人生价值,但在正式入职开始工作后,她的世界崩塌了,各种烦心事纷至沓来。在她当上大学教师前她的相册充斥着各种自拍、美食、美景,而在成为大学教师后相册中则是课件截图、PPT 截图和师生集体照。她最终选择高校教师作为一生的职业的一个重要原因就是每年有寒暑假,可以定期好好放松一番。在她成为高校教师前以为假期是:阳光、沙滩、大海、微风⋯⋯除了享受还是享受,但真实的大学教师的假期是:学校—家两点一线,科研任务堆积如山。小张曾说:"在当大学教师之前其实已经有搞科研抓教学的觉悟了,可是谁能想到大学教师除了搞科研抓教学,还有各项行政事务、填表、交各类材料,还要和学生谈心、指导学生论文等。对了,还时不时有各种会议。当老师前觉得大学环境轻松,也没有多大的压力,认为大学教师的副教授职称在努力奋斗过后总会有的,从此也可以走上人生巅峰。但成为教师后才发现一只手数得过来的名额,却有几十个讲师来抢,僧多粥少,每年评职称同事之间也都是暗流涌动。"

如此说来大学教师的生活并不是常人想象中的那样轻松,每个老师的课时要够,不然考核就过不了,会对未来的职业生涯造成很严重的影响。有些教师则课排得满满当当,一周除了上课也就没有多少个人时间,这就意味着这个老师必须课下努力备课,熟悉课件,同时还意味着这个老师没有多少时间搞科研、写论文。小张自己讲道:"要问我一年都在干什么,大概就是备课、上课、搞科研、做实验、写论文、整材料、交材料、基金申报、参加学术会议、指导学生论文、写报告、带学生……总而言之,工作量就在那里,不会凭空消失,就算是你去休产假,回来的时候,那些工作量也还在那里,依旧不离不弃。"

2018 年麦克思研究院对大学教师现状进行研究分析发现,88％的高校教师感到工作带来中重度压力。此外,感到有轻度压力的比例为 11％,觉得没什么压力的教师仅占 1％。很多大学老师都有压力,特别是对于青年教师来说,虽说压力使人进步,但压力过大或者长期处于压力之中,可能会导致工作满意度下降,工作幸福感缺失,最终工作质量难以得到保证,形成一系列的恶性循环。中共中央、国务院于 2018 年 1 月 20 日发布的《关于全面深化新时代教师队伍建设改革的意见》中专门提到了要让"广大教师在岗位上有幸福感、事业上有成就感、社会上有荣誉感",充分说明了提升高校教师工作幸福感的急迫性,也表现出了社会尤其是政府有关部门对高校教师这个行业的关注,希望通过一系列行之有效的政策,切实提升高校教师的工作幸福感,为社会造就更多有用的人才。

资料来源:调查显示:近九成大学教师对工作表示认可.中国青年报,2019-09-09

6.3.5 调节效应分析

1. 主效应检验

首先,将中国情境下工作-家庭平衡整体作为自变量,将高校教师创新绩效整体作为因变量,将性别、职称及高校类型作为控制变量进行逐步回归分析;其次,为了探索中国情境下工作-家庭平衡的 4 个维度对高校教师创新绩效整体及 3 个维度的作用,本研究将中国情境下工作-家庭平衡的 4 个维度作为自变量,将高校教师创新绩效整体及 3 个维度作为因变量,将性别、职称及高校类型作为控制变量进行逐步回归分析,分析结果见表 6-10。

表 6-10　　中国情境下工作-家庭平衡与高校教师创新绩效关系的检验结果

变量		因变量				
		创新绩效		创新意愿	创新行为	创新结果
		模型 1	模型 2	模型 3	模型 4	模型 5
控制变量	性别	-0.201^*	-0.147	-0.082	-0.151	-0.147
	职称	-0.184	-0.138	-0.139	-0.144	-0.022
	高校类型	0.135	0.109	0.146	0.063	0.144^*
自变量	工作-家庭平衡	0.284^{**}	—	—	—	—
	F1 工作-家庭冲突	—	-0.398^{**}	-0.519^{**}	-0.319^{**}	-0.227^*
	F2 工作-家庭促进	—	0.628^{**}	0.317^{**}	0.533^{**}	0.572^{**}
	F3 家庭-工作冲突	—	-0.311^*	0.218	-0.259^{**}	-0.185^*
	F4 家庭-工作促进	—	0.125	0.302^{**}	0.191	0.121
调整 R^2		0.070	0.387	0.262	0.276	0.320
F 值		8.047^{**}	59.818^{**}	33.972^{**}	36.414^{**}	44.702^{**}

注:*表示 $p<0.05$;**表示 $p<0.01$(双尾检验)。

由表 6-10 的分析结果可知,中国情境下工作-家庭平衡对高校教师创新绩效具有正向预测作用($\beta=0.284,p<0.01$),中国情境下工作-家庭冲突及家庭-工作冲突负向影响高校教师创新绩效,中国情境下工作-家庭促进及家庭-工作促进对高校教师创新绩效具有正向促进作用,假设 2 与假设 3 成立。通过中国情境下工作-家庭平衡的 4 个维度分别对高校教师创新绩效 3 个维度的回归分析发现,F2 工作-家庭促进及 F4 家庭-工作促进对创新意愿、创新行为及创新结果均具有正向促进作用,F1 工作-家庭冲突及 F3 家庭-工作冲突负向影响创新行为及创新结果。同时,加入控制变量以后,男教师相对于女教师来说创新绩效更加显著($\beta=-0.201,p<0.05$),985 高校教师相对于非 985、211 高校教师而言创新结果更加显著($\beta=0.144,p<0.05$)。

※ 案例 6-5　工作-家庭平衡对女性知识型员工创新绩效的推动

企业是实施国家创新战略的微观基础,知识型员工是实现企业创新的主要载体。因此,如何提高企业知识型员工的创新绩效便成了一个重要的理论和实践问题。随着我国女性受教育水平的不断提高,女性知识型员工在职场中的比例逐渐上升。她们注重自我价值的实现,追求事业上的成就,是推动社会经济发展的重要力量。然而,受传统社会分工的影响,女性知识型员工背负着更多的家庭责任,这就意味着女性知识型员工会面临工作家庭平衡问题。基于此,探究女性知识型员工工作家庭平衡对其创新绩效的影响具有理论和实践意义。情感事件理论中指出,环境特征中的情感事件会影响个体的行为表现。创新作为一种个体自发性的主动行为,依赖于积极情感的有效驱动。幸福感作为个体在需求得以满足时产生的情感状态,是积极情感的典型代表,自然能够促进创新行为的产生。幸福感在工作领域中的具体体现就是工作幸福感,工作幸福感在员工需求得以满足时,同样会产生积极的情感状态,进而对员工创新绩效产生正向的促进作用。工作与家庭是人们生活的重要领域,也是获得情感事件体验的主要来源。女性知识型员工的工作家庭平衡意味着工作与家庭双重角色需求均得以满足,可见工作家庭平衡有利于工作幸福感的提升。因此,工作幸福感在女性知识型员工工作家庭平衡与其创新绩效间起到中介作用。

个体与组织间存在互惠关系。当个体感知到组织的恩惠时,会自发地产生回馈组织的意愿,从而激发出更多有利于提升组织绩效的积极行为。创新绩效的取得离不开员工的创新行为,而创新行为本质上是一种个体自发性的主动行为,因此受到个体与组织间互惠关系的影响。女性知识型员工肩负工作与家庭的双重责任,渴望工作与家庭间的平衡。因此本文推测,工作家庭平衡有助于女性知识型员工创新绩效的提升。处于工作家庭平衡中的女性知识型员工会有良好的心态,而良好的心态作为重要的个体资源能够激励女性知识型员工在工作中不断吸收新知识并获取新技能;这些行为有利于她们不断改进工作状态进而提升其创新绩效。同时,女性知识型员工还会因工作、家庭角色需求的同时满足而提升其自身效能感,使女性知识型员工表现出坚定的信念和决心,以战胜困难，迎接挑战，确保创新绩效的顺利实现。此外，工作家庭平衡能够为员工带来更高的工作生活质量。根据马斯洛的需求层次理论，高水平的工作生活质量能够满足女性知识型员工较高层次上的需求，这将会激发她们以更大的热情投身于工作，从而促进创新绩效的提升。

研究显示，女性知识型员工的工作家庭平衡会正向影响工作幸福感进而提升创新绩效。因此，在企业管理实践中，应考虑将工作家庭平衡计划纳入人力资源管理体系中，确立工作家庭平衡的人力资源管理导向，灵活采用并完善弹性工作制、家庭支持型管理制度等措施，缓解员工工作与家庭间的矛盾，促进员工工作家庭平衡，从而提升员工创新绩效，增强企业自主创新能力。研究显示，女性知识型员工的工作幸福感能够促进其创新绩效的提升与改善。因此，企业在管理实践中，应加深对女性知识型员工工作幸福感的认识与理解，不定期评估和收集女性知识型员工的工作幸福感状况和信息，并采取适当的管理手段提升员工工作幸福感，如创建和谐温馨的工作环境，营造真诚互助的团队氛围；为女性知识型员工提供工作技能以及认知技能培训；为女性知识型员工设立职业发展通道，制定个性化职业发展规划等。

资料来源：张兰霞，宋嘉艺，谭均，等.女性知识型员工工作家庭平衡对创新绩效的影响——一个跨层次被调节的中介模型.东北大学学报：自然科学版，2019，40(11)：1660-1666.

❋ 案例6-6　家庭-工作促进正向影响高校教师创新行为

自古至今，家庭一直是人类繁衍生息的基本单元和维持社会和谐发展的最小细胞，一句"家和万事兴"道出了国人对幸福人生的期盼和追寻。随着时代的进步与发展，现代工业社会将人类早期的工作-家庭紧密相连的平衡状态逐渐打破，工作与家庭作为两个相辅相成的个体，并非天生就是一对矛盾体，最优解便是将两者同时兼顾起来。家庭和事业几乎是同等重要的，地位也应当是相等的，不论社会如何变迁，家庭和工作间都不应该产生对立。如果把工作当作一个家庭来享受，把家庭当作一个事业去创立，那么建立在事业上的家庭将是最稳固的家庭，建立在家庭上的事业也将是最甜蜜的事业。

　　和睦的家庭生活是夫妻开创辉煌事业的基础所在，和谐美满的家庭生活可以有效地推动事业的前进。刘老师是一所名牌大学的教师，由于受到2020年上半年疫情的影响，很多的科研工作都推后到下半年来进行，工作清单上排满了要进行的工作。2020年是刘老师开始招硕士研究生的第一年，由于是第一届刘老师也非常重视，需要时常开会和学生探讨最近文献阅读情况以及后续的题目确定情况，再加上下半年开学较晚，学期缩短，课时量增多，使得他天天忙得焦头烂额，常常会因为工作上的事情而忽略家庭生活。刘老师的夫人刘太太是一名银行职员，工作也是非常忙碌，时常需要加班赶工作。两人已经有一段时间各自忙于自己的事业，相互交流很少，有时甚至两人的晚饭都不在同一时间段上，关系出现了一丝紧张。刘老师也感到有一些苦恼，最近在进行科学研究的过程中都会因为家庭小矛盾而产生分神的情况了，他认为是时候想办法来缓解一下双方紧张的关系了。一次，当刘太太又对他们的婚姻发牢骚时，他拿出一个放在衣橱上已经好多年的旧呼啦圈说："请你拿着这个呼啦圈，我要从中间跳过去。""你这是什么意思啊？"刘太太一脸疑惑地问道。刘老师回答道："噢，是这样的，我已经注意到你是多么愿意让我跳进你设的圈套里，以证明我有多爱你，你觉得我们可以谈谈这个问题吗？""你在说什么啊，我从未那么做过。"刘太太说道。"我相信你没有意识到你那么做了。我知道你爱我，但是这一切却感觉像是没完没了的考验。"刘老师说。"圈套，嗯？"刘太太说，"好吧，我们谈谈。"然后刘太太一笑，那是刘老师最喜欢也是最期待的笑容。刘太太说："在我谈正事之前，你觉得你能先跳过这个呼啦圈吗？"这句话一下子冲淡了家庭中的紧张气氛。从这之后，两人紧张的关系烟消云散，两人通过一只旧呼啦圈的玩笑融洽了夫妻的关系。和谐的家庭有效地促进了刘老师科研任务的推进，他也明显地感觉到最近在科研上投入所获得的成果比前段时间更有效率。

　　无论是对于女性还是男性来说，家庭好比一幢房子的地基，工作事业就相当于地基上的大厦，地基牢固结实，大厦才能屹立于风雨中。所以说，婚姻与事业的关系处理得好，则皆大欢喜，爱情事业双丰收；处理得不好，则有可能双双落败，伤害夫妻间的感情，影响事业的发展。成功和快乐是可以兼得的，事业和生活是可以兼顾的，关键是要在两者之间形成一种沟通无阻的关系。因此，不要为事业而忽视婚姻。事业婚姻二者兼顾，做到这一点并不复杂，也不存在什么两难的选择，只需定好一个基调，做好相关的调整即可。

　　资料来源：懂得工作和家庭的和谐平衡会带来什么?.百度知道——易书科技，2019-04-09.

2. 调节效应检验

　　将中国情境下工作-家庭平衡作为自变量，组织支持感作为调节变量，高校教师创新绩效作为因变量，性别、职称及高校类型作为控制变量，进行多层次回归分析，分析结果见表 6-11。

表 6-11　　组织支持感在中国情境下工作-家庭平衡与高校教师创新绩效间
　　　　　　调节效应检验结果

变量		因变量：高校教师创新绩效			
		模型 1	模型 2	模型 3	模型 4
控制变量	性别	-0.186	-0.183	-0.202	-0.209
	职称	-0.189^*	-0.150^*	-0.099^*	-0.090^*
	高校类型	0.158	0.146	0.132	0.150
自变量	工作-家庭平衡	—	0.246^*	0.193^*	0.226^{**}
调节变量	组织支持感	—	—	0.232^*	0.262^{**}
交互效应	工作-家庭平衡				
	组织支持感	—	—	—	0.175^*
	调整 R^2	0.075	0.126	0.166	0.201
	F 值	3.520^{**}	4.354^{**}	4.714^{**}	4.907^{**}

注：* 表示 $p<0.05$；* * 表示 $p<0.01$（双尾检验）。

由表 6-11 的分析结果可知,中国情境下工作-家庭平衡与组织支持感的交互项对高校教师创新绩效具有显著的正向影响作用($\beta = 0.175$,$p < 0.05$),这说明组织支持感程度越高,中国情境下工作-家庭平衡与高校教师创新绩效间的正向关系就越强,假设 1 成立。同时职称作为控制变量加入方程后,系数为负,这说明相对于助教而言,教授在高组织支持感下,其工作-家庭平衡对创新绩效的正向影响作用更大。

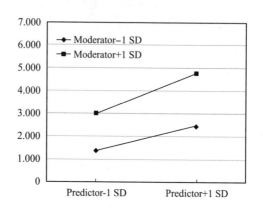

图 6-3 不同程度的组织支持感对工作-家庭平衡与高校教师创新绩效之间的调节效应

❋ 案例 6-7 组织创新支持对科研人员创新绩效的激励作用

党的十九大报告中指出创新是引领发展的第一动力。倡导创新文化,实施创新发展战略,就要培养造就一大批科技人才和高水平创新团队。在此背景下,各级政府乃至部分企业陆续出台创新政策,针对科研人员创新的激励力度不断加大,如出台创业投资、财政补贴、税收优惠和提高科研人员收入等方面的系列政策,但组织内外部各方面的创新支持都需要落实到科研人员个体的创新意愿或活动上。我国各个地方和各用人单位均推出吸引人才的各类政策,这些政策体现为地方政府的外部环境中的创新政策支持和用人单位组织内部的创新支持,那么这些组织创新支持如何对科研人员的创新行为产生影响呢,这是个值得深究的问题。

2019 年,我国 R&D 经费投入总量为 22 143.6 亿元,但我国科技成果转化率仅为 30%,远低于发达国家达 60%～70% 的水平,主要原因是科技成果的转化率不高,创新能力有待提高。研究表明,我国仍存在科研人员创新行为不明显、创新活力不足的问题,创新激励政策对于科研人员的创新行为的影响也有差异。所以,研究创新政策的激励问题具有重要现实意义。

组织创新支持是指员工在组织中感知到组织对其创新想法和创新工作的环境、福利、政策等的一系列支持,既包括组织内部的创新支持,也包括组织外部环境的创新政策支持,如政府部门为推动技术创新出台的金融税收优惠系列政策。宏观上讲,创新政策涉及范围较广,是政府为推动技术创新进行的科技、产业、金融、人才等各类政策的综合。杨洁等认为组织创新鼓励侧重于员工在组织内部环境中感知到的各类创新制度支持,以及领导、同级员工、下属对个人的创新支持,包括组织创新氛围支持、领导创新支持和同事创新支持。创新行为是创新意识、想法由诞生到转变为现实的复杂过程,是促进和实现创新意识、新颖观点的行为。创新过程具有高不确定性、高风险、高难度和低成功率等特征。创新行为一般包括探索式和利用式两类创新行为,探索式创新行为是一种变革式的创新行为,利用式创新行为是一种渐进式的创新行为。Eisenberger 等指出,组织创新支持对员工创新意向和创新行为有正向作用;顾远东等认为组织创新支持通过组织认同、领导认同和职业认同间接影响员工创新行为。也有学者是从组织外部环境中创新政策支持的角度来进行研究,如范云鹏研究表明,供给政策、需求政策、环境政策等创新政策与企业的创新行为呈正相关关系;周江华等构建了创新政策对企业创新绩效的影响机制模型,结果表明政府的财政补贴和税收政策均对企业创新绩效有显著影响;施丽芳等将创新政策在帮助创业家管理不确定方面发挥的作用称为不确定管理效应,从另一个角度揭示了创新政策对企业创新行为的影响。

当科研人员感知到组织内部领导和同事给予创新支持时,如组织投入更多的研发技术、设备、资金帮助其创新,上级领导支持员工的创新想法,员工之间互相共享信息、降低创新成本等,这些都可以激发科研人员的创新性活动。同时,组织外部的创新政策支持力度越大,创新政策体系、配套设施越完善,则组织外部的创新支持对于科研人员的创新意愿的影响越明显。第一,激励科研人员将个人有限的资源投入创新中。由于创新活动具有高风险、收益不稳定等特点,基于内外部各类创新激励,科研人员会在所处区域或企业的创新政策导向下进行课题研究,紧跟市场需求,避免资源浪费,合理衡量投入产出比,实现更多有价值的创新成果。第二,给予了科研人员进行创新活动更多的可能性。研发与科技成果转化等创新活动是一个复杂的过程,涉及环节较多,资金补助、金融支持、税收减免等各类创新激励政策能够帮助科研人员解决资源受限的问题,同时降低其创新创业的门槛。组织内部的创新支持力度越大,越能提高科研人员的创新意愿,因此组织可以通过营造组织创新支持氛围和加强企业创新文化、创新愿景和创新激励机制等方面的学习,提升科研人员的创新效能;同时,外部创新政策支持力度越大,越有利于科研团队成员提高各自的知识共享意愿,进而加大其创新行为,因此组织可通过技术、工具支持,搭建知识共享平台,进一步推动科研人员进行资源共享,尤其是新思维、新方法的相互交流。区别于显性知识的交流特点,隐性知识的共享更利于科研人员完成团队创新任务,提高创新实践成效。

资料来源:许慧,郭玉斌,暴丽艳.组织创新支持对科研人员创新行为的影响——基于创新自我效能感、知识共享的链式中介效应.科技管理研究,2021(8):124-131.

✿ 案例6-8　高校为提高青年教师创新绩效进行的探索

上海财经大学高度重视高校青年教师在高等教育发展过程中的生力军作用,通过"高端引领、引培并重、双轨互动、融合发展"的建设思路,以批量引进海外优秀人才为突破口,大力引进和培养具有国际学术视野和学术发展潜力的青年教师,在青年教师队伍建设方面做了一些有益的探索和创新。

一、高层次人才引进计划

一是大力引进学术领军人才。坚持以用为本,采取"不求所有,但求所用"的柔性引才机制,多方位拓展和用好智力资源。第一,通过实施海外院长实聘制和特聘教授制,面向全球引进具有国际学术影响力的学术领军人物,鼓励他们组建创新团队,带动青年教师发展。第二,借助海外院长和特聘教授所具备的海外学术影响力和学术关系网络,为学校进一步大批量引进海外优秀人才创设顺畅通道。

二是批量引进海外优秀博士。在海外院长和特聘教授的带动下,学校推出"常任轨"管理制度,从 2005 年开始对接海外人才市场,参照海外高校通行的学术标准和录用程序严格选拔,先后从哈佛大学、牛津大学、普林斯顿大学、加州大学伯克利分校等名校引进了 100 多位具有世界视野、熟悉国际规则、具有国际学术交流能力的海归博士。

二、创新人才支持计划

学校围绕重点学科建设的实际需求,启动创新人才支持计划,以重大课题和项目为抓手,通过人才、基地、项目三结合,重点做好包括以学科带头人为核心,围绕重点方向和重大项目凝聚学术队伍,形成若干优秀创新团队,重点实施"创新团队支持计划";以培养和支持一批学术基础扎实、具有突出的创新能力和发展潜力的优秀青年学术骨干,重点实施"骨干教师支持计划";以培养一大批优秀青年教师,夯实教师队伍基础,做好实施"优秀青年教师支持计划"等三个层次的创新人才培养工作。

学校为支持青年教师的科研启动,特地在"211 工程"经费中设立经费用于支持优秀青年教师开展课题研究。在"中央基本科研业务费专项资金"的使用上,学校不搞论资排辈,倾力扶持青年教师,为"常任轨"教师在入职后三年内提供每年 3 万～5 万元不等的科研经费。各学院也推出青年教师（团队）科研经费资助计划，以求达到以强带弱，双轨互动，取长补短，共同提高的效果。

三、国际化师资培养计划

一是实施"骨干教师出国进修计划"。加大现有师资的海外进修和培训力度，将海外留学进修经历及其业绩纳入教师晋升高级职务的要件之一。学校每年选派50名左右素质好、能力强、有较大发展潜力的青年骨干教师赴海外高水平大学或重点科研机构研修学习，攻读博士学位、从事博士后研究或担任名教授的助教，接受知名学者的指导，跟踪国际学术领域的发展动态，拓宽研究视野。

二是实施"高级课程进修计划"。通过延请外单位著名专家学者，对教师展开培训，着力提高青年教师的具体授课能力。譬如，经济学院就要求40岁以下青年教师必须参加学院组织的由国际知名学者授课的"现代经济学"暑期师资课程进修班，研修高级微观经济学、高级宏观经济学、高级计量经济学等九门核心专业课。国际工商管理学院邀请国际著名华人经济学者开设计量经济学、产业组织、博弈论等七门培训课程。通过此计划，系统提高了青年教师讲授专业核心课程的能力。

三是实施"国际学术交流合作计划"。学校通过各种途径，选派教师赴国外高校进行国际学术合作及校际交流，厚实教师研究及发展能力，增强学校及教师的国际交流能力，拓宽青年教师国际化的科研视野。

上海财经大学在该政策的指导下，大力支持教师创新，取得了一系列的成果。据初步统计，平台教师在国际知名期刊发文累计达760篇，其中676篇署名财大。此外，在《经济研究》《管理世界》等国内权威期刊发文223篇。可见组织支持在高校教师提高创新绩效方面发挥着不可替代的作用。

资料来源：上海财经大学通过引进培养并重促进青年教师成长.中华人民共和国教育部网站，2012-12-20.

6.3.6 结果分析与管理对策

1. 中国情境下工作-家庭平衡对高校教师创新绩效的影响

第一,工作-家庭促进及家庭-工作促进对高校教师创新绩效整体及该变量的 3 个维度均有正向促进作用。工作与家庭相互间的积极作用能够强化工作-家庭平衡,是个人成就家庭幸福与职业成功的关键。对于高校教师而言,一方面,组织的情感支持及有关的制度政策会让他们更加合理化地发展自我,有效地处理工作中的压力,并将积极情绪带到家庭中。另一方面,家庭美满幸福、家人支持关心同样会提高他们的工作绩效(Grzywacz 和 Butler,2005),使他们在工作中倾向于投入更多的时间精力并增加创新意愿与行为,在教学科研过程中进一步提高创新绩效。反之,工作-家庭冲突及家庭-工作冲突负向影响高校教师创新绩效及该变量的 2 个维度。根据 Hobfoll 提出的资源保存理论,工作-家庭冲突及家庭-工作冲突两个维度会带来角色的心理资源损耗,而创新性行为需要大量资源的支撑。因此工作与家庭相互间的矛盾会减少高校教师创新意愿与行为,进而降低创新绩效。

第二,相对于女教师来说男教师具有更高的创新绩效。原因可能为:高校女教师在承担着教育教学重要任务的同时,来自家庭方面的一系列压力也会影响其工作投入。贾建锋指出男教师作为家庭的主心骨与支撑者,他们就会将时间精力更多地投入教育科研中,因此,相对于女教师而言他们的创新绩效更为显著。

第三,985 高校教师相对于非 985、211 高校教师而言创新结果更加显著。原因可能为:985 工程大学是我国政府为建设世界一流大学和国际知名研究型大学而实施的教育建设工程。相对于普通高校而言,985 高校集中了我国大部分的教育资源,在两院院士、长江学者、重点学科、专利授权以及承担国家科研经费等方面优势明显,政府的大规模投入使得 985 高校拥有较为完备的学科创新条件与基础设施。另外在教师评聘方面,

曾婧婧认为 985 高校在教师的科研能力及创新性成果等方面重视程度要
更高。

**2. 中国情境下工作-家庭平衡对主观幸福感及高校教师创新绩效
的影响**

邵菊琴等的研究结果表明,工作-家庭平衡能够预测个人的幸福感程
度,个体通过调整工作-家庭平衡,提高应对能力与水平,能获得较高的幸
福感。本书的研究结果再次证明了中国情境下工作-家庭平衡对主观幸
福感的预测作用。另外,工作-家庭平衡不仅与主观幸福感关系密切,具
体到高校领域,工作-家庭平衡也与高校教师创新绩效存在着密切的关
系。Karatepe 等的研究已经表明工作-家庭平衡的各方面与个人创新能
力间的潜在关系。工作-家庭平衡状态良好的人,他们在面对工作和生活
中的困难时能够采取积极的应对方式,或者思考如何解决问题,或者寻求
家人和朋友的帮助。这些策略的使用能够让他们更加自信并积极地面对
和解决问题,从而更好地体验幸福。对于高校教师而言,平衡好工作-家
庭状态,增加工作与家庭彼此间的积极作用,他们就能投入更多的时间及
精力进行教学科研,进而提高创新绩效。

**3. 主观幸福感在中国情境下工作-家庭平衡和高校教师创新绩效
之间的中介作用**

本研究的数据分析结果表明,主观幸福感这一变量在中国情境下工
作-家庭平衡与高校教师创新绩效之间扮演着重要的角色,具有部分中介
的作用,即中国情境下工作-家庭平衡一方面直接影响高校教师创新绩
效,另一方面通过主观幸福感这一变量间接影响高校教师创新绩效。

主观幸福感是指个体对其生活质量的整体性评估,是衡量个人生活
质量的综合性指标。主观幸福感高的人,一方面他们的情绪更加积极,对
生活充满希望,在面对压力时会表现得从容并做出有效的应对(李巧灵,
2012);另一方面他们在作为主观幸福感"评价部分"满意度的得分也会相

应较高,他们可能倾向于投入更多的时间工作进而提高工作绩效,这点已经被大量研究所证实。对于高校教师而言,主观幸福感的高低会影响到他们对教学科研的投入程度,进而影响教育教学质量(王霞,2017)。高主观幸福感的教师,他们能够乐观正向地看待问题,能够从容面对教育教学的各种压力,以积极的心态和愉悦的情绪投入教学科研中,进而有助于创新绩效的提高。

4. 组织支持感在中国情境下工作-家庭平衡与高校教师创新绩效之间的调节作用

第一,组织支持感在中国情境下工作-家庭平衡与高校教师创新绩效之间起调节作用。根据组织支持理论,这是由于高校通过各种形式支持更高程度的工作-家庭平衡,个人就会感受到来自组织的对自己创新行为的支持,从而提高创新绩效。反之,个人如果感受不到组织对自己创新行为的帮助与支持,他就不会产生较高的创新绩效来回馈组织。

第二,相对于助教而言,教授在高组织支持感下,其工作-家庭平衡对创新绩效的正向影响作用更大。原因可能为:教授相对于讲师来说,无论是在学科领域、专业素养还是在管理经验、自身建设方面都有更深层次的理解(贾建锋,2015),因此当他感受到来自组织的更大程度的支持时,他就会更好地利用其累积多年的经验,进而提高创新绩效。

5. "工作-家庭平衡"对策

知识经济时代,创新是一个国家和民族进步的灵魂,繁荣源于创新,其重要性不言而喻。如果一个国家可以深层次激发公民潜在的创造性,产出更高的创新绩效,那么这个国家就会在日趋激烈的国际竞争中居于领先地位,而培育、挖掘公民的创造性,关键要依赖于高层次教育,更多地要靠高校教师发挥其作用。另外,对于高校来说,如何更好地帮助其员工实现工作与家庭间的平衡状态,进而使其能更高效地完成工作和家庭所赋予的使命,不论是对于组织综合竞争能力的提升,还是员工的身心发展都具有极为重要的意义。因此,本研究对工作-家庭平衡、高校教师创新绩效、主观幸福感以及组织支持感之间的关系进行了探讨,并根据研究结果提出了以下几点建议:

首先,中国情境下工作-家庭平衡与高校教师创新绩效的关系提示组织要通过各种形式增加员工工作与家庭彼此间的积极作用,支持更高程度的工作-家庭平衡。例如弹性的工作时间以及工作地点的安排,压缩工作时间,适当地增加休假,允许员工由于家人突发情况、疾病、照顾父母子女等生活问题给予其适当的假期,帮助员工承担家庭角色的责任。此外,还可以实行远程办公、在家办公,员工仅需要在核心时间确保出现在固定办公场所即可,其他时间可以通过网络与其他组织成员进行交流。组织还可以实行多种形式的家庭照料福利制度,比如派遣专业护理人员照顾生病员工子女、委托专门机构进行托管服务等,解决员工的后顾之忧,进而减轻员工来自家庭方面的压力与负担,形成工作与家庭双方互相促进的益性循环。

其次,研究结果显示主观幸福感在中国情境下工作-家庭平衡与高校教师创新绩效间起中介作用,这提示组织可以从提高个体主观幸福感角度入手,建立家庭与工作同样重要的文化理念,以组织身份适当介入组织成员工作-家庭冲突,营造和谐的工作氛围。深入员工群体,时常与员工保持沟通,了解员工的真实想法,更加注重员工的积极情绪与工作满意度。注重组织文化的建设,例如邀请员工家属来参加组织举办的文化活动或联谊会等,促进组织与员工家属之间互相交流与理解,减少员工工作与家庭之间的冲突与摩擦,从而达到提高个体创新绩效的目的。

最后,组织支持感在中国情境下工作-家庭平衡与高校教师创新绩效间起调节作用,组织支持感程度越高,工作-家庭平衡对创新绩效的影响程度越大。因此,组织可以从提高组织支持感角度入手,在薪酬机制、工作时间、绩效考核等方面给予支持,给予员工适度的自主决策权,可以充分发挥他们的创新积极性。保证薪酬分配的公平公正,构建和谐宽松的工作氛围,减轻他们来自工作方面的压力。加大对员工贡献的积极评价与对其总体满意度的主动关怀的力度,提高组织支持感程度,比如以部门为单位设立相应的咨询室,有助于员工主动改善其总体满意度。

❋ 案例 6-9　高校促进教师工作-家庭平衡举措

吉林大学珠海学院实施人才强校战略,师资队伍水平不断提升。学校以吉林大学丰富的优质教育资源为依托,面向全国引进优秀人才,积极培养青年骨干教师,组建了一支教学经验丰富、研发能力较强、德才兼备、勤奋敬业的教师队伍。国家级、省部级等一批高层次人才受聘为我校特聘教授。此外,学校遵循"十一五确保质量形成规模、十二五优化结构提升质量"的发展思路,确立"综合性、应用型、开放式、强特色、居一流"的办学定位。

在学校任职的教师可以享受以下待遇:

1. 教职工的聘用采取合同制,薪酬待遇按学校薪酬标准执行,博士年薪 20 万元以上。条件特别突出的优秀博士可采取"一人一议""一事一议"的办法由双方协商确定引进待遇。

2. 学校实行绩效工资管理,在完成基本工作量的基础上如果有超课时,超课时部分单独计算薪酬。

3. 按国家相关规定提供社会保险、住房公积金等福利待遇。

4. 学校实施"三个层次"师资骨干队伍建设,对入选第一层次的中青年学科(术)带头人给予 4 年共 32 万元岗位补贴;对入选第二层次的专业骨干教师给予 4 年共 24 万元岗位补贴;对入选第三层次的教学科研并重型教师给予 4 年共 16 万元岗位补贴。

5. 学校实施博士提升计划,对具有博士学位的中青年教师,可以提供 6 万～10 万元资助经费,具体以学校文件规定为准。

6. 学校提供补充养老机制,在学校工作满一定年限可享受补充养老金,具体以学校文件规定为准。

7.提供校内教师公寓。

8.户口可迁入校内集体户口,子女可就读附近中小学。

9.工作日可享受教职工食堂优惠自助午餐。

10.免费提供每年一次体检。

吉林大学为教师提供的待遇充分考虑了教师的工作和家庭,为教师解决了住房和子女上学问题,使得教师可以全身心投入教学和科研工作中,为提高教师创新绩效提供了可能。

资料来源:吉林大学珠海学院 2019 学年招聘信息_高层次人才网,2019-03-29.

第 **7** 章　实证范式探索二：基于家长式领导与高校教师创新绩效关系的实证分析

在瞬息万变的竞争环境中，保持创造力是组织顺应环境变化、应对挑战并获得持久竞争优势的关键因素（Oldham，2003）。而作为权力的象征——领导者在组织管理中拥有较大的权力、权威地位，能够有效配置组织资源，故其在激发员工、群体及组织等多层次创造力上发挥着非常重要的作用（Zhang 和 Bartol，2010；Zhang，Tsui 和 Wang，2011；Allen，Smith 和 Da Silva，2013）。亦有学者指出，领导力被认为是员工创造力的关键影响因素之一（Zhang，Huai 和 Xie，2015）。领导作为重要的组织情境因素，在多个层次上也同样影响着员工的创新行为（Amabile，2004）。有学者对创新进行研究，发现家长式领导与创新的两个方面（探索式创新和剥削式创新）具有某种联系（Bojun Hou 等，2019）。同时伴随着高等教育的不断发展，高校方面的管理也有一些问题浮出水面，如何更好地提高工作任务结构相对松弛、自主性较强的高校教师的创新绩效，将是一个不可回避的问题。针对目前的研究现状，本研究从个体和组织双重视角出发，尝试结合组织文化背景和时代背景，基于社会交换、社会学习等理论，采用跨层次的实证分析方法深入剖析家长式领导与高校教师创新绩效二者之间的关系。

7.1 研究模型与研究假设

7.1.1 研究模型

研究模型如图 7-1 所示。

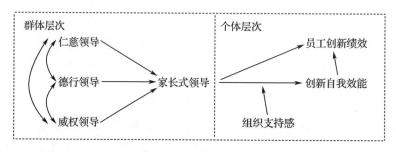

图 7-1 研究模型

7.1.2 研究假设

1.家长式领导直接效应

相关研究表明,领导在促进组织创新方面可以发挥重要作用。早期的研究探索了领导如何影响组织学习,这是组织创新的关键前提之一(Lin 等,2013;Santos-Vijande 等,2012;Senge,1990)。随后,Berson 等系统回顾了领导与组织创新的相关研究,他们认为领导者通过提供学习和帮助等支持行为,在跨界学习和创新过程中发挥着重要的作用。近年来,学者们越来越关注领导与创新和创造力的直接影响关系(Hughes 等,2018)。尽管对于二者之间的关系存在一些争议和不同的意见(Meindl 等,1985),但是人们普遍认为领导力对于包括组织创新在内的各种组织的结果有很大的影响(Elenkov 等,2005)。而正如前文所述,组织创新需要依靠员工创新来实现。尽管绩效的概念在管理学领域的文献和管理实践中已经得到广泛的应用(Gaye Özçelik,2014)。家长式领导的 3 个维度都与员工绩效相关(Chen,2011)。但是,在日新月异不断发展的今天,单单满足一般的工作绩效已经无法满足和适应创新的潮流和趋势,有效提升员工创新绩效对组织整体绩效提升和持续发展至关重要(Bhatt G. D.等,2002;Hislop D. 等,2003)。

　　社会交换理论(Blau,1964)为上述观点提供了理论支持。在本研究中,高校教师创新可被看作一种"回报"行为,创新绩效则是一种"回报"结果。在"交换"的过程中,创新被视为一种可以获得资源的工具和桥梁。为了得到持续性的竞争优势,会不断进行创新,进而获得自己(在精神上和物质上)所需要的资源。创新绩效作为创新的成果和最终实现,可以获得一种别人没有的绩效形式,使自己得到对方的尊重。创新能力是获得持续竞争优势的重要来源(Barney J. ,1991),从某种程度来说,创新绩效则是一块可以获得持久竞争优势的敲门砖。在现实中,仁慈领导向员工提供关心、鼓励与支持,领导和员工之间形成了一种高质量的社会交换关系(Umphress E. 等,2010),这为员工创新提供了必要的条件与环境。员工在创新的过程中,难免会遇到困难或发生错误,这时领导会宽容员工的错误,避免公开批评员工,维护员工的尊严与面子,这些行为会激起员工对领导的感激之情(Mumford 和 Gustafson,1988),增强员工在未来创新过程中解决问题的自信心(王双龙,2013)。另外,领导的宽以待人,使员工敢于从不同方面对问题进行解决,多角度提出自己的创新解决方案。以上这些都有助于员工创新性的发挥。与此同时,德行领导具有公正无私、严于律己、奖罚分明、以身作则的特征同样对员工创新绩效有一定的影响。当领导在实践中表现出上述的行为特点时,领导的价值观念会与员工期望和追求的价值观念相契合,员工会感受到公平公正,更加尊敬和顺从领导,愿意为了领导的行为和组织发展提供创造性或创新性的想法。同时领导的这些道德品质也将作为员工的示范榜样,他们将调动自己的创造力,通过榜样的力量来不断改进现有的产品或服务(Jansen 等,2006),不断激励员工提高自身工作绩效;但与之相反,威权领导会利用自身的权力与威权,要求员工听从自己的命令,服从自己的安排,他们拒绝异议,不允许下属质疑自己的决定(Gu 等,2015)。这样会在一定程度上抑制员工的主动性(刘冰,2017)。在威权领导下,会使员工产生一系列消极情绪,使他们在紧张焦虑的环境中工作,不利于创新性的发挥(Zhang 等,2011,2015),员工也会由于感觉自身权力过少而导致积极性和创新性的下降(Silin,1976)。

根据中国学者张振刚对家长式领导的研究,目前学术界对家长式领导的影响结果研究主要集中于个体、群体和组织三个层面。(一)个体层面:家长式领导直接影响员工态度、情感、价值观、行为等重要变量。主要包括:组织承诺(Gül Selin Erben,2008)、工作嵌入(Gaye Özçelik,2014)、不确定性感知(Funda Özer,2013)、幸福感(Dan Nie,2018)、员工离职倾向(Shu-hsien Liao 等,2017)、员工态度(Gelfand 等,2007)等。(二)群体层面:家长式领导直接影响团队效能、团队绩效等。主要包括:集体效能(Ying,2018)、团队绩效(张新安,2009)、团队互动(Cheng,2002)等。(三)组织层面:家长式领导直接影响组织道德环境(Ays e Begüm Ötken 和 Tuna Cenkci,2012)、组织创新(傅晓,2012)和组织创新绩效(杨国亮,2012)等。相比于研究者对家长式领导(包括家长式领导中的仁慈、德行和威权领导)与创新绩效之间关系的关注程度,国内外变革型领导(Sarros 等,2008)、包容型领导(Henker N.,2014)、交易型领导(Prasad 和 Junni,2016)、真实型领导(韩翼,2011)、辱虐型领导(Liu 等,2012)等领导方式与创新绩效或与创新相关的研究已经趋于成熟。对于家长式领导,西方学者目前对其与创新绩效的研究还比较少,尽管部分中国学者已经研究了其与创新绩效的关系,但是主要集中在群体层面和组织层面,比如家长式领导对团队创新绩效的影响(赵文平,2018;晋琳琳,2016),对组织创新绩效的影响(王振,2017;杨国亮,2012),对企业创新绩效的影响(吕兴群,2016;杨国亮,2014)等,而对于家长式领导与个体层面的员工创新绩效的相关研究无论是国内还是国外都还不足。有学者表明,在群体层面得到的结果，在个体层面并不见得同样成立（Bliese，2000；Hitt，Beamish，Jackson 和 Mathieu，2007）。同时在高校中，高校的组织结构并没有像企业结构那样明朗清晰，领导和教师之间的关系也没有工商组织那般紧密，再加上教师本身就是一个自由度很高、自主性很强的职业，这也使得管理难度进一步加大。

基于以上分析，本研究提出可能的研究问题：家长式领导是否对高校教师创新绩效有影响？家长式领导对个体层面的高校教师创新绩效的影响与群体层面的影响结果是否不同？家长式领导的三个维度如何影响高校教师创新绩效？本研究提出研究假设 H1。

H1：家长式领导对高校教师创新绩效具有显著影响；

H1a：家长式领导中的仁慈领导正向影响高校教师创新绩效；

H1b：家长式领导中的德行领导正向影响高校教师创新绩效；

H1c：家长式领导中的威权领导负向影响高校教师创新绩效。

2. 家长式领导的交互效应

根据家长式领导三元理论，家长式领导的 3 个维度仁慈领导、德行领导和威权领导可以分开来单独讨论，即分别探讨 3 个维度对员工创新绩效的影响机制，同时这三种领导形态又是紧密相连、密不可分的（Farh，2000）。有学者曾对三种不同形态的领导行为对下属反应与态度的两两交互作用进行研究并加以验证。也有其他学者探究了 3 种领导行为对组织公正感的两两交互作用，结果发现仁慈领导与威权领导具有正向交互效果，威权领导与德行领导具有负向交互效果（周浩等，2007）。经统计发现，目前国内外关于家长式领导 3 个维度对个体、群体或组织层面创新绩效交互效应的研究还未受到广大学者的重视，相关研究成果还比较少，这成为未来的研究方向之一。基于上述研究范例及分析，本书除了探讨家长式领导的 3 个维度对高校教师创新绩效的直接效应之外，将进一步探讨家长式领导的三种交互效应对高校教师创新绩效的影响机制，为以后进一步探讨提供研究基础。

3. 仁慈领导与威权领导

在仁慈领导与威权领导的交互效应上,目前学术界存在一些争议。但是尽管如此,"严慈并济"自古以来就被认为具有良好的领导效果。曾经有学者研究认为仁慈领导与威权领导的交互效应正向影响了员工和团队创造力,因为仁慈领导所表现出来的对员工的宽容与关怀能够在一定程度上增强员工或团队成员的内部人身份感知,促进了他们对领导依靠自身权力所表现出来的威权的合法性的理解和尊重(Chan,Huang,Snape和Lam,2013)。仁慈领导给员工带来的良好的外部环境、上级支持、工作自主性和威权领导带来的目标与绩效的严格要求相结合,二者协同促进员工及团队创造力。而在西方的相关研究中,常常将"创造力"与"创新能力"和"创新"这两个词"相提并论",认为三者在一定程度上有很大的相似性,既然仁慈领导与威权领导的交互效应对员工及团队创造力具有正向影响,那么二者对员工创新是否同样具有交互效应呢? 当高仁慈的领导表现出威权领导行为时,由于关怀、体谅与宽容的环境,员工作为领导"圈内人"的角色感知,使其偏向于主动远离领导的负面信息(Baumeister R. F.,1995),认为高标准、严要求是在帮助自己更好地提升自己,这些规则能够更好地维护自己的利益,员工尊重领导的决定,遵守规则(Aycan Z.,2006),并不会把该种行为误解为领导由于自身情绪而对个人的针对以及领导权力滥用。这种方式伴随行为的加强不会降低员工创新意愿与创新行为,相反,员工在这种环境中一方面能感受到来自领导的体贴与关心,同时还有一定的工作压力,这样更有利于员工创造性和创新能力的发挥。当高仁慈领导伴随着低威权行为时,员工对领导产生强烈的感激之情更胜于由于威权而导致的不良情绪,更愿意为了领导所表现出来的"仁慈"提升自身的创新绩效进行积极的回报。而在低仁慈氛围下,根据社会交换理论认为领导与员工双方情感基础薄弱,这时如果辅之以低威权领导行为,仅仅从道德要求和员工自身工作责任性的角度来看,尚能保持一定的工作积极性,但同时也缺乏创新力所必要的外部支持(石冠峰等,

2014)。但是如果一旦威权行为过强,员工所感受到的是领导的严厉苛责,员工习惯于顺从和依赖领导的命令,为了避免发生错误懒于进行创新性思考(林春培等,2014),员工的创新性受到束缚,双方的情感基础难以弥补由于过高的威权行为所带来的不良后果。尽管仁慈领导可能会增强下属对领导的服从,但研究表明,员工对领导的服从倾向会阻碍创新过程中所需的创造性思想的产生(Hulsheger U. R.,2009),这样会在一定程度上抑制员工的主动性,难以产生创新行为。在这种威权领导下,最终将导致创新绩效的下降。

4. 德行领导与威权领导

在德行领导与威权领导的交互效应上,不同的学者存在不同的看法。有学者认为德行与威权领导的交互效应对下属的态度与行为(如满意度、认同和感恩等)具有负向的影响(Niu C. P.,Wang A. C.,Cheng B. S.,2009)。也有学者发现德行领导与威权领导的交互效应对下属的行为(如员工创新行为)没有显著影响(李珲等,2014)。造成这种不同影响结果的原因是多方面的,其中有学者研究结果表明,德行领导与威权领导的交互效应从领导行为本身来看,其影响方式会由于两种特质强弱的不同程度进而产生不同的影响效果(钟琳莉,2018)。当领导者表现高德行以及高威权行为时,员工面对领导的公正无私、严于律己、奖罚分明、以身作则,会产生尊重的态度,并且会认同效仿领导的某些行为(如尽职尽责等),在创新的过程中会得到领导的奖励与公平对待,这样一来他们愿意为了领导与组织提供创造性或创新性的想法;但是又担心在创新的过程中发生的问题或错误会引起领导的强烈批评与指责,员工会感到缺乏人情味并产生消极的工作情绪(Wu,2012),对领导的认同和感激之情也会随之降低(Cheng,Chou,Wu,Huang 和 Farh,2004)。这种"既敬又畏"的矛盾心理一定程度上阻碍了员工创新的步伐,员工更多的是采取循规蹈矩的方式完成自己的工作,既能向领导"交差",又能避免错误,这不利于员工突破固有思维采取创新想法和创新行为完成工作任务。当高德行领导表现出低威权行为时,会减少员工上述的恐惧与矛盾心理,压力更小,大大提高了创新的可能性。当领导采取低德行领导方式时,员工会因为领导的道德水平而产生忧虑,他们会更多地考虑类似"领导是否会假公济私、领导是否会独吞我的创新成果"等问题。如果此时领导仍然辅之以高威权行为,员工会为了避免领导的苛责而不太可能产生创新。如果领导采取低威权行为,其结果尚不能确定,员工有可能创新,也有可能不创新,因为此时员工处于一种自由放任的状态;即使员工有所创新,也并不是因为领导对员工的影响,而是源于员工自身对于创新的要求和兴趣(李珲等,2014)。

5.仁慈领导与德行领导

在仁慈领导与德行领导的交互效应上,从现有的研究成果来看,仁慈领导与德行领导对下属的态度及反应(如忠诚度和满意度等)有负向交互效应(Cheng,2003)或无交互作用(Cheng B. S.,Chou L. F.,Wu T. Y.等,2004)。但也有学者研究表明,仁慈领导与德行领导对下属的行为(如员工及团队创造力)具有正向影响(张建卫等,2018)。类似地,当高仁慈领导表现出高德行行为时,这种"既爱又敬"的领导方式下相应地员工也会表现出"且爱且敬"。员工在受到领导对自身生活上和工作上无微不至的关照与宽容体谅的同时,又感化于领导自身的人格魅力,会有一种更加强烈的回报感,随着这种工作环境营造出支持创新的心理安全氛围与人际信任环境(Wang 和 Cheng,2010),员工的工作动机与信任感会逐渐增强,员工会采取一系列创新行为来提升自己,创新绩效也可能随之提升。当高仁慈领导伴随着低德行行为时,尽管员工会受到领导的"恩惠",愿意采纳领导的意见与建议(Earley P C,1999),但是同样会因为领导的道德水平而产生忧虑,他们担心自己的创新行为和创新成果不能得到公平公正的对待,降低了内心支持创新的心理安全感,进而影响到创新行为。当低仁慈领导表现出高德行行为时,虽然领导自身的道德品质会赢得员工对于领导行为的认同,加强对自身工作的分析和反思(Schaubroeck J.,

2007)，减少员工对采取创新后结果的相关顾虑，但是低仁慈领导由于缺乏员工创新必要的条件环境以及适当的外部资源，同时员工在创新的过程中，难免会遇到困难或者发生错误，这时低仁慈领导会严厉指责员工的错误行为，员工的尊严与面子受到损害，这些行为会给员工创新氛围造成影响，降低员工在未来创新过程中解决问题的主动性意愿和自信心，不利于创新绩效的提升。当低仁慈领导表现出低德行行为时，员工既没有得到来自领导的各方面的支持以及必要的鼓励，同时又会受到道德水平低下的影响，员工不会受到领导者的影响而愿意采取创新活动。

通过以上分析能够看出，家长式领导 3 个维度的不同组合以及两两交互不同程度的组合会产生不同的效果。基于此，本研究提出研究假设 H2。

H2a：仁慈领导与威权领导对高校教师创新绩效具有交互效应；

H2b：德行领导与威权领导对高校教师创新绩效具有交互效应；

H2c：仁慈领导与德行领导对高校教师创新绩效具有交互效应。

6.创新自我效能的中介作用

自我效能的形成、培养和维持是与每一位领导的效能密切相关的。领导的行为表现是员工感知自我地位和价值的重要途径，由于领导的影响，下属在形成自我概念时，会把领导的行为表现以及和领导之间的关系作为自我定义的重要因素（Kark R. 等，2003），员工获得的积极行为越多，越有利于形成自我概念（Chen Z. 等，2015）。在组织中，仁慈领导与德行领导不仅关心和体谅员工，而且愿意在完成任务的过程中给予员工适当的支持（王双龙，2015），同时，这种上级支持会对创新自我效能产生重要的影响（Tierney 和 Farmer，2002）。而威权领导则是以目标和任务为导向，更强调领导对错误的低容忍度和下属的服从。当员工创新自我效能水平较低时，往往趋于服从上级领导，仅仅做好角色内工作，不会产生较多创新行为；而创新自我效能高的员工，其对于自己要进行创新充满自信，无论面对多么复杂和困难的情况，都能够迎难而上（马璐等，2018）。

仁慈领导与德行领导会对员工创新能力产生积极影响,而威权领导则会导致员工对创新风险的排斥。当员工个体具有创新自我效能时,他们在特定的工作任务和工作情境中会对创新思维、创新行为和创新结果具有强烈的信心和自我肯定,相信自己能够克服在创新过程中遇到的各种困难,针对遇到的问题愿意尝试和改变,进而表现出更广阔的创新行为和创新结果,并且能够保持较高的持久性,而这些都是产生创新绩效的必要因素(Michasl,Hou 和 Fan,2011;Malikd 等,2015)。反之,当员工具有较低的创新自我效能或者不具有创新自我效能时,员工的性格特征趋于保守,更倾向于按部就班、中规中矩地完成工作,即使有时有想法也可能不愿意主动尝试创新(Fast,Burris 和 Bartel,2014),创新自我效能可能会对员工的创新行为产生正向的影响(朱瑜等,2019)。

长期以来,学术界普遍认为有效的信念需要针对特定且具体的领域和结果(Bandura,1997,2001),自我效能也需要根据研究的不同领域而"量身定制"(Gist,1987)。以往研究已对创新自我效能在领导方式和员工创新能力之间的中介作用进行了实证检验(Mittal S. 等,2015),相关研究表明创新自我效能在创造性活动中起到积极的中介作用(Jaussi K. M. 等,2007)。Tierney 和 Farmer 在研究中表示创新自我效能对个体的创新绩效具有积极的促进作用,并且这一变量较其他变量对创新绩效的预测程度更好。从组织层面来看,创新自我效能与组织创新、组织绩效与创造性之间也具有显著的联系。随着研究的不断深入,对于领导、创新自我效能与员工创新的相关研究也越来越多地受到学者的重视。创新自我效能在变革型领导与员工创造力之间具有中介效应(Gong Y.,2009)。创业领导力对员工创新自我效能与创新行为之间的关系也已经得到检验(Alexander Newman 等,2018)。

基于以上分析,国内外研究普遍显示,创新自我效能在创造性活动中起到了积极的中介作用,而在以个体奋斗为主的高校教师中,这一中介效应是否适用并不确定,因而本研究引入创新自我效能的概念来探讨其在家长式领导与高校教师创新绩效之间的中介效应并提出研究假设 H3。

H3:创新自我效能在家长式领导与高校教师创新绩效之间起部分中介作用。

H3a:家长式领导中的仁慈领导正向影响创新自我效能;

H3b:家长式领导中的德行领导正向影响创新自我效能;

H3c:家长式领导中的威权领导负向影响创新自我效能;

H3d:创新自我效能正向影响员工创新绩效。

7. 组织支持感的调节作用

但值得注意的是,由于在现有研究中发现家长式领导与创新绩效或与创新相关变量的关系中存在某些主效应悖论,即家长式领导中 3 个维度对创新绩效的影响结果在不同情境和条件下出现了相反的结果,尤其是威权领导的主效应悖论(孙雨晴等,2018)。基于此,在现有研究中是否忽视了重要的调节变量,由于该变量的存在,会增强或减弱家长式领导对创新自我效能的影响并且进一步调节创新自我效能在家长式领导与高校教师创新绩效之间的中介作用呢? 多项研究表明,基于组织支持理论的组织支持感,对于家长式领导与创新自我效能以及组织中个体的创新行为均有影响。

基于组织行为中的交互视角,相关研究表明了组织支持感能够对员工心理和情感层面产生重要的影响(O'Driscoll 和 Randall,1999)。具有较高水平组织支持感的员工会认为自己对组织做了很大的贡献,组织会重视自己的付出和地位,于是会增加额外工作的投入,但是这种意愿的强弱会受到组织中情境因素的影响。相关研究表明,员工通常会把领导的态度和行为方式看作组织对他们支持与否的一个标准与象征,领导的行为对组织支持感有很大的影响(林声洙等,2013)。具体而言,仁慈领导、德行领导和威权领导,会从领导者的角度为员工提供或多或少的支持和帮助,包括领导对员工的照顾、体贴与关怀程度,领导者自身是否具备公正无私、以身作则等崇高的人格魅力,对待员工的严厉程度等,当领导以一种公平和关怀的方式对待员工时,员工更倾向于表现出对组织的积极态度(Dirks 和 Ferrin,2002)。已有研究表明,领导与员工之间形成的某种公平和真诚的关系,能够使员工感受到组织支持感(Rhoades L.,2002)。进一步地,当员工感受到领导和组织对自己足够的支持时,员工会认为组织认可自己的工作能力和工作成果,从而增强其解决问题的信心(田在兰,2014),即提高了自我效能,反之则会对自我效能产生一定的影响。

另外,从研究基础上,经调查统计发现,尽管直接探讨家长式领导、组织支持感和创新自我效能三者之间关系的研究还未引起广大学者足够重视,但是对于其中两两的不同组合和相关领域已经有很多学者展开研究,并且相关的研究成果已经接近成熟。Ipek Kalemci Tuzun 在研究中探讨了自我效能与组织支持的关系;Zhen Wang 探讨了组织支持感对于道德领导的调节作用;Igbaria 等发现组织支持感与员工的自我效能显著正相关;对于家长式领导、组织支持感和自我效能三者之间的关系也有学者进行了相应的研究(田在兰,2014)。但是,将研究范围扩展至创新领域来看,创新不仅仅是个体努力的结果,员工在创新时还需得到组织有力的支持(Odoardi,Montani,Battistelli 和 Battistelli,2015),而组织支持感正是员工对组织支持程度的心理感知。

鉴于目前的研究现状,本研究引入组织支持感的概念来探讨其在家长式领导和创新自我效能之间的跨层次调节作用,以及组织支持感对整体中介作用的调节效应,并对家长式领导与高校教师创新绩效之间的影响机制进行一个清晰的描述。本研究提出研究假设 H4 和 H5。

H4:组织支持感在家长式领导与创新自我效能之间具有调节作用。

H4a:组织支持感在仁慈领导与创新自我效能之间具有正向调节作用;

H4b:组织支持感在德行领导与创新自我效能之间具有正向调节作用;

H4c：组织支持感在威权领导与创新自我效能之间具有负向调节作用。

H5：组织支持感进一步调节创新自我效能对家长式领导和高校教师创新绩效的中介作用，即组织支持感程度越强，创新自我效能在家长式领导和高校教师创新绩效之间的中介作用程度越大。

H5a：组织支持感进一步调节创新自我效能对仁慈领导和高校教师创新绩效的中介作用；

H5b：组织支持感进一步调节创新自我效能对德行领导和高校教师创新绩效的中介作用；

H5c：组织支持感进一步调节创新自我效能对威权领导和高校教师创新绩效的中介作用。

7.2 研究设计与研究方法

7.2.1 数据收集与样本

本研究的调查对象是各个高校的教师及其直接上级领导，通过网络问卷和纸质问卷的形式进行调查。为了避免同源偏差，本研究采取了上级与下级一比多配对，自变量与因变量分开填写方式收集数据，即家长式领导、创新自我效能和组织支持感由高校教师填写，高校教师创新绩效由其直接上级领导填写。本次调查共回收问卷352份，调查了50个团队，其中团队成员和团队领导的问卷单独发放。剔除了部分严重缺失以及不匹配的无效数据后，共有45个团队，有效问卷305份，有效回收率为86.64%，其中共有74位领导和231位高校教师的有效数据，领导与直接下级实际配对比例平均为1：3.12。团队成员性别方面，男性占比

40.0％,女性占比60.0％;教育背景方面,本科及以下占比为61.6％,硕士占比为26.6％,博士及以上占比为11.8％;年龄方面,25岁以下占比26.2％,26~30岁占比34.1％,31~40岁占比30.5％,41岁及以上占比9.2％;工作年限方面,工作3年以内占比40.6％,工作4~6年占比22.0％,工作7~10年占比19.7％,工作11年及以上占比17.7％;团队方面,团队规模1~10人占比56.7％,11~20人占比31.1％,21~30人占比1.4％,41~50人占比5.4％,51人及以上占比5.4％。

7.2.2 分析策略

本研究采用的分析策略如下:首先,分别运用Amos 22.0和SPSS 20.0软件对家长式领导、创新自我效能、组织支持感和创新绩效进行验证性因子分析(CFA)、信度分析,以说明各个变量之间不存在明显的同源方差,具有良好的区分效度和信度,进而判断各个变量与相对应的测度项之间的关系是否符合本研究所设计的理论关系。其次,对家长式领导这一群体层次变量进行聚合分析,通过使用ICC(1)和ICC(2)估计组间差异性,使用Rwg指标评价组内一致性,以此判断团队中个体评价的家长式领导聚合到群体层次的适用性。再次,使用SPSS 20.0软件对整体数据进行描述性统计,计算各个变量的均值、标准差以及变量之间的相关系数,为本研究分析提供基本的数据支持。最后,使用HLM 6.08软件对本研究提出的研究假设进行跨层次检验,判断各变量间实际的关系与假设是否相符,运用简单斜率检验(Simple Slope Test)绘制调节作用图,进一步验证调节作用,并在此基础上得出研究结论。

7.2.3 测量

创新自我效能:经调查研究发现,国内外关于创新自我效能的概念普遍使用Tierney和Farmer所提出的"creative self-efficacy"一词,并且目前国内外研究中对创新自我效能的测量也都普遍运用"creative self-efficacy"的量表。因此在本研究中，对于创新自我效能的测量也是采用"creative self-efficacy"的量表。该量表为单维度量表，共有 3 个测量题项。采用李克特 7 点计分制，该量表对不同企业的制造部门及业务部门的两批样本数据进行检验，结果显示该量表具有良好的信度（制造部内部一致性信度系数 Cronbach's α 为 0.83；业务部内部一致性信度系数 Cronbach's α 为 0.87）和效度。随后 Tierney 和 Farmer 对该量表进行了检验，其内部一致性信度系数 Cronbach's α 为 0.76，具备良好信度，能够被使用于一般的测量。典型题目如"我觉得自己擅长提出创新想法"。

组织支持感：对于组织支持感的测量，采用 Eisenberger 开发的组织支持感量表，该量表共有 6 个题项，内部一致性信度系数 Cronbach's α 为 0.935，能够被使用于一般的测量。典型题目如"组织真的关心我的福祉""组织关心我的意见""组织关心我的工作总体满意度"等。

创新绩效：对于创新绩效的测量，采用中国学者韩翼等编制的创新绩效量表，该量表内部一致性信度系数、再测信度系数 Cronbach's α 分别为 0.905 和 0.758，具备良好信度，能够被使用于一般的测量。典型题目如"主动支持具有创新性的思想""通过学习，提出一些独创性的解决问题的方案""使企业的重要组织成员关注创新性思维"。

7.3　研究结果

7.3.1　信度与效度分析

本研究运用 SPSS 20.0 软件计算各变量量表的 Cronbach's α 系数，仁慈领导、德行领导、威权领导、创新自我效能、组织支持感和创新绩效量表的 Cronbach's α 系数分别为 0.752、0.766、0.921、0.817、0.946、

0.797,均高于 0.700 的判断标准,表明数据信度较高,符合统计检验的要求。

由于研究采用的大多是国外学者开发并多次使用的成熟量表,因此本研究运用 Amos 22.0 软件对家长式领导(仁慈领导、德行领导、威权领导)、组织支持感、创新自我效能、创新绩效进行验证性因子分析(CFA)。结果见表 7-1,六因子模型的拟合效果明显优于其他五个竞争模型,其中 CMIN＝557.863,DF＝449,CMIN/DF＝1.242,RMSEA＝0.032,CFI＝0.972,IFI＝0.972,TLI＝0.967,这说明六个变量之间有良好的区分效度,分别代表了六个不同的构念,各变量的拟合状况较好,满足数据的质量要求。

表 7-1   验证性因子分析结果

模型	所含因子	CMIN	DF	CMIN/DF	RMSEA	CFI	IFI	TLI
六因子模型	BL;ML;AL;CSE;POS;IP	557.863	449	1.242	0.032	0.972	0.972	0.967
五因子模型	BL;ML;AL;CSE＋POS;IP	671.896	454	1.480	0.046	0.943	0.945	0.934
四因子模型	BL;ML;AL;CSE＋POS＋IP	780.532	458	1.704	0.055	0.916	0.918	0.904
三因子模型	BL＋ML＋AL;CSE＋POS;IP	1445.723	461	3.136	0.096	0.745	0.749	0.707
二因子模型	BL＋ML＋AL＋CSE＋POS;IP	1641.425	463	3.545	0.105	0.694	0.699	0.651
单因子模型	BL＋ML＋AL＋CSE＋POS＋IP	1748.596	464	3.769	0.110	0.667	0.672	0.621

注:BL 代表仁慈领导;ML 代表德行领导;AL 代表威权领导;CSE 代表创新自我效能;POS 代表组织支持感;IP 代表创新绩效。

7.3.2 聚合分析

由于所有数据均为个体报告,但家长式领导属于群体层面,因此,需要对数据进行聚合分析,检验个体层面数据聚合的合理性。本研究采用

Rwg、ICC(1)、ICC(2)作为检验指标。通常情况下,当 ICC(1)>0.05, ICC(2)>0.50 时(James L. R.,1982),视变量可以聚合。同时,一般情况下 Rwg>0.70 时(James L. R.,1993),视变量有足够的一致性。本研究中,仁慈领导、德行领导和威权领导的 Rwg 均值分别为 0.969、0.971 和 0.889,Rwg 中位数分别为 0.971、0.973 和 0.929,ICC(1)分别为 0.172、0.228 和 0.214,ICC(2)分别为 0.509、0.593 和 0.570,均满足聚合标准 Rwg>0.70,ICC(1)>0.05,ICC(2)>0.50,因此可以将成员个体数据聚合为群体层面数据。

7.3.3　描述性统计

各个变量的均值、标准差、变量之间的相关系数见表 7-2。结果表明,从个体层面来看,年龄和性别显著相关($r=-0.135, p<0.05$),年龄和工作年限显著相关($r=0.749, p<0.01$),年龄和教育背景显著相关($r=0.378, p<0.01$),教育背景和工作年限显著相关($r=0.517, p<0.01$),创新自我效能与组织支持感显著相关($r=0.652, p<0.01$),创新自我效能($r=0.402, p<0.01$)和组织支持感($r=0.535, p<0.01$)均与创新绩效显著相关。从群体层次来看,团队规模与德行领导显著相关($r=0.229, p<0.05$),仁慈领导和德行领导显著相关($r=0.970, p<0.01$),仁慈领导($r=-0.277, p<0.01$)和德行领导($r=-0.275, p<0.01$)均与威权领导显著相关。这为本研究提出的研究假设提供了初步支持,并且研究假设满足了部分条件。

表 7-2　　　　　　　变量的均值、标准差与变量之间相关系数

变量	M	SD	1	2	3	4	5	6
Level-1 个体层次								
1 A	1.600	0.491						
2 B	2.230	0.941	-0.135*					
3 C	2.140	1.138	-0.010	0.749**				

（续表）

变量	M	SD	1	2	3	4	5	6
4 D	1.500	0.698	−0.113	0.378**	0.517**			
5 CSE	3.811	0.556	0.053	0.057	−0.030	−0.076		
6 POS	3.668	0.628	−0.017	−0.007	−0.007	−0.007	0.652**	
7 IP	3.811	0.308	−0.173	0.082	0.078	−0.115	0.402**	0.535**
Level-2 群体层次								
1 E	1.820	1.388						
2 BL	3.843	0.357	0.197					
3 ML	3.847	0.349	0.229*	0.970**				
4 AL	2.771	0.591	−0.203	−0.277**	−0.275**			

注:A代表性别;B代表年龄;C代表工作年限;D代表教育背景;E代表团队规模。性别:1＝男,2＝女;年龄:1＝25岁及以下,2＝26～30岁,3＝31～40岁,4＝41～50岁,5＝51岁及以上;工作年限:1＝1～3年,2＝4～6年,3＝7～10年,4＝11年及以上;教育背景:1＝本科及以下,2＝硕士,3＝博士及以上;团队规模:1＝1～10人,2＝11～20人,3＝21～30人,4＝31～40人,5＝41～50人,6＝51人及以上。* 代表 $p<0.05$,** 代表 $p<0.01$(双尾检验)。

7.3.4 假设检验

本研究采用跨层次分析方法,运用 HLM 6.08 软件对数据进行分析。HLM 6.08 软件是一种为同时考量不同层次变量对个体层次变量的影响而设计研发的统计分析方法。HLM 与传统的回归分析方法最大的不同在于将各变量进行分层次处理。在传统的回归分析中,将个体、群体和组织层次变量归于单一回归模式中,而 HLM 在分析中则区分了不同层次的变量。本研究将运用 HLM 一次检验以下三个模式:首先,使用空模型检验 ICC 和组间差异,以判断本研究的变量是否适合进行跨层次分析;其次,使用截距预测模型检验家长式领导 3 个维度对创新自我效能和员工创新绩效的影响;最后,使用完整模型检验家长式领导 3 个维度的交互效应、创新自我效能的中介效应和组织支持感的跨层次调节作用。

在 HLM 分析时,本研究对 Level-1 变量进行组平均数中心化处理,对 Level-2 变量进行总平均数中心化处理,以便离析多层次和不同组织之间的相互影响,并减小多重共线性问题。

(1)本研究对创新自我效能和创新绩效进行方差分析,以验证因变量的组间方差和组内方差是否均存在变异,结果见表 7-3。M1 为因变量为创新自我效能的零模型,其中 $ICC(1) = 0.716, \tau_{00} = 0.232, \sigma^2 = 0.092$);M2 为因变量为创新绩效的零模型,其中 $ICC(1) = 0.598, \tau_{00} = 0.061, \sigma^2 = 0.041$)。上述结果表明,创新自我效能和创新绩效具有显著的组间变异,因而,可以进行后续的跨层次检验。

表 7-3　　　　　家长式领导和创新绩效主效应检验和交互效应检验

变量	创新自我效能	创新绩效				
	M1	M2	M3	M4	M5	M6
Intercept	3.813***	3.824***	3.826***	3.826***	3.826***	3.827***
Level-1 变量						
性别			−0.031	−0.031	−0.031	−0.031
年龄			−0.090	−0.090	−0.090	−0.090
工作年限			−0.027	−0.027	0.027	−0.027
教育背景			−0.058	−0.058	−0.058	−0.058
Level-2 变量						
团队规模			−0.002	−0.006	0.002	−0.006
BL			0.545**			
ML				0.526***		
AL					−0.315***	
AL×BL						0.114
AL×ML						−0.171
BL×ML						0.076***
方差						
σ^2	0.092	0.041	0.047	0.047	0.047	0.048
τ_{00}	0.232	0.061	0.044	0.043	0.043	0.040

注:* 代表 $p < 0.05$,** 代表 $p < 0.01$,*** 代表 $p < 0.001$(双尾检验)。

(2)针对家长式领导与高校教师创新绩效的直接关系,分别建立了 M3、M4 和 M5 模型。M3 表明仁慈领导对高校教师创新绩效具有显著正向影响($\gamma = 0.545, p < 0.01$)，M4 表明德行领导对高校教师创新绩效具有显著正向影响($\gamma = 0.526, p < 0.001$)，M5 表明威权领导对高校教师创新绩效具有显著负向影响($\gamma = -0.315, p < 0.001$)，假设 H1、H1a、H1b、H1c 得到支持。将仁慈领导、德行领导和威权领导的交互项放入模型 M6 中，结果表明，只有仁慈领导和德行领导对高校教师创新绩效具有显著的交互效应($\gamma = 0.076, p < 0.001$)，而仁慈领导和威权领导($\gamma = 0.114, p > 0.05$)、德行领导和威权领导($\gamma = -0.171, p > 0.05$)对高校教师创新绩效的交互效应不显著，假设 H2a 和 H2b 没有得到支持，但假设 H2c 得到支持。

（3）检验创新自我效能的中介作用。在运用 HLM 进行多层次中介效应检验时必须满足三个条件：第一，自变量能够显著地影响因变量；第二，自变量能够显著地影响中介变量；第三，当加入中介变量后，自变量对因变量的影响显著减弱或消失，而中介变量对因变量的影响仍然显著。前文已经证实仁慈领导（M3）、德行领导（M4）和威权领导（M5）均对高校教师创新绩效具有显著影响。如表 7-4 所示，M7 和 M8 表明仁慈领导($\gamma = 0.679, p < 0.05$)和德行领导($\gamma = 0.618, p < 0.05$)均对创新自我效能具有显著正向影响，而 M9 表明威权领导对创新自我效能具有显著负向影响($\gamma = -0.527, p < 0.05$)，假设 H3a、H3b 和 H3c 得到支持。M10 表明创新自我效能对高校教师创新绩效具有显著正向影响($\gamma = 0.204, p < 0.01$)，假设 H3d 得到支持。将仁慈领导、德行领导、威权领导分别与创新自我效能和创新绩效同时放入模型 M11、M12、M13 中，结果表明，仁慈领导对员工创新绩效具有显著正向影响，但正向影响程度减弱($\gamma = 0.437, p < 0.01$)，创新自我效能对高校教师创新绩效的正向影响依然显著($\gamma = 0.174, p < 0.01$)；德行领导对高校教师创新绩效具有显著正向影响，但正向影响程度减弱($\gamma = 0.429, p < 0.001$)，创新自我效能对高校教师创新绩效的正向影响依然显著($\gamma = 0.176, p < 0.01$)；威权领导对高校教师创新绩效具有显著负向影响，但负向影响程度减弱($\gamma = -0.232$,

$p < 0.05$),创新自我效能对高校教师创新绩效的正向影响依然显著($\gamma = 0.162, p < 0.05$)。这说明创新自我效能在仁慈领导与员工创新绩效之间、德行领导与高校教师创新绩效之间、威权领导与高校教师创新绩效之间具有部分中介作用。假设 H3 得到支持。

表 7-4　　　　　　　　　　　　创新自我效能中介作用检验

变量	创新自我效能			创新绩效			
	M7	M8	M9	M10	M11	M12	M13
Intercept	3.814***	3.814***	3.814***	3.048***	3.163***	3.157***	3.210***
Level-1 变量							
性别	−0.127	−0.127	−0.127	−0.005	−0.008	−0.008	−0.010
年龄	−0.042	−0.042	−0.042	−0.081	−0.083	−0.082	−0.083
工作年限	0.137	0.137	0.137	−0.055	−0.051	−0.051	−0.050
教育背景	−0.077	−0.077	−0.077	−0.042	−0.044	−0.044	−0.045
创新自我效能				0.204**	0.174**	0.176**	0.162*
Level-2 变量							
团队规模	0.049	0.047	0.046	0.002	−0.012	−0.015	−0.005
BL	0.679*				0.437**		
ML		0.618*				0.429***	
AL			−0.527*				−0.232*
方差							
σ^2	0.101	0.101	0.101	0.050	0.053	0.053	0.051
τ_{00}	0.212	0.214	0.195	0.036	0.025	0.024	0.030

注:* 代表 $p < 0.05$,* * 代表 $p < 0.01$,* * * 代表 $p < 0.001$(双尾检验)。

　　(4)检验组织支持感的跨层次调节作用。如表 7-5 所示,将仁慈领导、组织支持感、仁慈领导与组织支持感的交互项、创新自我效能放入模型中,建立 M14;将德行领导、组织支持感、德行领导与组织支持感的交互项、创新自我效能放入模型中,建立 M15;将威权领导、组织支持感、威权领导与组织支持感的交互项、创新自我效能放入模型中,建立 M16。结果显示,仁慈领导与组织支持感的交互项对创新自我效能具有显著正向影响（$\gamma = 1.306, p < 0.05$），说明组织支持感正向调节仁慈领导和创新自我效能之间的关系，假设 H4a 得到支持。同理，德行领导与组织支持感的交互项对创新自我效能具有显著正向影响（$\gamma = 1.189, p < 0.05$），说明组织支持感正向调节德行领导和创新自我效能之间的关系，假设 H4b 得到支持。威权领导与组织支持感的交互项对创新自我效能具有显著负向影响（$\gamma = -0.770, p < 0.001$），说明组织支持感负向调节威权领导和创新自我效能之间的关系，假设 H4c 得到支持。至此假设 H4 全部得到支持。为了更直观地反映组织支持感的调节作用，本研究分别通过简单斜率检验（Simple Slope Test）绘制了组织支持感在高于和低于均值一个标准差的水平下的调节作用交互图。如图 7-2～图 7-4 所示，当组织支持感水平较低时，家长式领导对创新自我效能影响较弱；而当组织支持感水平较高时，家长式领导对创新自我效能影响较强。由此，假设 H4 得到进一步验证。

（5）在此基础上，进一步检验被调节中介作用。依据温忠麟等的研究，建立有调节的中介作用模型，检验中介变量（创新自我效能）经过自变量（家长式领导）对因变量（高校教师创新绩效）的中介作用是否受调节变量（组织支持感）的影响。如表 7-5 所示，通过多层线性模型中的 M14 可知，仁慈领导对创新自我效能正向显著影响（$a1 = 0.684, p < 0.05$），交互项对高校教师创新绩效的效应显著（$a3 = 1.306, p < 0.05$）。通过 M17 可知，创新自我效能对高校教师创新绩效的效应显著（$b1 = 0.232, p < 0.01$），交互项对高校教师创新绩效的效应不显著（$b2 = -0.064, p > 0.05$）。检验系数 a1 和 b2，a3 和 b1，a3 和 b2，至少一组显著，则中介效应受到调节。通过检验，a3 和 b1 组显著，调节变量进一步调节了中介作用的前半路径，因此组织支持感对于创新自我效能在仁慈领导和高校教师创新绩效之间的中介作用会起到进一步的调节作用。通过 M15 可知德行领导对创新自我效能正向显著影响（$c1 = 0.620, p < 0.05$），交互项对高校教师创新绩效的效应显著（$c3 = 1.189, p < 0.05$）。通过 M18 可知，创

表 7-5 　　　　　　　　组织支持感跨层次调节作用检验和被调节中介作用检验

变量	创新自我效能			创新绩效					
	M14	M15	M16	M17	M18	M19	M20	M21	M22
Intercept	3.818***	3.818***	3.819***	2.945***	2.943***	2.970***	3.117***	3.110***	3.134***
Level-1 变量									
性别	−0.208	−0.231*	−0.147	−0.016	−0.016	−0.016	0.066	0.048	0.039
年龄	−0.020	−0.035	−0.002	−0.080	−0.080	−0.080	−0.009	−0.019	−0.061
工作年限	0.113	0.122	0.119	−0.024	−0.024	−0.024	−0.109	−0.106	−0.066
教育背景	−0.074	−0.075	−0.094	−0.066	−0.066	−0.065	−0.034	−0.034	−0.043
组织支持感	0.368**	0.388***	0.434***	0.196	0.197	0.189	−0.165**	−0.149**	−0.121
CSE				0.232**	0.232**	0.225*	0.186**	0.188**	0.182*
POS×CSE				−0.064	−0.064	−0.062			
Level-2 变量									
团队规模	0.051	0.048	0.047	−0.014	−0.017	−0.008	−0.012	−0.015	−0.006
BL	0.684*			0.396**			0.427**		
ML		0.620*			0.391**			0.419**	
AL			−0.526*			−0.198			−0.222*
BL×POS	1.306*						1.184**		
ML×POS		1.189*						1.173**	
AL×POS			−0.770***						−0.079
方差									
σ^2	0.072	0.073	0.067	0.048	0.049	0.047	0.049	0.050	0.052
τ_{00}	0.226	0.228	0.211	0.030	0.029	0.033	0.028	0.027	0.029

注:*代表 $p<0.05$,**代表 $p<0.01$,***代表 $p<0.001$(双尾检验)。

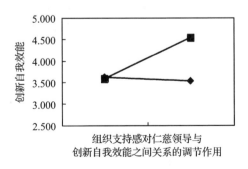

图 7-2　仁慈领导

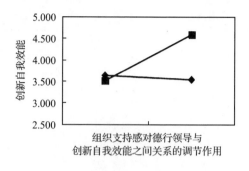

图 7-3　德行领导

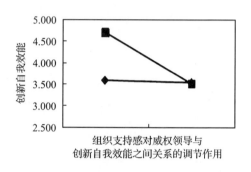

图 7-4　威权领导

新自我效能对高校教师创新绩效的效应显著($d1 = 0.232$, $p < 0.01$),交互项对高校教师创新绩效的效应不显著($d2 = -0.064$, $p > 0.05$)。检验系数 $c1$ 和 $d2$,$c3$ 和 $d1$,$c3$ 和 $d2$,至少一组显著,则中介效应受到调节。通过检验,$c3$ 和 $d1$ 组显著,调节变量进一步调节了中介作用的前半路径,因此组织支持感对于创新自我效能在德行领导和高校教师创新绩效之间的中介作用会起到进一步的调节作用。同理,通过 M16 可知威权领导对创新自我效能负向显著影响($e1 = -0.526$, $p < 0.05$),交互项对高校教师创新绩效的效应显著($e3 = -0.770$, $p < 0.001$)。通过 M19 可知,创新自我效能对高校教师创新绩效的效应显著($f1 = 0.225$, $p < 0.05$),交互项对高校教师创新绩效的效应不显著($f2 = -0.062$, $p > 0.05$)。检验系数 $e1$ 和 $f2$,$e3$ 和 $f1$,$e3$ 和 $f2$,至少一组显著,则中介效应受到调节。通过检验,至少一组显著,因此组织支持感对于创新自我效能在威权领导和高校教师创新绩效之间的中介作用会起到进一步的调节作用。为了考虑被调节中介的变化情况,M20、M21和M22是分别将仁慈领导与组织支持感的交互项、德行领导与组织支持感的交互项、威权领导与组织支持感的交互项和创新自我效能、高校教师创新绩效同时放入所得。结果发现,加入组织支持感这一调节变量之后,创新自我效能分别在仁慈领导和高校教师创新绩效($\gamma = 0.186$,$p < 0.01$)、德行领导和高校教师创新绩效($\gamma = 0.188$,$p < 0.01$)、威权领导和员工创新绩效($\gamma = 0.182$,$p < 0.05$)之间依然起到显著的中介作用,分别由0.437变为0.427、由0.429变为0.419、由-0.232变为-0.222。假设H5a、H5b、H5c得到支持,假设H5得到支持。

7.4　结果分析

领导行为被认为是员工创新行为的重要影响因素之一(张燕等,2011)。家长式领导在促进员工创新方面具有重要的作用,这一点也已经得到国内外学者的证实和认可。本研究的主要目的是探讨家长式领导对高校教师创新绩效的影响。但是,在梳理相关研究文献时我们发现,关于家长式领导3个维度(的交互效应)对员工创新绩效的研究并未受到广大学者的足够重视,并且研究数量有限。家长式领导能否通过某种机制对员工创新绩效产生影响,如若没有对相关领域和相关概念清晰且一致性的描述,理论和研究就无法更好地前进。因此,本研究通过使用跨层次研究方法,采用多层线性模型来探讨群体层次的家长式领导与个体层次的高校教师创新绩效之间的关系。此外,本研究还探讨了创新自我效能的中介效应和组织支持感的跨层次调节效应。根据收集到的305份有效问卷进行分析得出的结论认为,这些分析结果部分支持了已有文献中的研究成果,如家长式领导 3 个维度(的交互效应)对高校教师创新绩效、创新自我效能具有或正或负的显著影响,与现有的研究成果部分吻合。根据分析结果可以得出另一个结论,创新自我效能在家长式领导与高校教师创新绩效之间具有部分中介作用,以及组织支持感具有跨层调节作用,会进一步调节创新自我效能在仁慈领导、德行领导、威权领导和员工创新绩效之间的中介作用。

1. 家长式领导对高校教师创新绩效的影响

晋琳琳等的研究结果表明,家长式领导 3 个维度中,仁慈领导、德行领导对组织创新绩效具有正向影响,这一结论与本研究结论部分吻合,因为员工不是独立存在的个体,员工需要存在于组织当中才能发挥其价值。本研究指出,仁慈领导和德行领导对高校教师创新绩效同样具有正向影响,这再次证明了仁慈领导和德行领导对高校教师创新绩效的预测作用。另外,威权领导则对高校教师创新绩效具有负向影响。这一研究结果同样也得到部分研究成果的支持。领导者在组织中实施仁慈与德行行为时,会为员工创新营造一个良好的外部环境,"宽容与体谅"使员工愿意多方面着手创新,提高自信心,"公正无私"则使得员工在创新过程中更加"放心大胆",提高安全感和使命感(赵文平等,2018)。无论何种行为均对提高员工创新绩效具有积极作用。而"威严与权力"则在一定程度上削弱了员工的主动性和创造性,领导对员工的专权与压制会加大员工的角色压力和降低员工的组织承诺(Ramaswami,1993),这种行为则不利于员工创新。同时,仁慈领导和德行领导对高校教师创新绩效具有显著交互效应。创新是一项非常艰苦的行为,在创新过程中会面临很大的困难与磨难,尤其是在面对科研任务难题时,需要非常大的毅力,也需要强有力的上级支持和社会支持,当领导者兼具高德行与高仁慈时,对下属创新行为的影响非常大。而仁慈领导与威权领导、德行领导与威权领导之间对高校教师创新绩效的交互效应不显著。可能的原因是当两种领导形态同时作用于高校教师创新行为时,由于从统计分析结果来看,仁慈领导和威权领导起到正向影响,威权领导起到负向影响,它们各自的影响方向和程度不同,或者对创新带来一定的消极影响,或者对创新产生一定的推动力,不同力量之间相互竞争使得统计结果不显著。这也说明了现实生活中人们常说的恩威并施、严慈并济的领导作风并非适用于下属的所有行为。因此,领导者在日常管理活动中应该采取何种领导策略才能带来最大的效能,不同的领导者和不同的下属都有自己的偏好,如何更好平衡二者之间的关系,也是领导者需要思考的重要问题之一。

2. 创新自我效能在家长式领导和高校教师创新绩效之间的中介作用

本研究数据分析结果表明,创新自我效能在仁慈领导、德行领导、威权领导与高校教师创新绩效之间具有部分中介作用,即仁慈领导、德行领导和威权领导除了直接影响高校教师创新绩效外,还通过创新自我效能这一变量间接影响高校教师创新绩效。创新自我效能能够凸显个体在创新领域中的自我信念与自我肯定。一方面,如前文所述,根据社会学习和社会认知理论,领导者通过自身言行举止以及情绪态度对员工的创新行为产生重要影响,在此过程中,积极的行动有助于下属在面临高工作要求时获得情感上的鼓励与支持,而研究表明,来自上级的相关支持与鼓励是获得创新自我效能的重要因素,因此,德行领导和仁慈领导会对创新自我效能产生正向影响。而与之相反,威权领导所带来的紧张和焦虑则使下属过分关注工作的结果和代价,表现不佳,降低自尊心和个体完成任务的信心(Ashforth,1994),使其感受到较少的上级支持,这不利于创新自我效能的产生和提高,因此,威权领导对创新自我效能具有负向影响。另一方面,当高校教师具有较高的创新自我效能时,会提高自己的创新意愿,更有信心投入创新活动中。相关研究表明,创新自我效能对预测个体创新行为具有积极作用,它比工作效能感对创新绩效的预测效果更好(Tierney and Farmer,2002;Gist,1992)。这一论断也更好地支持了本研究的结论,创新自我效能对高校教师创新绩效具有正向影响。

3.组织支持感在家长式领导和高校教师创新绩效之间的调节作用

一名员工是否愿意进行创新不仅取决于其自身的自我效能,还受到外部情境因素的影响。本研究所引入的组织支持感这一变量则很好地反映了个体对于所处组织的整体看法和知觉。本研究认为,组织支持感在家长式领导与创新自我效能之间具有调节作用,并且组织支持感进一步调节了创新自我效能对仁慈领导、德行领导、威权领导和高校教师创新绩效之间的中介作用。这是因为,仁慈领导、德行领导和威权领导会从领导者的角度为下属提供较多或较少的支持和帮助,而当领导与下属之间形成某种公平和真诚的氛围时,员工就会感受到组织支持感。当下属具有较高的组织支持感时,会认为组织看重自己所处的地位和所做的贡献,提高解决问题的信心,进一步增加高校教师完成工作任务的自我效能。反之则会对自我效能产生一定的影响。

✳ 案例 7-1　低德行领导方式对创新绩效的负向影响

天津大学教授张裕卿的研究生实名举报,举报材料长达 123 页,里面通过各种数据、案例,分篇章详细而又严谨地列举了导师张裕卿学术造假的实锤信息,让人震惊。比如在某科研项目中期考核时,张裕卿不仅用造假的实验数据记录,还用和这个项目无关的文章,来骗考核人;当着学生的面,拿出一大瓶购买的二氧化硅粒子,说是自己合成的多功能新型粒子;还多次把他研究生实验的实验成果论文内容,稍作修改,然后署上自己女儿的名字发表出来。根据举报,在过去 10 年里,张裕卿造假了 30~40 篇硕士毕业论文,还有至少 50 篇的学术期刊论文,而很多人都知道此事,但是至今却没有人敢站出来举报他,大家都是敢怒不敢言,还有一个重要原因就是,学生毕业前被逼签保证书,说所有实验数据都是真的。有成果时,他和女儿成为第一作者,万一以后有人举报,他又会说这都是学生干的,跟他一点关系都没有,学术腐败到怎样一种丧心病狂的程度可想而知。举报者说,自己来自一个普通的农民家庭,本科读的是一所普通院校,经过一年多的辛苦备考,被全国专业排名第一的天津大学化工学院录取为研究生,这是多少一心想好好搞科研的化工学生的梦想,却没想到被这样一种现实而残酷的方式给击碎。他希望学校依法依规公平公正处理,给学生一个交代,给社会一个交代,也给认真做科研的人一个交代。

天津大学通报,经调查,张裕卿教授学术不端行为属实,已解聘,其他相关问题正在进一步调查。看完 123 页的举报材料,可以看出举报者是一个对科研充满热情、逻辑思维清晰、有学术能力的学生,却被这样一个不在乎实事求是,只在乎自己利益的教授,磨掉了对科研的希望。

导师采取低德行领导方式,学生因为导师的道德水平而产生忧虑,他们会更多地考虑类似"领导是否会假公济私、领导是否会独吞我的创新成果"等问题,从而降低了学生的创新绩效。

资料来源:天津大学教授张裕卿学术造假,坑害的是那些对科研充满热情的学子.搜狐新闻,2020-11-21.

❋ 案例 7-2　仁慈领导与德行领导对创新绩效的正向影响

徐明厚教授是华中科技大学能源与动力工程学院教授、博士生导师,煤燃烧国家重点实验室主任,校内特聘教授,国家杰出青年科学基金获得者,享受国务院政府津贴,入选新世纪百千万人才工程国家级人选。其带领的科研团队立足于华中科技大学能源与动力工程学院和煤燃烧国家重点实验室,长期专注于燃烧科学领域,一直倡导将前沿性基础研究成果与国民经济发展和国家重大需求紧密相连。目前课题组正承担科技部国家重点研发计划项目"燃煤 PM2.5 及 Hg 控制技术",课题"低浓度颗粒物高精度在线检测技术及装备",国家自然科学基金重点国际合作项目　中美合作项目"煤粉 O_2/CO_2 循环燃烧过程中灰颗粒的沉积机理研究"和"生物质及生物质-煤富氧燃烧过程中灰的沉积及其对传热的影响"等重大科研项目。

徐明厚教授做事干练,为人正直、谦和,经常与学生进行交流,倾听学生意见和心声,对于学生在科研中存在的问题总是耐心及时地给予帮助。在科研问题上,徐明厚教授总是一丝不苟,刻苦钻研,使学生也在其影响下认真严谨地对待科学问题。学生不仅感受到老师的关怀,同时也感化于徐明厚教授自身的人格魅力,能够产生较强的学习动机和信任感,会采取一系列创新行为来提升自己创新绩效。课题组博士后已出站9人,毕业博士42人、硕士87人,指导全国百优提名奖1人、湖北省优秀博士学位论文4人、湖北省优秀硕士学位论文4人,获博新人才支持计划和吴仲华优秀研究生奖各1次。研究生去向岗位遍及国内外科研院校和国内电力、环保、军工等行业的知名企业。

资料来源:华中科技大学——徐明厚科研团队,根据华中科技大学相关网站资料数据整理.

第8章 实验范式探索：基于高校教师想象力及维度划分的眼动实验研究

8.1 自我损耗

8.1.1 自我损耗的概念

近年来，随着心理学家对自我控制问题研究的不断深入，涌现出许多的理论和模型，其中最具有代表性的是 Baumeister 等基于"能量"的角度提出的自我控制的力量模型（Baumeister, Heatherton and Tice, 1994; 于斌、乐国安, 2013）。这个模型的主要观点认为，个体的自我控制行为主要依赖于一种心理资源，这种资源能为个体保持一定的目标或控制自身行为提供能量（Baumeister et al., 1998），而且这种心理资源有限且易损。因此，一旦资源减少，个体很有可能难以控制自身后续的行为，导致自我控制失败。因此，这种控制失败的现象被称为"自我损耗"（Ego-depletion）。

自我损耗是指一种既定的现象，在这种现象中，先前自我控制的运用会对随后任务中的自我控制造成破坏（Baumeister et al., 1998; Muraven and Baumeister,2000)。为了证明自我损耗效应的存在,在一项经典研究中(Baumeister et al. ,1998),首先,在参与者面前吃巧克力或萝卜,让参与者抵抗一定的诱惑,随后要求他们去执行一项比较艰难的任务,那些抵抗强烈诱惑的个体(巧克力条件)比抵抗较低诱惑的个体(萝卜条件)在后续任务上表现更差。自我损耗已经被证实会损害个体认知能力,如逻辑推理和抑制刻板印象的影响(Govorun and Payne,2006;Schmeichel,Vohs and Baumeister,2003),并且会增加个体的不理性行为和冲动行为,比如挑衅行为和冲动消费(Finkel,Dewall,Slotter,Oaten and Foshee,2009;Vohs and Faber,2007)。

8.1.2 自我损耗相关理论

1. 自我控制模型

自我控制是指个体为了追求目标,能够依据现实情况,适时地进行状态调整,或者抑制某些行为的一种能力(Baumeister and Vohs,2007)。自我控制能力不仅能够帮助我们进行自我管理,还能促进个体发展,最终实现预期的目标。从自我管理角度来讲,无论是努力学习还是锻炼身体,或者广义上使自己变得更加优秀的生活方式,都体现了自我控制的积极影响;从社会规范角度来说,就是做到举止文明、遵守道德,或者更符合社会所期许的要求等。总而言之,为了实现更为远大的目标,有必要进行一定的自我控制。

自我控制的相关概念最早是由美国的社会心理学家 Baumeister 及其同事于 1994 年提出的,自我控制的重要性不言而喻。许多不良的行为问题都与自我控制的失败有关,其中包括吸毒、酗酒、过度消费、拖延等(Baumeister,1994)。此外,自我控制对于预防和终止成瘾行为尤为关键(Will,Sandy and Yaeger,2002),如果个体的自我控制能力很强,那么就能够相应地减少这些不良行为(Tangney,2000)。那些善于进行自我控制的人,有着更优秀的学习成绩以及更高品质的生活质量和生活方式(Tice and Baumeister,1998)。类似地,那些经常有打架、偷盗行为的年轻人往往表现出较差的自我控制能力(Engels,2003)。

Sedikides 等认为自我控制可以促进人类的认知、社会性以及自我的发展,能够帮助我们实现自我的进步,以及社会的发展。因此,鉴于自我控制的重要性以及其社会意义,近年来,涌现了许多有关自我控制的实证研究,比如,自我控制能够有效地抑制成瘾行为(Wills,Sandy and Yaeger,2002)、影响人际关系(Finkel and Campbell,2001),以及抑制暴力行为等(Stuck and Baumeister,2006)。

2. 自我损耗过程模型

Inzilicnt 和 Schmeichel 认为自我损耗不是由有限的自我控制资源所决定的,而是由动机和注意力的转移造成的。在自我损耗之后,个体对完成后续自我控制任务的动机下降,其注意力和动机转移到更能够满足他们愿望或目标的行为上,在被试完成自我控制任务之后,通过给其观看喜爱的电视节目(Derrick,2012)、强调个体的自身某种重要品质(Schmeichel and Vohs,2009),或者提高被试的积极情绪(费定舟、钱东海、黄旭辰,2016)均能补偿被试在下一阶段自我控制任务中的自我损耗效应。

8.1.3　自我损耗后效

在理论探索阶段,研究者主要关注实验室中被试自我损耗后在认知、情绪、行为等方面的表现,并用这些研究结论来推测和解释现实生活中问题行为产生的原因,该阶段的研究更多是一种理论的推导和检验。经过十几年的发展,对自我损耗后效的研究趋于细化、具体化,主要是把前期理论探索的结论(如非自然的情感表达会导致自我损耗)应用到具体生活现象的解释与干预中,具体表现为与其他心理学理论相结合,来解释和干预各种心理、行为现象,呈现出将理论研究应用化的趋势。

自我损耗后的人倾向于浅层认知加工,但是否更容易被说服目前尚缺乏一致的结论。如有研究发现自我损耗后人们对信息倾向于接收而不是辩驳,因而更容易被说服,那么信息的说服力即使是有限的,仍然会被轻易接收(Wheeler,Briñol and Hermann,2007)。但也有研究发现自我损耗后人们倾向于搜寻与既有信念相一致的信息,忽略与之不一致的信息,因为调整自己的信念属于深层认知加工,而且不一致的信息会引起个体不愉悦感,调节这种感受也需要心理能量(Fischer,Greitemeyer and Frey,2008)。同样,有研究者认为人们在不同的思维倾向(Switching Mindsets)间转化需要心理能量的参与,转化思维倾向的过程就是自我损耗的过程,因而自我损耗后人们在不同甚至相互矛盾的观点间进行转换会更加困难(Hamilton,Vohs,Sellier and Meyvis,2011)。还有研究发现人们在自我损耗后确实会出现认知偏差,表现为低估自己的能力,消极地评估自身对外部环境的控制能力,对未来的预期也更为悲观(Fischer,Greitemeyer and Frey,2007),显然这种认知偏差与说服的关系可能更为复杂。

自我损耗不仅会影响自身的认知,也会影响到他人对自身的感知和判断。在人际交往过程中,若感知到对方处于自我损耗的状态,则会阻碍人际信任的建立。因为心理能量的损耗是影响状态性自我控制的决定性因素,而感知到对方自我控制能力的强弱与对其信任感的高低直接相关。在控制了个人偏好(Liking)、相似程度(Closeness)、感知到的情绪(Perceived Other Mood)、感知到的疲劳(Perceived Other Tiredness)和评价者的情绪(Participants' Mood)后,这种效应依然是显著的(Righetti and Finkenauer,2011)。

随着自我损耗研究的日趋成熟,研究者尝试用自我损耗来解读具体的生活现象。人际互动的模仿(Mimicry)有利于使沟通更加顺畅和谐,模仿遵循图式驱动(Schema-driven)的原则,在不同的情境下应有不同的模仿图式,违反这种模仿图式会造成人际互动不畅。有研究认为,当感知到对方的模仿行为与习惯性的图式不匹配时,人们需要对习惯的互动范式进行调整,也就是将本是自动化的互动行为变成需要控制、调整的行为,这种过程加大了认知负担，产生自我损耗，自我损耗降低了人们的自我调控能力，从而引起沟通障碍（Dalton，Chartrand and Finkel，2010）。当接收到的信息与传递出的信息不一致的时候会损耗心理能量，因为这是一种违反认知或表达习惯的过程，如看到悲伤的影片或图片却要做出微笑的表情，所以对服务人员而言保持微笑服务并不是一个轻松的任务，这也是一种情绪劳动（Schmeichel，Demaree，Robinson and Pu，2006；Thau and Mitchell，2010）。

　　自我损耗与风险决策相结合是新兴的研究点之一，自我损耗后人们的风险偏好如何，目前的研究结论尚未达成一致。有研究者选取中学生若干名，实验组接受自我损耗的操纵（如让被试控制自己的情绪表达，这是该领域常用的自我损耗的研究范式），然后让实验组和控制组自行选择电脑上的数学运算任务，难度由被试自行决定。实验组一开始就选择了难度较低的任务，而且前后选择很一致。而控制组一开始就选择了中等难度的任务，而且随着选择的进行难度逐渐增加。实验组与控制组平时的数学能力差异不显著，即自我损耗使被试的选择更为保守，而且这种结果与被试自我报告的情绪、疲劳及数学能力等可能的干扰变量无关（Price and Yates，2010）。根据这个研究的结论，自我损耗后人们似乎倾向于风险规避，但问题显然没有这么简单。冒险行为可以分为两类，一类冒险行为的负面后果是即刻出现的，如上述研究中选择较难的题目可能马上就会丢分，此时行为的收益和付出需要理性地计算，这种情况下人们会选择风险规避，原因可能是自我损耗后人们觉得没有足够的资源来应对即刻出现的风险，也可能因为对结果的预期较为悲观，因而选择上更为保守。另一类冒险行为的负面后果是未来的，而回报是即刻出现的，这种情况下自我损耗后会出现风险寻求，也就是选择眼前的满足而不是长远的收益（Unger and Stahlberg，2011；Joireman，Balliet，Sprott，Spangenberg and Schultz，2008）。

与此同时,自我损耗在组织行为中的应用也日渐兴起。研究者采用问卷调查的方式,探索员工遭受的辱虐管理(Abusive Supervision)、员工的偏差行为(Employee Deviance)和自我控制的水平(自我控制的水平能够间接反映生活中自我损耗的状态,目前问卷测量自我损耗时常采用该范式)的关系,发现自我损耗能调节辱虐管理和员工偏差行为的相关性(Thau and Mitchell,2010)。辱虐管理导致员工的自我损耗,自我损耗状态会加剧辱虐管理和员工偏差行为之间的正相关。对员工而言,应对不公正的对待会导致自我损耗,即使员工所得的回报与其付出的劳动是相匹配的,也就是结果是公正的,也不能有效降低自我损耗的负面效应。

8.2　实验设计一

8.2.1　实验一对象设计

参与实验人员均由学历水平为硕士研究生及以上的本科院校教师组成,实验中成功顿悟者 52 人,其中男性 29 人,女性 23 人。20~30 岁被试10 人,30~40 岁被试 10 人,40~50 岁被试 12 人,50~60 岁被试 10 人以及 60 岁以上退休教师 10 人。在对年龄进行分组的过程中,在边界的年龄被划分到以其为下限的年龄组别中,即 20~30 岁的组别中,包含了 20岁的被试,而不包含 30 岁的被试。所有实验人员视力或矫正视力正常,无色盲色弱,自愿参加实验,实验结束之后可以获得礼品一份。

8.2.2　实验一程序设计

实验采用经典的双任务范式,实验步骤如下:(1)自我损耗实验。指导语:请您参照色板在 10s 内说出下面图片(图 8-1)中汉字的字体颜色,色板在指导语之后呈现,色板下方有提示语:若您已熟悉色板,请按空格键进入实验。之后,根据不同的实验组别,屏幕会呈现不同的自我损耗的实验材料。(2)顿悟问题解决实验。在自我损耗实验之后,紧接着进行顿悟问题解决的实验。首先,屏幕呈现由火柴棒摆成的数字和符号的图片(图 8-2)让被试熟悉,被试按照图片所示操作后,会呈现火柴棒算式的指导语:请在保持下面图片中火柴棒数量不变的前提下,移动一根火柴棒使得图片中的等式成立。答题时间为 3min,若您已想到正确答案可以按下空格键提前结束。被试结束实验之后说出答案,发放礼品。若被试的答案正确,则认为被试成功顿悟。

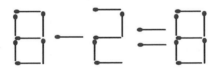

高损耗组　　　　　　　　　　　　低损耗组

图 8-1　自我损耗实验材料

图 8-2　顿悟问题解决实验材料

8.2.3　实验一材料设计、仪器使用

1. 实验材料

在此次实验中,所有实验材料的背景色均为白色。

自我损耗实验材料选取的是 Stroop 任务图片,高自我损耗组每张图片上包含十个字色不匹配的汉字,低自我损耗组每张图片上的汉字则为字色匹配的汉字,如图 8-1 所示。

根据以往顿悟的研究发现:有很多的问题用来研究顿悟,但是划分顿悟问题的方法有现象派、认知派以及整合三个标准。在选择顿悟问题研究时，根据认知派标准提出者 Weiberg 的观点以及对顿悟问题的判断，选取 15 个纯顿悟问题中的火柴棒问题作为探究顿悟问题解决过程的实验材料。经过对各种各样的火柴棒问题的查找，从众多的火柴棒算式中选取只有唯一解法的火柴棒算式题制做出如图 8-2 所示的实验材料。

2. 实验仪器

实验采用的眼动仪型号为 Eyelink 1000 Plus，采样频率为 1000Hz，采集的数据均为被试的左眼数据。实验所收集的数据的处理和分析由 SPSS 24.0 完成。

8.2.4　实验一数据的收集、处理以及分析

在眼动研究过程中，需要对眼动指标进行分析来获取需要的信息，眼动指标的类型有很多，有反映获取内容和认知加工的注视类指标，也有反映对不同注视点注意情况、学习的效率和难度的注视类指标，还有和心理负荷密切相关的瞳孔直径指标。在此次实验中，我们从这三个类型的指标中选取了平均眼跳距离、平均注视时间来研究顿悟问题解决过程中的总体状况，另外，我们还选取了首次注视时间、平均瞳孔直径来研究我们感兴趣的区域（即兴趣区）的眼动状况。

1. 平均眼跳距离

眼跳是人在进行阅读时，从一个注视点跳到另一个注视点的运动。眼跳的距离越大，被试所获得的信息也越多。对此次实验中不同损耗程度下被试的平均眼跳距离的分析见表 8-1。

表 8-1　　　　　　　不同损耗程度下被试的平均眼跳距离分析

		M	SD
平均眼跳距离	低	7.85	1.57
	高	4.99	1.30

注：M(Mean)，SD(Standard Deviation)，下同。

(1)将性别作为控制变量进行独立样本 t 检验,结果为 $t_{女}(23)=4.931,p=0.000;t_{男}(29)=5.180,p=0.000$,显示同一性别自我损耗不同的教师的平均眼跳距离存在显著差异。

(2)将年龄作为控制变量进行独立样本 t 检验,发现同一年龄段自我损耗不同的被试的平均眼跳距离存在显著差异。不同年龄段的独立样本 t 检验结果为:$t_{20\sim30岁}(10)=3.235,p=0.012;t_{30\sim40岁}(10)=2.430,p=0.041;t_{40\sim50岁}(12)=5.195,p=0.000;t_{50\sim60岁}(10)=5.529,p=0.001;t_{60岁以上}(10)=2.732,p=0.026$。

(3)对结果进行多因素方差分析,发现损耗的主效应显著,$F(1,52)=47.53,p=0.00$,年龄的主效应显著,$F(4,52)=3.37,p=0.021$,损耗和年龄的交互作用不显著,性别的主效应不显著,损耗和性别的交互作用不显著,性别和年龄的主效应不显著,三者的交互作用也不显著。

2. 平均注视时间

研究表明平均注视时间越长,被试对问题所包含信息的获取和处理的难度越高。对本次实验中被试的平均注视时间分析见表 8-2。

表 8-2　　　　　　不同损耗程度下被试的平均注视时间分析

		M	SD
平均注视时间	低	333.41	50.46
	高	514.01	130.30

(1)将性别作为控制变量进行独立样本 t 检验,发现性别相同自我损耗不同的被试的平均注视时间存在显著差异。$t_{女}(23)=-4.340,p=0.000;t_{男}(29)=-4.951,p=0.000$。

(2)将年龄作为控制变量进行独立样本 t 检验,发现年龄段相同自我损耗不同的被试的平均注视时间存在显著差异。$t_{20\sim30岁}(10)=-3.170,p=0.013;t_{30\sim40岁}(10)=-3.599,p=0.007;t_{40\sim50岁}(12)=-2.788,p=0.037;t_{50\sim60岁}(10)=-3.251,p=0.012;t_{60岁以上}(10)=-4.032,p=0.009$。

(3)对结果进行多因素方差分析,发现损耗的主效应显著,$F_{(1,52)}=56.03$,$p=0.00$,年龄的主效应显著,$F_{(4,52)}=4.68$,$p=0.004$,性别的主效应不显著,损耗和年龄的交互作用不显著,损耗和性别的交互作用不显著,年龄和性别的交互作用不显著,三者的交互作用不显著。

3.兴趣区眼动指标分析

火柴棒算式问题是由火柴棒组成的数字来表示算式,被试不仅会关注算式本身,也会对需要移动的火柴棒以及火柴棒移动的区域进行重点关注,因此,在研究中,我们将需要移动的火柴棒和需要改变的符号划为兴趣区,并分别命名为兴趣区1,兴趣区2(图8-3)。在眼动研究中,被试并不会对材料中所表现的内容拥有同样的关注度,因此可以选择更加细化的眼动指标——兴趣区眼动指标来对被试的眼动过程进行分析。

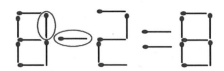

图8-3 兴趣区的划分

付聪、韩仁生通过研究发现自我损耗会影响儿童的分享行为,自我损耗对儿童的影响在性别上的差异不显著,在年龄上的差异显著。那么,在高校教师这个群体上,自我损耗在性别和年龄两个控制变量上的差异,在整体眼动数据分析中已得到初步证实,通过对兴趣区眼动指标的进一步分析,不同性别和年龄的高校教师在解决顿悟问题关键点上是否存在差异,选取了和兴趣区相关的首次注视时间和平均瞳孔直径两个眼动指标进行分析。

(1)首次注视时间

首次注视时间指的是被试第一次注视该区域的总时间。反映了被试对该区域的初始加工难度,首次注视时间越长,被试对该兴趣区的加工难度越大。对两个兴趣区首次注视时间进行单因素方差分析,汇总结果见表8-3。

表 8-3　　　　　　　　各兴趣区的首次注视时间分析

			F	p
兴趣区 1	低	性别	0.590	0.450
		年龄	3.901	0.016
	高	性别	0.018	0.893
		年龄	3.937	0.015
兴趣区 2	低	性别	0.426	0.520
		年龄	3.059	0.039
	高	性别	0.111	0.742
		年龄	3.256	0.032

注:$p<0.05$。

从表 8-3 的结果,我们发现:在兴趣区 1,自我损耗的性别差异不显著,年龄差异显著。

在兴趣区 2,自我损耗的性别差异不显著,年龄差异显著。

(2)平均瞳孔直径

随着个体心理负荷的增大,人的瞳孔直径会增加。对此次实验中两个兴趣区的瞳孔直径(机器值)的单因素方差分析汇总结果见表 8-4。

表 8-4　　　不同损耗程度下被试对各兴趣区的平均瞳孔直径分析

			F	p
兴趣区 1	低	性别	0.000	0.985
		年龄	4.223	0.012
	高	性别	0.356	0.556
		年龄	2.966	0.043
兴趣区 2	低	性别	0.083	0.776
		年龄	3.035	0.040
	高	性别	1.782	0.194
		年龄	2.901	0.047

注:$p<0.05$。

从表 8-4 的结果,我们可以看出:在兴趣区 1,自我损耗的性别差异不显著,年龄差异显著。

在兴趣区 2,自我损耗的性别差异不显著,年龄差异显著。

8.2.5　实验一结论

通过对整体眼动指标以及细化的兴趣区眼动指标的分析,我们可以发现:(1)整体眼动指标的分析结果显示,自我损耗对高校教师顿悟问题解决有影响。(2)细化的兴趣区眼动指标的分析结果显示,在性别不同的情况下,相同程度的自我损耗对高校教师顿悟问题解决的影响差异不显著。(3)细化的兴趣区眼动指标分析结果显示,当高校教师的年龄不同时,在相同程度的自我损耗下,高校教师顿悟问题解决过程中的差异显著。

✿ 案例 8-1　高校教师自我损耗负向影响顿悟问题的解决
——博士生自杀事件

2019 年 6 月,一起博士自杀事件在学术圈和留美学生圈引发众多讨论,大家都在惋惜如此年轻而又美好的生命就此陨落,甚至都没有来得及在社会上一展才华,就已花败落地。据美国佛罗里达州当地报道,2019 年 6 月 13 日,美国佛罗里达大学的博士研究生 Huixiang Chen(陈慧祥)(化名)自缢身亡,其生前所留信息暗示其曾受困于导师的学术不端行为。

陈慧祥今年 30 岁,本科毕业于吉林大学计算机科学系,硕士毕业于哈尔滨工业大学计算机科学专业,博士就读于美国佛罗里达大学计算机工程专业,目前已在该大学学习工作了 6 年之久。一路名校,一路热门专业,让同龄人羡慕至极,想来也是前途一片光明,却不承想在攻读博士期间传来噩耗。

从目前公开的信息了解到,陈慧祥的一篇论文已经向 ISCA(计算机体系结构国际研讨会)投稿成功,并且即将发表,该会是展示计算机体系结构新思想和研究成果的国际化论坛,属于计算机体系结构的三个顶级会议之一。在初稿投中后,他开始进行跟进实验,努力完善自己的论文,这时他突然发现论文中使用的原始数据存在着很大的问题,这对学术研究来说是一个大忌,直白通俗地说,就是陈慧祥的学术研究有欺骗之嫌,如果被同行学者发现的话,会遭到整个学术界的排斥,因为学术不端对于身处科研一线的研究生们带来的伤害是显而易见的。基于此,他向导师表示希望能够申请撤回论文,但导师并不同意他这么做,希望他先发表论文,拒绝他撤稿,在拿到学位之后再说,双方发生了激烈的争执,甚至已经到"差点儿叫警察"的地步,但是他的导师自始至终也没有做出过让步,这也就表明其导师曾逼迫陈慧祥数据造假,导师存在着学术不端的行为。陈慧祥始终说服不了自己,过不了自己心里这一关,如果选择撤回论文,就可能与导师的关系彻底决裂,这样自己博士论文答辩也就遥遥无期了,但是如果不撤回论文,假装没有发现论文存在问题的话,那么这篇论文永远是颗定时炸弹。就这样,他的精神长期处在崩溃的边缘,他曾对他的好朋友说道:"我真的很认真地在考虑离开研究室这个问题,真的不想再读下去了,继续读下去,心理会遭受更大的煎熬和折磨,做学术本来是件很开心的事情,也是我一直热衷于此的原因,但是现在靠造假活着还有什么意思呢?"师生间产生了巨大的分歧,这也是造成这场惨剧的直接原因。

据陈慧祥的朋友所说,博士论文只是压垮他的最后一根稻草,真正让他绝望、憔悴不堪的是导师长期恶劣的态度。这位朋友还说,他的导师经常训斥他,逼着他为自己干活。有时为了帮导师做任务,他会一直做到早上两点,五点起床接着干,八点再去实习的地方上班。这种对身心的不断摧残,使他患上了抑郁症。2018 年 3 月,《自然·生物技术》发表过的一篇论文显示,研究生教育中心存在着心理健康危机、抑郁和焦虑的研究生、博士生概率比一般人群要高 6 倍以上。对 26 个国家及院校的 2279 名学生的调查数据样本显示,41％的学生测试得分是中度甚至重度焦虑,39％的学生测试得分是中度或重度抑郁。对于抑郁和焦虑高发的研究生和博士生来说,学术不端极有可能会成为压垮他们的最后一根稻草。

资料来源:中国留美博士生自杀,遗书称导师不同意论文撤稿而"无路可走".中国新闻周刊,2019-07-06.

✳ 案例 8-2　高校教师自我损耗负向影响顿悟问题的解决
——学术腐败学术不端行为

3月21日上午,西安交通大学举行专业技术职务聘任委员会和校党政联席会议,明确认定李连生存在"严重学术不端行为",并做出决定,"取消其教授职务,并解除其教师聘用合同"。3年来,先是六教授举报自己昔日的学生造假,后来该学生将老师告上法庭,并经历多次庭审。直到今日,一场学术浮躁生态背景下的荒诞剧才最终由学校"盖棺论定"。

艰辛举报路

2007年底,曾担任过陕西科委副主任的西安交大老教授杨绍侃在校园散步时,偶然发现学校公告栏中有一个教育部科技进步奖获奖项目公示。长期从事压缩机技术教学科研工作的杨绍侃惊讶地发现:能源与动力工程学院长江学者李连生教授申报的教育部科技进步奖一等奖项目是"往复式压缩机理论及其系统的理论研究、关键技术及系列产品开发"。

杨绍侃找到多位曾经的老同事,包括郁永章教授、陈永江副教授、林呆呆教授、冯全科教授和屈宗长教授,一起讨论此事。这6人中,有5人曾有过担任李连生所在本科班教学或毕业设计指导的经历,年过八旬的陈永江副教授是李连生读博时的导师的老师,郁永章教授是李连生读硕士、博士期间的指导老师,大家达成共识,认为不能听之任之,而应当向学校指出此事。

历时两年多的举报开始了。"举报打假一路走来让我们备尝艰辛。"作为我国压缩机研究领域的元老,陈永江3月21日晚接受《中国青年报》记者电话采访时感慨不已。

他介绍说,为了取证,他们不远千里赶到涉嫌造假的有关单位调查,很多知晓造假内情者说起此事往往慷慨激昂,而一旦要在说明情况的材料上签字则屡屡拒绝,理由是"不愿牵扯进来"。

2009 年 3 月初,陈永江在科学网申请了一个实名博客空间,截至今日,这位 81 岁的老教授在老伴的帮助下围绕举报问题,一字一字敲出上百篇博客文章。

在持续举报并拒绝调解后,2009 年 7 月,陈永江等 3 人甚至被告上法庭,均已年过古稀的老教授们从退休金里各拿出 1 万元交给律师作为代理费。

2009 年 11 月 10 日,事件出现逆转,原告提出了撤销对举报人的诉讼并已得到法院裁定准许撤诉。六教授则继续向有关部门寄发举报材料。

回顾整个事件,陈永江说,最开始举报只是认为几位老人倾注一辈子心血建起的全国首个压缩机教研室可能面临名声被毁的问题,但是在长达两年的举报过程中,不断看到一些专家、网友的留言和鼓励,特别是看到松原高考事件中,一些学生和家长产生这样"疯狂"的意识——"如果不作弊,上大学的机会就要拱手让给他人",感觉特别心痛。

"我们这一代人心目中,大学是多么神圣的字眼呀!"81 岁的陈永江说。几位老人慢慢感觉学术腐败是源头上的腐败,必须把在河流源头上放毒的人抓起来,保持源头和摇篮的纯净。

处理结论之前太慢,现在太快

就在 3 月 21 日上午会议之后,短短几个小时,西安交通大学官方网站主页迅速挂出了题为"学校取消李连生教授职务解除其教师聘用合同"的文章。这也是西安交通大学就此事做出的首次公开回应。

该消息称,学校对此举报高度重视,通过校学术委员会及有关部门展开深入调查。根据调查结果,学校于 2008 年 3 月致函教育部,建议撤销授予该项目 2007 年度高等学校科学技术奖;随着对李连生其他学术不端行为的调查与核实,2009 年 4 月,学校决定免去其流体机械及压缩机国家工程研究中心副主任职务；2009年12月，针对李连生相关学术不端问题，校学位委员会决定免除其博士生导师资格。

这则消息还称，今年3月5日和3月20日下午，学校在此前开展的一系列工作基础上，两度召开"六位教授举报李连生学术造假问题"专题会议，提出对其严重学术不端行为进行严肃处理的初步意见。在今天上午召开的学校专业技术职务聘任委员会和校党政联席会议上，根据《西安交通大学学术行为规范及违规处理办法》《西安交通大学全员聘用制度实施暂行办法》做出上述处理决定。

西安交通大学党政联席会议有关人士今天指出，西安交通大学作为一所具有严谨治学传统的百年老校，对于建设优良学风的要求是严肃和一贯的，决不允许弄虚作假、抄袭浮夸等学术不端行为存在，一旦出现，严厉查处，绝不姑息迁就。

陈永江认为，与此前长达两年多的举报相比，这样的"严厉查处"显得有些姗姗来迟。

此前，这6位老教授先后7次给学校党委、纪委、学术委员会提交证明材料，3次向教育部反映，3次向科技部写信，然而，直到本报2009年11月追踪报道时，6人也没有得到一个透明的、足以成为结论的意见。

在一位举报者看来，迟迟不处理的背后是学校为了维护所谓的声誉和排名，消极处理造假的现象。

陈永江回忆说，刚开始举报不久，有校领导约见六位教授谈话，该领导一见面就说，"现在高校弄虚作假成风，你们不要大惊小怪。这几年造假的成分越来越多，越来越厉害了"，并表示，举报"涉及的不只是西安交通大学的脸面，也涉及国家的脸面"。

陈永江注意到一个时间上的"巧合"：校方今天宣布结论并称3月20日下午召开"六位教授举报李连生学术造假问题"专题会议，而就在20日晚，中央电视台《焦点访谈》栏目对这一事件进行了报道。

知名学术打假人方舟子认为，西安交通大学的处理决定存在问题。

"昨日看《焦点访谈》,校领导还在辩解,且问题反映也两年多了,学校是不是处理得太慢了? 而一旦报道出来,今天上午就做出了处理,这又是不是太快了? 是不是经过了认真细致的调查? 是不是得公布调查的情况,到底哪些方面造了假? 这些都公布出来,才是负责任的调查和处理。"

治学术乱象必须动真格

3 月 20 日,中央电视台《焦点访谈》栏目以"没有结果的'学术成果'"为题报道了此事,在西安交通大学师生中引起了强烈反响。在交大"兵马俑 BBS"上,3 月 21 日的十大热门话题中,排名前两位的话题都是关于此事的讨论。

虽然大多数讨论者为学校出此丑闻感到痛心,但仍有许多人支持老教授的举报举动,认为这从另一个角度证明了交大的正气和严谨的学风依然有人在坚守,学校需要正视而不是掩饰这一丑闻,"知耻而后勇"。

但仍有一些讨论值得深思,比如有人就发帖质疑,"其他学校都有造假,为什么《焦点访谈》只报道我们一家,净挑软柿子捏",更多人则认为是"学校公关不行",否则也不会被媒体频频曝光,更不至于上《焦点访谈》。

利益之争的说法也风靡一时,"兵马俑 BBS"十大热门话题中,排第二位的帖子就声称:"LLS(李连生)的报奖材料肯定是有问题,但是这个问题至不至于拿到桌面上来批判,在于当事人做事到不到位,LLS(李连生)必然是触动了几位老教授的利益,而自己又不太干净,而招来祸端。这几位老教授有的其实已经是一些企业的核心技术人员,他们之间以及和李之间有些利益冲突点。"

这一说法获得了许多跟帖者的认同,有跟帖者就说,"本来对那几个老教授很钦佩,随着事件发展,不得不怀疑一下了"。

还有人则认为揭露造假会导致"劣币驱逐良币"的现象,因为学术不端现象泛滥,哪个学校被揭露出来,就会导致该学校整体社会评价降低。别的学校没被揭露,并非没有,也许情况更严重,只是无人揭露而已,"在这个劣币驱逐良币的时代,坚持正义和真理是要付出代价的,而且可能是惨痛的代价"。

对于一起学术造假事件被揭发后的舆论反应,"新语丝"网站的创办人方舟子早有观察。他说,"鸣冤叫屈"虽然看起来有一定的现实合理性,但从本质上来说仍然是"误读","比如在中国,开车违反交通规则现象很普遍,不能因为你开车违规了,被交警抓住了,就辩解说大家都在违规,你为什么抓我?"

他认为,这些观点恰好反映了当前学术不端行为频发的重要根源,在于容忍度太大,处理得太少,"如果一起事件被曝光后得以处理,另一起事件被曝光后相安无事,人们自然会觉得不平衡,这正说明当前治理学术不端行为并没有动真格"。

坚持学术打假十余年的方舟子感叹道:"我也不明白为什么出现那么多例证据非常确凿的学术不端事件就是得不到严肃处理。"

资料来源:西安交大六教授举报长江学者造假事件"盖棺论定". 中国青年报,2010-03-22.

8.3　实验设计二

8.3.1　实验二对象设计

参与实验人员均由学历水平为硕士研究生及以上的本科院校教师组成,实验有效数据 51 人,其中男性 25 人,女性 26 人。20～30 岁被试 11 人,30～40 岁被试 10 人,40～50 岁被试 10 人,50～60 岁被试 10 人以及 60 岁以上退休教师 10 人。在进行年龄分组时,边界年龄被分配到以该年龄为下限的分组中,即 20～30 岁的组别中包含了 20 岁的被试,不包含 30 岁的被试。所有实验人员在此之前均未参加过类似实验,视力或矫正视力正常,无色盲色弱,自愿参加实验,实验结束之后可以获得礼品一份。

8.3.2　实验二程序设计

实验采用双任务实验范式。共有两个任务,分别是自我损耗实验任务及自由联想实验任务。实验步骤如下:(1)测试阶段。被试在进入实验室之后,先用机器进行校正,所有校正数据值不大于 0.8 时进行正式实验。(2)自我损耗实验。校正数据符合要求后,被试进入自我损耗实验,此时,屏幕上会出现自我损耗实验的指导语:请您参照色板说出下面图片中汉字的颜色。指导语呈现之后会呈现色板,在被试熟悉色板后可自行按空格键进入正式实验。随后会根据组别呈现相应的自我损耗材料,共呈现 20 试次,每个试次的呈现时间为 10s。(3)自由联想实验。在自我损耗实验完成之后,紧接着屏幕会呈现自由联想实验的指导语:请您在 30s 内从下图中找到您所能想到的"砖"的用途。之后会呈现自由联想的实验材料由被试进行观看。

8.3.3　实验二材料设计、仪器使用

1. 实验仪器

该实验使用仪器和实验一相同。

2. 实验材料

在测试被试原创性想象力(顿悟)的实验中,已经采用预实验的方法对自我损耗实验材料的有效性进行了验证,因此,在此次实验中将直接选取之前在顿悟问题解决实验中的自我损耗实验材料来使被试产生自我损耗。

自由联想任务的实验材料根据吉尔福特发散思维测验中尽可能多地列举某一事物用途这一试题进行制作,选取常见的基本事物——砖头,采用调查问卷的方式从 200 名被试所填写的一块砖头的用途中比较 2 个比

较平常的用途(区域1、2)、2个新颖常见的用途(区域3、6)以及1个新颖不常见用途(区域9)并选取其他事物的用途制作实验材料(图8-4)。材料中数字表示研究时所划分的兴趣区,正式实验时,上面的数字会隐去。

建筑材料 1	自卫工具 2	做垫脚用 3
清洁工具 4	容器 5	用作锤子 6
服饰材料 7	纸张材料 8	做装饰 9

图 8-4　自由联想实验材料

8.3.4　实验二数据的收集、处理以及分析

根据闫国利等对阅读研究中眼动指标的研究结论,拟采用以下三个眼动指标进行分析:

(1)回视次数。在阅读中,回视有利于对文章进行更深层的加工,对内容理解产生困难、出现错误以及遗漏重要内容是产生回视的原因之一,产生回视的另一个原因是有前后照应的情况。

(2)总注视时间。总注视时间是阅读者对兴趣区所有注视点时间的总和,根据各个兴趣区的总注视时间可以知道被试对该兴趣区进行加工的时间。

(3)热点图。热点图能够直观地显示被试注意力集中的区域和注意区域的变化情况。

1. 热点图分析

图 8-5 显示的是在不同损耗程度下高校教师进行联想的热点图。图 8-5(a)表示的是高校教师在低自我损耗下的热点分布情况,在低自我损耗时,高校教师的热点较集中地分布于兴趣区 3、6、9,在无关用途上,热点

分布较低,有的甚至不存在热点。图 8-5(b)表示的是高校教师在高自我损耗下的热点分布情况,高自我损耗时,高校教师的热点分布较广,在各个兴趣区都有热点存在,较集中的区域为兴趣区 3、6。通过对这两幅图的观察可以看出:

(1)相对于高损耗教师,低损耗教师更能够将自己的注意力放在与题目相关的区域,能够更好地处理试题所给信息,在无关用途区域 4、5、7、8上的热点较少;

(2)经过自我损耗后,教师的联想能力下降,在新颖常见用途区域 6及新颖不常见用途区域 9 的热点与低损耗教师差异较显著。

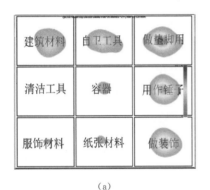 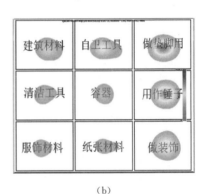

(a)　　　　　　　　　　　　　(b)

图 8-5　自由联想热点图

2. 数据处理及分析

通过 SPSS 软件对剔除无效数据后的实验数据进行独立样本 t 检验,检验结果表明:自我损耗不同的被试的回视次数差异显著,$t=2.06,p<0.05,M_{低}=3.00,M_{高}=3.40$,高自我损耗被试产生的回视更多,信息加工困难;自我损耗不同的被试总注视时间差异显著,$t=5.03,p<0.05,M_{低}=1293.75,M_{高}=1374.58$,低自我损耗被试对信息的加工更容易,总注视时间较少。为了进一步分析不同损耗被试在年龄、性别及不同区域的回视次数以及总注视时间差异情况,运用 SPSS 24.0 软件进行 ANO-

VA 显著性综合性分析,结果见表 8-5,不同年龄、不同性别下的平均回视次数及总注视时间均值见表 8-6、表 8-7。

表 8-5 ANOVA 分析汇总表

	回视次数		总注视时间	
	F	p	F	p
损耗	8.036	0.005	56.892	0.000
年龄	10.661	0.000	3.650	0.006
兴趣区	31.185	0.000	15.985	0.000
性别	1.990	0.159	2.644	0.105
损耗×年龄	2.730	0.030	2.435	0.048
损耗×兴趣区	20.599	0.000	38.161	0.000
损耗×性别	0.197	0.658	1.792	0.182
年龄×兴趣区	3.732	0.000	3.916	0.000
年龄×性别	1.718	0.146	0.990	0.413
兴趣区×性别	0.361	0.940	1.047	0.401
损耗×年龄×兴趣区	0.244	1.000	0.200	1.000
损耗×年龄×性别	0.024	0.999	0.903	0.463
损耗×兴趣区×性别	0.984	0.448	1.070	0.384
年龄×兴趣区×性别	0.610	0.953	1.384	0.088
损耗×年龄×兴趣区×性别	0.695	0.892	1.253	0.172

注:$p < 0.05$。

从表 8-5、表 8-6、表 8-7 可知:

(1)损耗的主效应显著,低自我损耗被试的回视更多地产生在兴趣区 6、9,高自我损耗的被试在兴趣区 1、2、3 上的回视较多,说明低自我损耗被试对这两个兴趣区的信息加工存在一定的困难,尤其是兴趣区 9,这两个区域相应的总注视时间的均值也较长,被试对这两个区域信息的关注较多。

表 8-6　　　　　　　　　　　　　　　各兴趣区回视次数均值

损耗	年龄	兴趣区								
		1	2	3	4	5	6	7	8	9
低	20～30 岁	1.83	2.33	1.67	0.83	1.33	5.50	1.33	2.00	8.00
	30～40 岁	2.20	2.60	1.80	0.80	1.60	4.80	1.60	2.40	7.40
	40～50 岁	3.00	3.20	2.00	0.80	1.80	4.40	1.60	3.20	6.80
	50～60 岁	3.40	4.20	2.80	1.00	2.20	3.20	2.00	3.40	6.20
	60 岁以上	4.20	4.60	3.60	1.20	2.60	2.60	2.20	3.40	6.00
高	20～30 岁	2.80	3.20	1.80	1.00	1.60	2.60	1.60	3.00	5.20
	30～40 岁	3.80	3.80	2.20	1.60	2.20	2.00	2.20	3.60	4.60
	40～50 岁	4.80	4.60	3.20	2.00	3.00	1.80	2.80	4.80	3.60
	50～60 岁	5.60	5.80	4.20	2.40	4.00	1.40	3.60	5.20	3.00
	60 岁以上	7.00	6.40	5.20	2.80	4.60	1.00	3.80	5.80	2.00

表 8-7　　　　　　　　　　　　　　　各兴趣区总注视时间均值

损耗	年龄	兴趣区								
		1	2	3	4	5	6	7	8	9
低	20～30 岁	753.00	697.67	2849.00	564.33	708.17	4279.67	547.83	983.67	4418.67
	30～40 岁	1301.00	860.80	2623.80	685.40	976.80	3706.00	734.80	1242.40	3967.60
	40～50 岁	1627.60	1276.00	2345.20	751.20	1484.60	3414.00	1027.80	1337.60	3688.20
	50～60 岁	1633.00	1434.00	2115.60	835.40	1632.00	2757.40	1131.00	1599.60	3423.40
	60 岁以上	2085.20	2018.40	1826.40	762.20	1974.40	2036.40	1270.20	1782.00	2502.40
高	20～30 岁	1867.00	1947.60	1140.00	2123.80	2079.60	2308.60	1121.40	2630.00	3035.40
	30～40 岁	2604.60	2491.60	1042.40	2323.00	2542.00	2047.60	1386.20	2723.40	2680.40
	40～50 岁	3133.40	3021.60	963.00	2514.20	3217.80	1843.60	1842.40	3746.40	2557.80
	50～60 岁	3263.80	3375.00	921.80	2706.40	3521.80	1383.00	2124.40	4622.80	1880.00
	60 岁以上	3839.40	4079.00	685.60	2885.60	3933.60	1199.00	2293.60	4889.80	1206.40

（2）年龄的主效应显著，随着年龄的增大，被试在兴趣区 1、2、3 上的回视次数较多，总注视时间较长，更多地关注兴趣区 1、2、3；年龄较小的被试则更多地关注兴趣区 6、9，对这两个兴趣区内的信息加工时间较长。

(3)兴趣区的主效应显著,损耗程度不同的被试对无关用途区域的回视均较少,在相关用途区域的总注视时间较长,信息加工时间多。

(4)损耗和年龄的交互作用显著,随着年龄的增加,损耗的程度也在增大,同一年龄被试在高自我损耗时在兴趣区 1、2、3 上的回视比低自我损耗被试多,总注视时间长,在兴趣区 6、9 上的回视次数比低自我损耗被试少,总注视时间短。损耗和兴趣区的交互作用显著,损耗增加,被试对无关用途区域的回视次数增多,总注视时间增长。年龄和兴趣区的交互作用显著,年龄增大,被试在无关用途区域的回视次数随之增多,总注视时间增长。

8.3.5　实验二结果

经过上面眼动数据的分析,我们可以得到以下结论:(1)我们提出自我损耗对高校教师自由联想能力有影响,在对热点图这个指标的分析中,可以看到不同损耗程度下,被试的注视热点差异显著。(2)在随后的主效应检验中,发现性别的主效应不显著,性别和损耗的交互作用不显著。这个结果揭示了在相同的自我损耗实验中,被试的性别不同,其自我损耗的程度相同。年龄的主效应显著,年龄和损耗的交互作用显著,这个结果也表明在相同的自我损耗实验中,被试的年龄不同,其自我损耗的程度也有差别。

❋ 案例 8-3　自我损耗对高校教师创新联想能力的影响

作为大学中的一名教师,创新联想能力是必备能力,在高强度的论文写作和授课的压力下,会造成巨大的心理资源的流失,形成自我损耗。最近我通过学习自我损耗理论发现,有规律的自我控制训练,不仅可以达到拓展资源库、抵制损耗的效果,而且其带来的自我力量的提高并非单一,在其他各个领域都有提高。在某一领域自我控制的训练,同样有利于进行其他领域自我控制的训练。所以我们要训练自己的自我控制能力。在哪些方面训练提升自己的自我控制能力呢? 这要结合本人的特点,在通过努力就容易达成的方面坚持去做,每次做到都会体验到成功,体验到被自我认可,自己的自我控制能力就会提升,心理能量就会不断强大。

我可以继续坚持每天写简书。每当写完一篇,既满足了我的爱好、成就感、成长的核心价值需要,又感受到了坚强的意志力。当有很多人看我的文章时,我感受到被欣赏、被认可、有价值。

我还可以趁此自我约定完成一个任务。心理咨询实操课要求我们在上课之前把变态心理学知识读完,心理咨询初级研修班要求把心理学基础知识再读一遍。我可以趁此机会为自己制定个约定,每天至少读一节,先把变态心理学读完,再把其他心理咨询基础知识读完。既把心理咨询知识学扎实,又体验到实现目标的成功快乐感,也锻炼了自己的自控能力,提高了自己的心理能量。

其实我已经感受到心理能量对自己强大的支持力。

比如,我一般晚上要在 10:30 之前睡觉,睡晚了就容易出毛病。但自从写简书以及进行其他自己积极主动的学习以后,我经常到晚上 11 点左右睡,没有任何影响。在十一期间“聚”的课上,我每天晚上都到 12:00 睡,坚持了六天,仍然精力充沛、充满激情。

前段时间出差学习,由于上课听得不是很清楚,学习不够积极主动,又因身体的原因睡眠不好,三四天便感冒了。现在想来,这期间我产生了不舒服的感觉,损耗我的心理能量,影响了我的状态。

又如,我们想请一个人帮忙,又感觉不好意思,到底找不找这个人?是否麻烦他? 有时我们会左右为难,取舍不定,这时候最消耗能量。如果总在这个事上思考、定不住,即使一天什么事也不做,也会感觉非常劳累。如果定下了,并且立即去做了,反而感觉很轻松。

再如,我们对孩子担心焦虑紧张,孩子外出迟迟不归,也不知道他去了哪里,我们无处找寻,就会感觉非常担心,坐立不安,什么事也做不下去,也会很损耗自己的心理能量。等孩子回来以后,也没有精力做其他的事情。

现在我要积极主动做我喜欢做的事情,无论是论文写作还是课堂授课,都会增加我所需要的价值。当有价值推动时,就会充满激情、力量,心理能量也会提升起来,即使累也精力充沛。

资料来源:自我损耗理论.简书,2020-11-03.

8.4　实验设计三

8.4.1　实验三对象设计

参与实验人员均由学历水平为硕士研究生及以上的本科院校教师组成,实验有效数据 50 人,其中男性 25 人,女性 25 人。20～30 岁被试10 人,30～40 岁被试 10 人,40～50 岁被试 10 人,50～60 岁被试 10 人以及 60 岁以上退休教师 10 人。年龄分组中,被试的年龄在边界时,我们将其放入以该年龄为下限的分组中,即 30 岁的被试我们将其数据归入 30～40 岁的年龄组别中。所有实验人员在此之前均未参加过类似实验,视力或矫正视力正常,无色盲色弱,自愿参加实验,实验结束之后可以获得礼品一份。

8.4.2　实验三程序设计

此次实验的实验程序和测试自由联想的实验程序相同,只需要将自由联想的实验任务替换为控制联想的实验任务即可,其中,控制联想实验任务的指导语为:请您在 30s 内从下面图片中找出"兴高采烈"的近义词。

8.4.3　实验三材料设计、仪器使用

1. 实验材料

为了节省实验时间,提高实验效率,此次实验中的自我损耗实验材料将采用之前顿悟问题解决实验中的自我损耗材料,因为该实验材料已经验证过其有效性,能够为实验节省大量的时间,提高实验的效率。

控制联想任务的实验材料根据吉尔福特发散思维测验中列举近义词的试题进行制作,从近义词词典中选取"兴高采烈"的相关近义词,根据词典中对这些词语的释义与"兴高采烈"的相关程度,制作实验材料(图 8-6)。材料中的数字是兴趣区编号,正式实验时材料中的数字会隐去。

欢欣鼓舞 1	顺风顺水 2	一蹴而就 3
兴致勃勃 4	望洋兴叹 5	文质彬彬 6
手舞足蹈 7	满面春风 8	生龙活虎 9

图 8-6　控制联想实验材料

2. 实验仪器

在此次实验中,需要用到的仪器主要有展开实验的 Eyelink 1000 Plus 眼动仪,用来处理分析数据的 SPSS 24.0 软件。

8.4.4　实验三数据的收集、处理以及分析

由于此次实验和自由联想实验都在于测试高校教师的联想能力,实验程序和实验材料的相似性相对较高。因此,我们在分析实验数据时选用了相同的眼动指标,以便于在最后更好地总结自我损耗对高校教师联

想能力的影响。

1. 热点图

图 8-7 显示的是在不同损耗程度下高校教师进行联想的热点图。图 8-7(a)表示的是高校教师在低自我损耗下的热点分布情况,在低自我损耗时,高校教师的热点较集中地分布于兴趣区 8、9,在无关词语区域中,热点分布较低。图 8-7(b)表示的是高校教师在高自我损耗下的热点分布情况,高自我损耗时,高校教师的热点分布较广,在各个兴趣区都有热点存在,较集中的区域为兴趣区 1、4。通过对这两幅图的观察可以看出:

(1)相对于高损耗教师,低损耗教师的联想能力更强,能够更好地处理试题所给信息,在无关词语区域 2、3 上的热点较少;

(2)经历高自我损耗后高校教师的联想能力下降,在与题中所给词语的关联性低的近义词所在的兴趣区上热点差异显著。

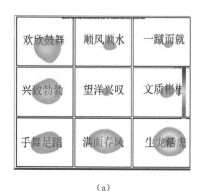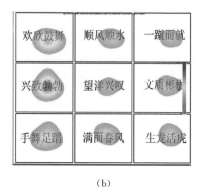

(a)   (b)

图 8-7　控制联想热点图

2. 眼动数据分析

通过 SPSS 软件对剔除无效数据后的实验数据进行独立样本 t 检验,检验结果表明:自我损耗不同的被试的回视次数差异显著,$t = 3.54$,$p < 0.05$,$M_{低} = 2.41$,$M_{高} = 2.98$,高自我损耗被试产生的回视更多,信息加工困难;自我损耗不同的被试总注视时间差异显著,$t = 2.52$,$p < 0.05$,

$M_{低} = 1638.95, M_{高} = 1881.28$,低自我损耗被试对信息的加工更容易,总注视时间较少。为了进一步分析不同损耗被试在年龄、性别及不同区域的回视次数以及总注视时间差异情况,运用 SPSS 24.0 软件进行 ANOVA 显著性综合性分析,结果见表 8-8,不同年龄、不同性别下的平均回视次数及总注视时间均值见表 8-9、表 8-10。

表 8-8 　　　　　　　　　　　　　ANOVA 分析汇总表

	回视次数		总注视时间	
	F	p	F	p
损耗	34.833	0.000	8.998	0.003
年龄	10.700	0.000	2.779	0.027
兴趣区	11.898	0.000	12.695	0.000
性别	0.093	0.761	0.432	0.512
损耗×年龄	0.673	0.611	2.457	0.046
损耗×兴趣区	12.239	0.000	7.600	0.000
损耗×性别	0.093	0.761	0.050	0.824
年龄×兴趣区	2.396	0.000	3.084	0.000
年龄×性别	1.621	0.169	0.602	0.661
兴趣区×性别	0.375	0.933	0.366	0.938
损耗×年龄×兴趣区	0.326	1.000	0.071	1.000
损耗×年龄×性别	0.229	0.922	0.876	0.479
损耗×兴趣区×性别	1.403	0.195	0.631	0.752
年龄×兴趣区×性别	0.850	0.702	0.754	0.831
损耗×年龄×兴趣区×性别	1.043	0.409	0.682	0.903

注:$p < 0.05$。

从表 8-8、表 8-9、表 8-10 可知:

(1)损耗的主效应显著,低自我损耗被试的回视更多地产生在兴趣区 7、8、9,高自我损耗的被试在兴趣区 1、4 上的回视较多,说明低自我损耗被试对 7、8、9 兴趣区的信息加工存在一定的困难,尤其是兴趣区 9,这三个区域相应的总注视时间的均值也较长,被试对这两个区域信息的加工时间较长。

表 8-9　　　　　　　　　　　　　　各兴趣区回视次数均值

损耗	年龄	兴趣区								
		1	2	3	4	5	6	7	8	9
低	20～30 岁	0.80	2.20	2.40	2.20	1.20	1.00	1.40	3.40	4.20
	30～40 岁	1.20	2.80	2.80	2.60	1.80	1.40	1.60	3.00	3.20
	40～50 岁	1.60	3.40	3.60	2.60	2.60	2.20	2.20	2.80	2.80
	50～60 岁	1.60	4.00	3.60	2.80	2.80	2.60	2.20	2.40	1.80
	60 岁以上	3.40	4.20	4.40	3.60	3.00	4.00	3.00	1.60	1.60
高	20～30 岁	4.60	3.40	3.00	3.00	1.80	2.00	3.00	2.00	2.40
	30～40 岁	4.80	3.20	3.20	4.20	2.00	2.60	3.60	1.60	1.60
	40～50 岁	5.20	3.80	3.80	4.40	2.80	3.00	4.20	1.40	1.40
	50～60 岁	5.60	4.80	5.20	4.40	4.00	3.60	4.40	1.00	1.20
	60 岁以上	6.20	5.60	6.80	5.40	4.20	4.20	4.60	0.80	1.00

表 8-10　　　　　　　　　　　　　各兴趣区总注视时间均值

损耗	年龄	兴趣区								
		1	2	3	4	5	6	7	8	9
低	20～30 岁	984.80	455.80	458.40	824.80	843.60	929.80	3307.80	3606.40	3720.60
	30～40 岁	1187.40	507.60	558.00	1155.00	1026.60	1017.20	2910.20	2872.20	2839.60
	40～50 岁	1530.60	835.60	769.40	1306.20	1179.40	1140.60	2884.60	2618.00	2612.40
	50～60 岁	1919.00	1083.40	1105.60	1435.20	1338.60	1302.00	2116.80	2254.80	2308.60
	60 岁以上	2168.40	1315.40	1174.80	1676.80	1512.60	1599.40	1891.00	1720.40	1747.40
高	20～30 岁	1406.20	829.60	1037.60	1251.40	934.60	1233.80	2258.80	2486.00	2274.20
	30～40 岁	1781.80	1096.40	1493.60	1686.40	1207.80	1513.40	2225.40	1899.80	1998.60
	40～50 岁	2248.20	1567.20	1844.60	2074.40	1478.80	1775.00	2356.80	1951.40	2221.00
	50～60 岁	2733.20	2054.20	2265.80	2292.80	1762.40	2019.00	1974.20	1666.20	2062.20
	60 岁以上	3110.60	2352.60	2535.20	2627.80	2175.20	2496.00	1571.00	1269.60	1556.80

（2）年龄的主效应显著，随着年龄的增大，被试在兴趣区 1、4 上的回视次数较多，总注视时间较长，更多地关注兴趣区 1、4；年龄较小的被试则更多地关注兴趣区 7、8、9，对这三个兴趣区内的信息加工时间较长。

(3)兴趣区的主效应显著,损耗程度不同的被试对非近义词区域的回视均较少,在近义词区域的总注视时间较长,信息加工时间多。

(4)损耗和年龄的交互作用显著,随着年龄的增加,损耗的程度也在增大,同一年龄被试在高自我损耗时在兴趣区 1、4 上的回视比低自我损耗被试多,总注视时间长,在兴趣区 7、8、9 上的回视次数比低自我损耗被试少,总注视时间短。

(5)损耗和年龄的交互作用显著,随着年龄的增加,损耗的程度也在增大,同一年龄被试在高自我损耗时在兴趣区 1、4 上的回视比低自我损耗被试多,总注视时间长,在兴趣区 7、8、9 上的回视次数比低自我损耗被试少,总注视时间短。损耗和兴趣区的交互作用显著,损耗增加,被试对非近义词区域的回视次数增多,总注视时间增长。年龄和兴趣区的交互作用显著,年龄增大,被试在非近义词区域的回视次数随之增多,总注视时间增长。

8.4.5　实验三结果

通过对被试控制联想热点图以及具体的眼动数据的分析,我们可以得到以下实验结论。我们提出自我损耗对高校教师的控制联想能力有影响,通过分析不同损耗程度下被试的热点图可以知道,自我损耗程度不同的高校教师注视热点有差异,在之后的主效应检验中,发现损耗的主效应显著。在进行主效应检验时发现:性别的主效应不显著,损耗和性别的交互作用不显著,表明当高校教师的自我损耗相同时,性别对高校教师的控制联想能力影响的差异不显著。主效应检验结果显示:年龄的主效应显著,且年龄和损耗的交互作用显著,表明在相同的自我损耗实验中,不同年龄的高校教师在控制联想实验中的表现差异显著。

❄ **案例 8-4　年龄对高校教师联想能力的影响**

伴随着 20 世纪末,我国提出"科教兴国"的战略,一系列招揽人才的举措也在生根发芽,如:青年人才计划、百人计划、青年长江学者等,这些人才招募的措施展现出了我国对于科学技术、信息技术的重视,也希望能够在知识经济时代占据优势地位。通过对这些措施进行一个粗略的分析，便可发现一个非常有趣的现象，那就是这些招募青年人才的计划，都有着年龄的限制。"青年长江学者"遴选标准中就有提到，自然科学、工程技术领域人选年龄不得超过38周岁，人文社会科学领域不超过45周岁。这种年龄条件的设置目的在于激发青年学者科研的积极性和热情。科学社会学家默顿就曾提出"科学是年轻人的游戏"，在科学研究的产出上也越来越呈现出"年轻化"的趋势。

人从小到老变化的不仅是年龄，更重要的是内在的改变，我们的知识会不断地累加、经验不断丰富，年轻人朝气蓬勃，精力旺盛，接受能力强，干劲足，反应快，思路较敏捷，通常会比年龄高的科学家们有更多新奇的想法和创新性的提议，但是受限于经验的缺失，知识累加还不足以产生突破性的成果，因而这个时期青年学者的成果会较少。有研究表明学者能力快速提升期一般是在32～40岁，这个年龄段学者通常会把理论知识运用到实践中，同时会把自己的一些实践经验转化为理论，理论与实践"两条腿"一起走路；学者能力的巅峰期一般是40～48岁，这个年龄段学者的创新能力会达到顶峰，成果也会不断涌出。之前也有研究表明，从一名教授的科研生涯的轨迹来看，创作的巅峰可能会有多个，在不同的人生阶段会有一定的起伏，这实属正常现象。在40岁左右时，会掀起不小的波澜，在50岁之后也会创造不小的辉煌。年龄更大的科学家，虽然知识面广、经验丰富、阅历多，但是受限于身体机能的下降，联想创新能力会面临巨大的下滑。但是现实却是，我们既可以看到30多岁年轻科研工作者的后生可畏，也可以看到年事已高的老年学者的执着。

出于种种原因，受到社会各种冲击，能够坚持走学术路的青年研究者往往是少数，很多人在博士或者研究生毕业后会选择进入企业或者政府寻求一份工作，或是为了稳定或是为了收入更高。而那些能够在高校繁重的科研任务中立住脚的人靠的都是自身日复一日的不懈努力，并不是外界所说的那种科研天才。他们赖以获得高薪的，不是天资、不是背景，而是踏踏实实的科研，是一篇篇高水平的论文，是十几年的寒窗苦读，从未停歇的努力。做科研确实辛苦,但是在这个越来越尊重知识、尊重人才的社会,读书仍然是最具性价比的投资。曾经就有高校教授指出,青年科研工作者面临现实困境,认为社会应当给予他们一定的物质激励。北大数学天才张益唐 20 世纪 80 年代在北京大学毕业后便赴美攻读博士学位,并在 1992 年顺利毕业,但由于读博期间就和导师产生了矛盾,致使两者关系决裂,后者也拒绝为他写一份找工作的推荐信,这使他非常苦恼,一直没有找到合适的工作。后来他只得在餐馆刷洗盘子赚钱度日,在美国流浪生活数年后,张益唐才找到一份教职工作,而此时的他已经 44 岁了。在进行了一番安顿后,他重新开始了自己的研究,终于在 58 岁时完成了《质数间的有界间隔》这篇论文,暮年成名,一举登上了世界顶尖数学论坛,在孪生素数猜想问题上取得了很大的突破。普林斯顿大学的皮特·萨纳克对他的评价是:"许多数学家都是 30 岁以前出成果的。我自己最近一次出成果也是我三十多岁的时候。像张益唐这样 58 岁还能出成果的,是一个奇迹!"但是如果张益唐在年轻的时候能够得到更好的工作环境和资助,很可能会做出更多的学术成果。这也说明如果能给年轻科研工作者一个更加良好的工作环境以及更小的生存压力,会有更多需要长年投入才能获得的科研结果得以产出。反过来说,如果有年轻且有才华的科研工作者,因为生活的重担放弃做研究,或者凡事扰扰而无心坐冷板凳,只是盯着短平快,天天考虑眼前的回报,那是非常浪费和可惜的。甚至很多需要长期投入,且需要年轻富有活力的头脑去采摘的科研成果,将很久都无缘问世。

科研是一条需要有强大的心理支撑的道路,特别是基础领域的科研,从我们传统社会"成功"的定义上来说,并没有那么的光鲜:没有出人头地,没有"做技术不行最后还是要做管理",更多的是对于自我的追求,对于知识的追求的满足感。

资料来源:数学天才北大毕业后,出国深造却沦落街头刷碗,58 岁攻克世界难题.财经头条,2022-05-28.

北大两位才子赴美留学,改美国国籍:一位街头刷碗、一位巴黎殒命.网易新闻,2022-03-05.

第**9**章 高校教师创新绩效提升计划

9.1 工作-家庭平衡计划及其意义

　　工作生活平衡,又称工作家庭平衡计划,是指组织帮助员工认识和正确看待家庭同工作间的关系,调和职业和家庭的矛盾,缓解由于工作家庭关系失衡而给员工造成压力的计划。一般来说,单身成人的主要问题是寻找配偶和决定是否结婚组建家庭。婚后初期,适应两人生活、决定是否生育等便为当务之急。子女出生后,体验为人父母的生活,担负起抚养和教育子女的责任成为首要任务。子女成人时他们不仅要适应空巢生活,而且又要开始为自己的父母提供衣食和财务上的照顾。这些需要形成的压力有的会影响员工的工作情绪和精力分配,有的则形成强烈的职业方面的需要和工作动机,最终影响员工对工作的参与程度。因而制订出有效的工作家庭平衡计划是非常有必要的,主要措施包括:向员工提供家庭问题和压力排解的咨询服务、创造参观或联谊等机会促进家庭和工作的相互理解和认识、将部分福利扩展到员工家庭范围以分担员工家庭压力、把家庭因素列入考虑晋升或工作转换的制约条件中,以及设计适应家庭需要的弹性工作制以供选择等。工作-家庭平衡是指工作和家庭生活功能良好、个体得到满意的一种状态,即个体实现了角色冲突的最小化,能平等地参与工作和家庭角色,并能在工作与家庭中获得同样的满足。工作-家庭平衡计划是一些企业开展的帮助员工正确认识和处理工作和家庭关系,调和工作和家庭之间的矛盾,缓解由于工作-家庭关系失衡而给员工造成压力的专项计划和活动。这种计划的形式多样,按计划实施的基础可分为两种性质:一种是事后的干预计划,在组织发现员工出现了工作-家庭之间的冲突,并影响到员工的工作情绪和行为时,采取一些干预措施,抑制和缓解不良影响;还有一种是事前的干预计划,即提前对员工实施一些积极干预措施,促进员工的工作-家庭之间的平衡。

从组织角度实施工作-家庭平衡计划,促进工作与家庭之间的平衡,具有多重的非常重要的意义,可以从组织、员工和社会三个角度理解。

对组织的促进意义。一是符合现代员工的工作价值观。现代员工价值观中会很在意组织政策或者工作安排是否有助于他们协调好工作和家庭之间的关系。企业如果不能营造一种支持员工处理好家庭和工作关系的氛围,员工的组织承诺和工作参与度就会降低,组织也会面临着既不能留住又难以招聘到优秀员工的危险。二是提升组织绩效。如果在一个组织中,有相当数量的员工工作-家庭关系长期处于不平衡的状态,必然会给企业带来一些负面影响,导致组织绩效降低。三是提高组织社会声誉。关心员工工作与生活的协调,实施人性化的管理是企业的责任,也是企业文化本质的深层体现,是企业社会声誉提升的重要条件。

对员工的促进意义。一是缓和工作和家庭的冲突。传统的工作价值观强调以职业为重,忽视对员工家庭生活的关注。倡导工作-家庭平衡,可以有效地缓解工作和家庭的矛盾。二是重视家庭角色的承担。组织中的员工除了承担职业角色外,作为家庭的成员,还要承担多种家庭角色,家庭关系对员工也有着极为重大的意义。三是促进员工身心健康。员工有时为了承担好两种角色的责任,不得不做出一些痛苦的选择,如牺牲个人健康。组织给员工提供必要的支持,有利于员工身心健康发展。

对社会的促进意义。一是减轻社会压力和不安定因素。家庭是社会的细胞,家庭生活的和谐是社会和谐的基础。如果组织能为员工提供工作-家庭平衡的环境和基础,是对社会和谐的极大贡献。二是体现了社会文明和进步。现代生产方式尽管使劳动者逐渐摆脱了大机器生产的束缚，但还是难以摆脱社会化生产所要求的集中化和统一化管理。从组织角度帮助员工处理好工作-家庭之间的冲突，是一种社会文明进步的体现。

9.2 工作-家庭平衡计划的主要措施

工作-家庭平衡计划的目的在于帮助员工找到工作和家庭需要的平衡点，缓解两者之间的矛盾和冲突。而要达到这一目的，组织必须站在员工的角度，了解不同员工群体在不同家庭阶段的不同需要，知道工作情境对家庭生活造成了怎样的影响，从而针对不同群体员工给予适当的帮助与支持。

1. 弹性工作时间安排

增加休假制度。为了更好地满足照顾家庭的需要，允许员工因为家人生病、生育和养育孩子、照顾老人或其他家庭生活中的问题增加适当的休假，以利于员工完成照顾家庭的责任。例如，欧洲的一些企业就规定，员工可以在第一年过完 6 个月后，来选择自己在下一年每个月的愿意工作时间，采取这样的措施，会使员工有更灵活、更自由的时间去处理个人的事务和进行进修学习等。

压缩工作周。指将每周工作安排在少于 5 天内完成。最常用的是前一周工作 5 天，前 4 天每天 9 小时，第 5 天 8 小时；后一周只工作 4 天，每天 9 小时。该方式在国外的政府机关和公用事业部门、建筑及服务业广泛使用，受到了肯定，因为它可以增加员工满意度、减少交通费、降低设备启动和关闭次数以及减少旷工。

自行安排工作时间。在保证总体工作时间和工作产出不变的前提下，员工可以在一定程度上自行安排工作时间。例如，员工若要去幼儿园接孩子,那么就可以提前下班;若早上需要时间处理家务,也可以晚一点上班。这样可以在一定程度上避免因工作与家庭对时间的要求相同而导致的冲突,即基于时间的工作-家庭冲突。

核心时间和弹性时间相结合的方式。核心工作时间由企业规定,通常为 5 个小时,每个工作日的工作时间由核心工作时间和前后两头的弹性工作时间组成。所谓核心工作时间就是企业规定的员工必须来到公司上班的时间,弹性时间是员工可以自由选定上下班的时间。例如,某公司规定员工每日工作时间必须达到 8 小时,核心工作时间可以从上午 9 点到下午 3 点(除去 1 小时午餐时间),而办公室的实际开放时间为上午 6 点到下午 6 点,在核心工作时间内,每位员工都必须来到工作岗位进行工作,但在弹性时间内,员工可以任选其中的 3 个小时来工作。这样安排能极大地提高员工的自我认同感、心理成就感以及对组织的忠诚度,从而间接地减弱家庭对工作的消极影响。实行弹性工作制的前提是,员工有能力胜任工作过程的自主管理,组织只需规定工作目标和工作过程框架,具体工作过程的安排和实施则由员工自己负责。

自愿减少工作时间。指员工在某特定时段自愿减少工作时间及薪酬,其目的是给予员工在时间上的灵活性,同时也可以降低组织人工成本。

2. 弹性工作地点安排

远程办公。指公司设置一些在原有固定工作场所之外的工作地点,通过电子通信等手段来与单位进行沟通,只要员工能够完成单位指定的任务,单位允许员工在家中或者是距离家不远的办公室进行工作。例如,临近的工作中心、卫星办公室或集中办公场所。员工只需在核心时间出现在某固定地点,其他时间通过电脑接入组织网络来实现与组织沟通。远程办公提高了一个公司的服务能力和扩大了业务国际化的范围,在世界不同角落的远程工作者可以确保公司的业务 24 小时保持运转,这种方式为员工提供了更多的灵活性,很好地减少了工作方面的负担,可以有效地提高员工生产效率并降低旷工率。但同时,这种方式可能会增加办公设备成本,限制员工间的直接交流,影响组织对员工的控制,因此,只适合部分员工。

家庭办公。该方式可以使员工减少注意力分散,更易尝试新想法,减少或消除通勤时间,提高残疾人、单亲家长及已婚妇女的就业机会,减轻工作压力,增加个人自由工作时间。但家庭办公的形式一般支付给员工的工资较低,员工工作有时也容易受到家庭成员干扰,另外,不利于建立人际关系,会失去与重要成员接触的机会,影响职业生涯发展等。组织则具有可以降低租金和设备相关费用,缩小办公室规模,减少运行成本,提高生产率、员工满意度和组织适应能力等优点,但有不利于强化员工管理等缺点。因此,该方法也只适合对部分员工采用。

3. 灵活雇用形式

兼职雇用。女性、年长者和学生劳动力的增加以及经济从生产向服务导向的转变增加了该方式的需求。大部分兼职都是半熟练或非熟练工,常见于零售业、银行业及少量制造业。组织使用兼职雇用的方式可提高工作安排灵活性,节约人力成本。

工作分享。指两名员工共同承担一份工作,并按完成比例分配薪酬,这是一种为了减少大范围的非自愿失业而在员工之间进行的工作重新分配。即通过对现有工作岗位的劳动时间(工作日或工作周)进行不同形式的分割和重组,由此会创造出更多的工作岗位,增加就业机会。例如,让两人分享同一个岗位,每人每天可以分别工作 4 小时,或者两人可以分别工作两天半,可以增加一倍的工作机会。工作分享与兼职的区别在于前者以合作方式完成工作职责,分享者可交换时间并互补,持续性更强,这种方式比较适用于年长员工和有小孩要照顾的母亲。但一岗两员增加了招聘难度,成本较高,管理复杂,还可能会带来薪酬分配问题。

灵活工作制。这种方法是企业不为员工强加每日工作时间,而采取灵活工作时间的方法,由此可以增加劳动力的灵活性,扩大就业面。这种方法的种类主要有压缩工作周制、弹性工作制、远程工作制和计时工作制等。

4.实行家庭照料政策

家庭照料政策是指组织对一些需要照顾家人的员工提供社会服务。一些研究发现,对老人和孩子的照顾能减轻员工工作-家庭冲突,为员工提供托幼养老的福利方案能降低员工的离职率。另外,员工对家庭照顾福利政策的满意度与他们对组织的承诺正相关。家庭照顾福利有多种形式,如提供托幼养老的信息咨询服务;组织与看护机构联系,要求其提供折扣价格;组织委托专门的机构为员工提供托幼和养老服务;组织派专业看护人员到员工家中照顾生病小孩或老人;将照顾生病小孩或老人纳入正规病假日;设立工作-家庭经理集中管理家庭照料政策,让员工及时了解相关服务和福利等。

5.导入员工援助计划

传统的对组织人员的干预往往只注重一些零散的和事后的措施,科学地实施员工辅导更应该注重其系统性和预防性。员工援助计划(EAP)是组织为员工设置的一项系统的、长期的援助和福利计划,是由企业组织出资为员工及其家属设置的一套系统的、长期的福利与支持项目,是心理卫生服务的一种。由专业人员对员工的心理和行为问题进行指导、培训、咨询和帮助,以提高员工在组织中的工作绩效,并改善组织的气氛与管理效能。通过对员工心理进行积极正确引导,能够帮助员工增强心理的自我调节能力,提高员工处理工作-家庭冲突的能力,从而减缓工作-家庭冲突对员工的影响。一些研究发现,提供员工援助计划的组织,可以让员工学会如何有效协调工作与家庭生活的关系,提高其心理健康水平,使员工体验到较少的工作-家庭冲突,促进家庭和睦。在 1994 年,世界 500 强中,就已经有 80% 以上的企业建立了 EAP 项目。据统计,在美国有四分之一的企业员工常年都在享受着 EAP 服务。在公司员工超过 500 人的企业中,大部分企业已经拥有了 EAP 项目;员工人数在 100～500 人的这些企业中也有 70% 的企业建立了 EAP,并且这个数字还在不断地升高。

6.培育家庭友好的组织文化

企业可以将组织的一部分福利扩展到员工家庭范围,以减轻或分担员工家庭压力;把员工的家庭因素列入考虑晋升或工作转换的制约条件之中,进行合理的职业安排;还可以创造家庭成员参观公司或相互联谊等机会,促进家庭成员和工作范围内成员的相互理解和认识。通过各种方式培育家庭友好的企业文化,为员工照顾家庭需要提供支持性组织环境,只有这样,企业才会收获员工的优异组织绩效。通过全方位地转变企业内部制度、决策程序、组织规则等组织体系和灌输企业推崇的价值观等文化元素,可以让员工普遍感受到企业的关心和帮助。家庭友好文化是成功实施工作-家庭平衡计划的基础,企业应该培育这样的组织文化,把企业的家庭伦理责任纳入企业发展战略框架中,最终培养组织和谐的人际关系和员工幸福的家庭人伦关系。

9.3 高校创新创业教育和创新团队的提升对策研究

9.3.1 我国高校创新创业教育的提升对策

创新创业教育作为一种新的人才培养观念和教育观念,得到国家的高度重视。在高等教育改革中,创新创业教育的有效实施,能够实现高校可持续发展,有效地提升高校人才培养、科学研究、社会服务以及文化传承的四大职能,地方高校才能利用培养出的人才和科学创新技术,更好地推动地方经济的发展。在人才培养方面,创新创业教育成为创新人才培养模式和提高人才培养质量的有效策略。各高校都在积极主动地进行创新创业教育的尝试,但整体的效果依旧存在不足,有学生自身的问题,也有高校和社会整体环境的问题。本节从学生、高校和社会三个层面对未来地方高校科学地提升创新创业教育质量提供参考建议。

1. 学生层面的策略

(1)大学生更新对创新创业的认知观念

在 2019 年 3 月 5 日十三届人民代表大会第二次会议政府工作报告中,国务院总理李克强明确表示,现今我国发展面临着多年来少有的国内外严峻且复杂的形势,在经济发展方面出现下行的压力。在攻坚克难的过程中,经济结构不断优化、推动新动能的快速成长是不可或缺的方法与手段。在经济结构方面,当今经济发展迅速,新型的经济体也不断涌现,越来越多岗位和职业供学生选择。发展新动能方面,主要是新兴产业的蓬勃发展和传统产业的转型升级。其中大众创业、万众创新是主要的推动力量。大学生是未来社会的中坚力量,为了实现自身的价值和推动国家整体经济的发展,在应该拼搏、突破自我的年纪要保持自己的创新意识。

在调查中发现,对创新创业有兴趣和有创业意识的学生,整体的创新创业能力较强。我们应当从观念上改变只对部分学生进行创新创业教育的做法,而是要将创新创业教育作为大学教育的重要一项,使之成为大学生应当具备的一项重要素质。

大学生要对创新创业有正确的认识,才能对创新创业产生兴趣和意识。首先,要清楚创新创业的概念。创新创业不仅仅是为了实现物质追求,而是为了提升学生整体的能力,去实现人生价值和梦想。当今社会对于人才的要求逐渐增高,不仅仅是创业的人需要重视创新创业教育,而是所有人都需要重视。

其次,创新是这个时代的核心和主题。创新创业意识、创新精神是这个时代每个人都需要具备的一项能力。因此学生首先要从观念上明确创新创业意识和创新精神的重要性,同时自己要主动地培养。

　　最后,要提高自身的创新创业实践能力。创新创业能力教育包括让大学生掌握创新创业的基本技能、具备解决社会实际问题的能力、具备经营管理运营的能力。培养大学生创新创业能力的关键在于实践,实践是检验真理的唯一标准,创业实践能力是将大学生的知识转变为现实价值的一种途径,能为自身和社会带来真正的价值,通过一系列广泛的社会实践活动,可以让学生的能力得到真正的提高。因而需要积极搭建平台,重视实践活动,由此来提升大学生创新创业实际操作能力。

　　(2)家长树立对创新创业教育的正确认知

　　在生态系统理论中,家长属于微观层面的影响因素。相关研究表明,创新创业教育是高校深化改革与社会人才需求的产物,因此家庭与社会的观念要与时代接轨。家长要摒弃传统的教育观念,积极鼓励学生培养自身的创新创业素质。因此,家长要积极地重塑自身的教育观念,给予孩子独立选择和成长的环境,支持学生进行创新创业,培养学生的探索与创新精神,为未来进入职场做好充分的准备。

　　(3)学生应积极参与实际生活

　　理论结合实践原则理论始终认为教育应以实践为中心,实际的生活就是日常生活。分析开来,就是战胜实际困难,解决实际问题,生实际利,格实际物。回溯实际的既往,改造实际的现在,探索实际的未来。虽然不能概括一个人的全部人生,但在实际的生活中去学与做,得到的必然是真本领。在调查中发现,高校的创新创业教育对大学生的创业能力有显著性的影响,说明大学生的创业能力是可以培养的。其中,经济学和管理学的学生创新创业能力较强一些。在访谈中发现,经济学和管理学的学生对于创新创业项目相对积极,有许多同学会主动参与创新创业项目,即使缺乏理论知识,但是依旧争取机会进行尝试。虽然,大学生创业成功的概率相对较低,但是也要勇于接受挑战,对创新创业项目进行尝试。参与社会实践的方式有两种:第一,如果不能够承担创始人的风险,可以成为初创团队的一员。投入时间来增加自身的创业经验,培养自己的创业意识和创业精神,提高自身的创业能力。第二,利用寒暑假和课余时间申请企业的实习机会。通过完整的项目实习机会,能够培养自身的社会视野,提前对职业有全面的认识,为未来自己在企业中进行岗位创业以及自己独立创业打下坚实的基础。

2. 高校层面的策略

(1)确立符合高校特色的教育理念

第一,要以学校的学科以及专业特色为背景,将创新创业教育融入整个学校的人才培养体系。第二,要以全体学生的创新创业素质提升为教育目标,实现学生的个性化发展,提升全体学生对于创新创业教育的重视程度。第三,不同专业同学的创业能力基础不同,要对学生进行分层、分类培养。第四,要有意识地构建整个创新创业教育的生态体系。为学生打造有机的学习和实训环境,有利于学生个性化的发展,进一步明晰高校创新创业教育目标。

高校要培养什么样的创新创业人才,首先必须要结合本校人才培养定位,明晰创新创业教育目标,特别是在目前经济形势和就业形势面临很大困难的时期。结合高校创新创业教育的内涵,高等学校创新创业教育的主要目标表现在以下三个方面:一是创新创业的知识教育,包含专业知识与技能、创新思维与方法、企业经营与管理的相关知识。二是创新创业基础能力培养,主要是创业意识与能力的教育,如企业内部市场开拓的能力、沟通的能力、团队管理的能力等创业能力(主要是承压能力)的教育。同时要转变教育观念,进一步深化教育改革,突出以人为本,改革人才培养模式,改革传统的教育方法。我国长期以来的传统教育主要是知识教育,通常会忽视学生的主动性、能动性、创新性,普遍出现高分低能的现象。据统计,在创新创业方面,中国创业平均水平低于全球创业观察(GEM)统计的平均水平。数据显示,我国毕业大学生创业比例不到总人数的 1%,而发达国家这一比例已经高达 20%～30%。通过高校创新创业教育的改革,尽快转变传统教育理念,深化改革高校人才培养的模式,从就业教育转向创新创业教育,树立起自主创业意识,转变大学生创业观念,是高校创业教育改革的重要方面。三是创新创业实践,不仅仅是针对有能力、有创业意愿和有创业项目的部分学生,而是要将受培训的范围扩大到全体学生,学院聘请企业导师,在团队组建、市场推广、企业管理等方面给予指导,让学生在在校期间通过学校的支持得到创业锻炼。

首先,完善学校创新能力培养机制机构。大学生创新能力培养是涉及学校教学科研、管理以及思想政治工作等诸多方面的一项系统工程,为保障大学生创新能力培养的顺利进行,需要科学的管理队伍建设和机制建设,使大学生能够"随心所欲"地进行创新能力的提高,解除后顾之忧。

其次,加强创新实践中产、学、研互促。各高校的特点和优势不同,应发挥自身优势,建立支持有力、系统完善的高水平科技创新工作平台,把生产、学习、科研相结合,有计划、有步骤地开放实验室,锻炼在校大学生的学习能力、实践能力、创新能力、沟通能力以及社会适应能力,提升毕业生的就业能力和创业能力,达到"双赢"。作为教师,应该转变更新教育观念,树立创新教育的思想,从固有的观念束缚中解放出来,积极引入现代教学方式方法,借助网络手段,培养学生学习兴趣,尊重学生的个体性差异,因人施教,培养学生自主性学习和创新性学习的能力,使教育更具特色和个性。作为学校,在校园内广泛营造创新教育的氛围,加强创新教育师资的再培训、再教育工作,鼓励教师创新教学方式方法,激发教师潜能,完善创新教育体系课程,积极融入时代新理念,在尊重教师教学主导性的基础上,充分调动学生积极性,不仅仅体现在课堂上,更需要融入学生的日常生活中。在学生管理中,要督促学生养成良好的生活习惯,避免沉迷于游戏等不良习惯的产生。在学生特殊阶段,例如刚入学阶段,对大学学习与生活均不适应,采用适当的强制手段进行引导,避免学生因为环境忽然放松,养成懒惰的习惯。

最后,改进管理制度,加强学生群体的自我管理、自我提高,以专业院系或社团为载体,利用学生群体的个性化、多样化、吸引力强的特点,提高学生的创新教育积极性,加强学生群体的创造性。

开展校企合作,是创业教育的必要模式。高校要与企业密切合作,共建创新创业支持平台,共建创业基金,引领学生走进企业,增加大学生运作企业的实践机会,使大学生充分了解企业的运作,亲身感受真正的企业精神,尤其是企业独特的经营理念、价值观、运作规范、企业文化、服务理念、企业风险等,为大学生的创业教育提供更加真实的舞台。高校也可鼓励教师到企业挂职锻炼,把创业教育与教育实践活动结合起来,利用校企合作的形式,共同进行创业教育师资培训,提高教师的整体水平。浓郁的创新创业氛围是开展教育的良好外部环境。

随着国家层面相继出台的鼓励创新创业的政策,各地政府部门也相应建立了激励创新创业的制度,简化审批程序,降低创业门槛。建立"创新创业网站",搭建网络信息平台,加大创新创业活动的宣传力度,善于利用传统形式和新媒体平台以大学生喜闻乐见的传播方式鼓励倡导创新创业。通过设立创新创业实践学分、创新创业必修课程、创业基金、创业社会实践,建立弹性学制,允许在校学生休学创业,引导学生参与创业实践。通过开设"创新创业论坛讲堂",邀请知名企业家、创业达人、创业校友等现身说法介绍经验,激发创新创业激情;积极利用第一课堂与第二课堂为大学生提供创业实践机会与平台,鼓励大学生建立"创新创业类"社团;建立专门用于大学生创新创业实践的"创业园",对大学生创业活动给予资金支持;通过举办校园创新创业大赛,推荐优秀创业实践项目参加各类创投大赛等方式和手段,让创新创业的理念植入大学生的思想深处,达成共识、产生共鸣。

目前高校创业教育处于松散状态,使本就不充裕的资源难以整合利用。对此,高校应加强各方联动,形成高效集约的创新创业教育系统。要整合利用学科、实习、竞赛、创客空间和政策资源,在校级创新创业部门统一领导下,各院级相关部门协调合作,加强上下级沟通与院系之间的交流,构建一个全覆盖、系统化的创业教育网络。线上创客空间设计强调

"走出去和引进来"的战略思路,同知名企业展开交流,让投资方看清项目潜质,尽快获得资金,投入运行;在线下基地运行中融入先进企业管理知识和经营理念,在产品设计和战略营销层面融入创新元素和专业特质。根据学生不同的创业倾向,开展对象性强的渗透式教育、普及式教育、重点式教育和个性化教育,避免大面积"平铺直叙式"的创业课程,不断提升创业课程的科学化水平。

提升创新创业教育质量的实施路径:

①充分认识创新创业教育对学生能力培养和职业生涯的重要性。我们在讲创业时,认为建立一个公司或企业,从无到有才是创业。企业界认为,在一个人的职业生涯中,企业内部创业、开创性的业务工作等也是创业的一部分,也需要承受项目压力、经济核算、团队管理等,需要创新性的思维和创新性的管理方式。因此高校必须要在教育中充分认识到创新创业教育对学生能力和职业生涯的重要作用,积极推动创新创业教育与专业能力培养相结合,推动教师在教学过程中开展教学改革,加强创新创业能力的培养。

②理顺创新创业教育运行机制。目前,内地高校基本都设立了创新创业教育中心,在民营经济发达的沿海地区还有许多高校设立了创业学院,如宁波的大红鹰学院。但多数的创新创业教育中心还基本呈现"无形学院、有形运作"的特点,没有专业和固定的学生。需借鉴台湾高校育成中心的模式,整合校内管理机制和部门资源以及校外的行业企业资源,形成相互有效支撑、分工协作的机制。同时,创新创业教育中心需要根据学校的办学定位、专业设置和人才培养目标,制定适用于本校人才培养目标的创新创业教育课程体系。

③建立跨学科、跨专业的师生团队。创新创业教育是一项综合性的能力培养教育。一个院系中教师团队的专业知识和技能不能完全满足创新创业能力培养的需要,需要根据本校创新创业教育的课程体系组成跨学科、跨专业的教师团队,同时组成跨专业的学生团队,如工科学生和经

管、艺术、传播等专业学生组成团队,发挥不同学科学生的思维特长和专业特长,使创新创业师生团队更具活力和创造性。

④开设创新思维训练课程。创新创业教育的根本是创新性思维和能力的培养。创新思维的培养需要方法,可以针对不同的学科专业开设创意思维学和创新方法学等课程。这些课程一般在广告策划、管理学等专业开设,工科学生基本很少涉及。可以有针对性地培养工科专业的教师,结合专业对工科专业开设这部分课程,提升学生的创新思维能力和素质。

⑤构建多层次的创新创业培养途径。第一层次是创新和创业的意识培养。针对所有在校学生,通过企业家讲座、创业教育、专业课程等方式普及创新创业的基本知识,培养学生良好的语言表达能力、人格魅力、执行能力及领导能力,激发出学生的心理能量。第二层次主要是面向有较强创新创业潜质的学生,重点在于能力提升教育,着重于批判性思维、战略眼光、协调能力与领导力等素质的培养,使学生具备必要的创业能力。第三层次是创业实践培养。针对有创新能力和创业意愿的学生,有针对性地加强对学生创新创业全过程的指导。比如,要掌握商业模式设计、样本市场的深度测试、商业模式调整与优化、分项职能强化、商业计划书的制作、项目融资、组建团队等。

⑥建立创业实践培育平台。推动以赛促学、以赛促教、以赛促创的活动。建立院系、学校和校外三级竞赛机制,结合好学科的专业特点,调动所有学生的积极性,尽量让更多的学生参与竞赛,让其在竞赛中创新,在创新中学习。把参加竞赛训练作为学生课程学习的一部分,对取得一定成果的项目进行课程学分认定,在全校范围内建立起以赛促学、以赛励学的良好氛围。通过科技创新活动和创业大赛等活动建立创新创业案例库。对在"挑战杯""创业计划大赛"等各类高水平科技竞赛和创业竞赛中获奖的,或操作性强的学生创业项目,积极进行市场推广,扶持学生成功创业。

⑦做好创新创业的生态培育。学校的主要任务还是教育活动,相对

于社会的商业经济活动,创新创业环境相对薄弱。要积极做好创新创业的生态培育,积极组织广大教师和学生参与创新创业的文化交流和企业合作交流,开阔师生视野,拓展师生创新创业思维。同时,制定相应的激励措施,鼓励教师在专业教育中勇于创新。通过在全校开展大赛,支持和奖励创新创业取得良好成绩的老师和学生。在学校育人过程的各个环节,积极营造出创新创业的文化氛围,使创新创业的思想深入人心。作为培养社会合格建设者与接班人的重要阵地,高等学校必须与时俱进,抓住机遇,大力推进高等教育改革,转变教育思路,改革人才培养模式,努力为社会培养大批高素质、创业型人才,以适应经济社会发展的需要。只有这样,高校才能继续占据着社会人才培养的制高点,不断为社会输送高素质人才,才能更好地推进全面建设小康社会的进程,构建社会主义和谐社会,为中华民族伟大复兴做出积极贡献。

(2)构建完善的课程体系

课程是高校对学生培养过程中的重要载体,课程建设也是教育的重要环节。在学生的成长过程中,课程是非常重要的一个培养环境。生态系统理论中明确指出,环境对于人发展的重要性。基于生态系统理论,构建完善的课程体系,要满足课程之间的关联性、连续性和协调性,保证实践课程和理论课程、专业课程和创新创业课程能够协调统一,满足学生的生理、心理和认知发展需要。

①要加强课程与课程之间的关联性

在关联性方面,主要加强理论课程与实践课程、专业课程和创新创业课程之间的联系。首先,创新创业教育与其他学科教育不同,具备跨学科性与复杂性。因此创新创业教育不是单单通过理论学习就能掌握创新精神、创业意识和创业能力的。创新创业教育有效的培养方式主要是实践,通过让学生进行实战演练,才能培养学生对于创新创业的兴趣、将所学的知识转化为能力。增强大学生的个性化塑造,将理论和实践相结合,提高自己的创新创业素质。其次,当前高校主要倡导大学生要实现内涵化,在有知识储备的条件下进行有价值的创新,因此专业课程是创新创业课程的基石。通过融入式教学将专业课程和创新创业课程进行有效的融合。

②提升课程体系的创新实践性

高校对于社会以及市场的敏感度较低,不能快速地洞察当前的热点和发展趋势。随着大数据、物联网以及云计算等技术的快速发展,高校的教育也逐渐呈现网络化和数字化的趋势。比如,慕课、多媒体教学,其更多的是呈现课程内容的多样化并提高了教学成果的传播效率,课程整体的知识体系依旧落后,导致与时代脱节,而创新创业教育为高校与社会之间建立了一个轨道。首先,创新创业教育需要市场敏感性和社会洞察力,提升课程内容的新鲜度。要培养学生的创新精神和创新意识,课程的内容要有新颖性和超前性,最有效的方式就是定期更新创新创业的课程内容,运用大数据和云计算对信息进行处理和分析,从而使大学生能在高校内接触到市场中最前沿的信息,跟上科技的步伐,实现创新课程体系的构建。其次,要加强实践性知识的引入。知识除了包括显性知识,同时也包含隐性知识。创新创业课程应更注重隐性知识的构建,而隐性知识的获得和应用主要需要创新创业实践。理论课程与实践课程的有机融合,也能提升学生实践的广度和深度。

(3)提升师资队伍的整体素质

主体性教育中有个教学"三体论",认为教育要解决的是教育者、受教育者以及环境之间的"三体问题"。在完善课程体系,即环境因素之后,对于学生来讲另外一个重要的因素就是教师。教师和学生在与环境的关系中均为认识的主体。教师在对学生施加影响时,需要把学生作为客体进行研究,而自身在整个教育的过程中是学生的认识主体。与此同时,学生在不断地了解教师的过程中,学生是主体,教师是整个过程的客体。因此在整个教育活动中,教师是个非常重要的角色。但就目前的状况来看,很多学校依旧普遍存在着师资环境差,学生有创新性的想法却苦于缺少科学指导、缺乏良好的人际关系和商业网络、社会舞台等现象。拥有一支优秀的师资队伍是培养大学生具备良好创业品质的前提,拥有优秀的导师是高校创新创业人才培养的保障。因而在加强和提高教师队伍建设的同时,也要注重开发社会教育资源,聘请创新创业领域中有建树、品德高尚、乐于奉献、责任心强的成功企业家来担任尚显稚嫩的大学生的创业实践导师,由此可以充分地利用他们的创新创业思想与实践平台、创新教育模式,有计划地、分期分批地对大学生进行创新创业与实践能力培养和教育,这样可以保证创新创业教育的有效实施,更好地实现培养目标,即培养敢于探索、突破常规、勇于创新的复合型人才。因而只有在保证教师队伍素质的前提下,教师所发挥的主观能动性才有价值,才能在以学生为教学中心的前提下保证教学质量。提升教师的整体素质要从内部和外部两个方面提供建议。

①加强对教师的系统培训

首先,选择优秀的培训团队。当前各个高校的创新创业教育均会参与校内或校外的培训,但系统性的培训一般是由团中央推出的 KAB 创业项目培训或教育部的创业教育骨干教师培训。在此背景下,大多数高校只是被动参与,缺乏主动性和积极性。各高校应该积极在校内开展系统的师资培训。通过公开竞标选择培训团队,有针对性地对高校的教师进行培训。其次,增加培训的次数。高校教师提升对于创新创业教育的认知,不能仅依赖于一年一次或两次的培训实现,要定期地给予优秀的教学人才参与创新创业教师培训和研讨会的机会。一方面,邀请前沿的创新创业教育专家和优秀人才到高校对教师开展讲座。另一方面,要让教师进入实体的企业中进行实地考察和讨论学习,提升创新创业教师的实践能力,才能更好地为学生解决实际的创业问题。

②建立健全激励机制

合理的教师考评和奖励机制是提升教师工作动力的源泉,有利于激发教师的激情。首先,对于创新创业教师要侧重创业实践的考核。主要以学生整体创业素质、创业项目的数量以及创业成功率等方面为考核具体内容。其次,在奖励机制方面。高校不仅要奖励在大赛中获得名次的教师,也应该奖励在创新创业教材开发、创新创业理论研究和创新创业项目转化等方面取得突出成绩的教师。对于新入职的教师,高校要为教师明确职业发展路径,调动其教学和科研的积极性,在创新创业教育中贡献他们的一分力量。

③加强教师道德修养,培养科研创新意识

面对社会的种种诱惑,青年教师要洁身自好,为人师表,要以自己良好的思想和高尚的道德风范去影响和培养学生;搞科研、做学问不仅要能耐受寂寞,更应注重德行修养和求真务实的精神,恪守学术道德和学术规范,淡泊功名利禄。同时要把创新意识和创新能力的培养作为自己的努力方向,在客观、全面认识自己能力和价值的基础上,把学术创新作为终身追求的目标,要敢于打破陈旧的观念,树立信心,增强竞争意识;树立终身教育理念,使自身知识结构处于动态发展中,牢固树立科研先导、科研创新意识,培养努力追求卓越的科研精神。

④加强科研素质的培养,完善知识结构

科研能促进教师教学水平的提高,使教师站在新的高度从事教学科研,也能够丰富教学方法和手段,提高教师上好新开课程的能力,教学和科研可以比作教师的左膀右臂,两者必须协调发展。这就要求青年教师注重自身科研能力的培养,要结合教学工作,努力钻研本专业的前沿理论,了解国内外的最新学术动态,根据自身的特点,有针对性地培养自己的自学能力、发现问题的能力、收集与整理信息的能力、动手能力、创新能力、社会活动能力等从事科学研究所必须具备的基本素质。同时要深入系统学习相关领域的专业知识,丰富自己的知识结构,适应科学研究日益发展的需要。

(4)加大资源扶持力度

"教学做合一"是理论结合实践原则的方法论,也是理论与实践关系的进一步解读。其中包含两层意思,其一,认为"教学做合一"是教育现象的说明。在教学中，对事情说成做，对自己的进步说成学，对他人的影响说成教。这说明"教学做"不是三件事情，而是一件事情，为了实现"教学做"的一体化，高校应该构建完善的平台，这个平台应基于生态系统理论进行构建。其二，认为教学做是生活教育法，也是教育法。即教的方法根据学的方法，学的方法根据做的方法。总结成一句话为：做是教与学的中心。创新创业教育更是以实践为核心的学科，因此实践平台的搭建非常重要。

①构建多元的实践平台

首先，充分利用校内的实践资源。鼓励创新创业教育是一个系统的工程，需要政府、高校、社会组织、家庭等多方支持，共同搭建平台。通过全社会的支持与协作，建立一个有助于大学生创新创业活动开展的完善的创业服务体系，以优化创业环境，保障创业活动的顺利开展与实施。努力营造良好的创新创业教育和实践环境，为大学生提供更多的创业实践机会。通过多方努力、共同支持，大学生创新创业群体一定会迸发出更加巨大的力量，为新常态下中国经济发展做出贡献。学生与教师合作科研项目，利用科研室的资源进行科技创新，在创业园区为其提供办公场所，将研发和办公较好地结合在一起，实现校内资源的充分利用与整合。

其次，共享校内外创业实践基地。为了解决高校内场地、设备以及设施不足的问题，高校与校外的创业园和企业合作，充分利用闲置的空间和企业现有设备、办公场所和资金等，建立校企合作的创新创业实践基地。不仅满足学生对于创新创业场地的需要，同时能让学生融入真实的商业运营中，为学生提供真实的创新创业实践环境。

②建立完善的配套机制

首先，为了降低学生创新创业的压力，高校应该建立创新创业实践基金与创新创业帮扶资金，建立公正的申请和评估机制，为符合资助条件的创业实践项目提供资金。有条件的高校可以尝试引入社会风险投资，既能够帮助高校的技术实现市场化，又能够为创新项目引入研发资金。其次,在大学生创新创业政策方面,高校应增加对大一到大三学生创新创业的激励政策,并且学生的年级不同政策的侧重点也要不同。最后,以增强地方高校创新创业的文化氛围为宗旨,鼓励校级、院级成立创新创业社团。同时为创新创业社团提供资金扶持,提供多种企业和校外其他学校的资源,充分实现高校之间创新创业活动的交流与互动。

3. 社会层面的策略

(1)增强企业的社会服务意识

陶行知在"生活教育"中提出观点:"社会即学校",指整个的社会活动都是学生的教育范围,整个社会包含的生活场所亦属于教育的场所。理论结合实践原则也提出实践是学生学会应用知识的唯一途径。而社会在生态系统理论中是宏观环境,其中重要的影响因素是组成社会的各个企业。创新创业教育的实施离不开地方企业的关心和扶持,引导企业积极参与到地方高校创新创业教育中,以大学生创新创业教育质量的提升为目的,实现大学生的创新创业科技成果来推动企业的发展与进步。首先,高校应参与到大学生创新创业教育的理论知识学习中,将企业中的精英骨干派到高校担任兼职教师,引导学生了解创新创业的相关概念,明晰实践的方法,帮助学生快速地适应创业环境与创新技术。通过兼职教师的实战经验,提高学生对创新创业的兴趣度,增强创业意识。其次,积极参与并大力支持地方高校学生创新创业实践项目,为大学生提供稳定的实践教学基地,重点发展学生对于创新创业机会的捕捉和对市场剖析的能力。增强隐性知识的传授,善于将学生自身的创业优势与现有的资源相结合,协助学生设计并开发相应的产品。引导学生编制具有实际意义的商业计划书,符合实际市场需求。尝试让每位学生参与到组建团队、设计产品、实施营销等创新创业项目的各个环节过程中。

(2)政府加大对创新创业的扶持力度

首先,在资金方面。为鼓励更多的学生在本省进行创业,推动地方经济的发展,实现科技创新、产业创新,整合多项资源,与省基金会合作成立多种大学生创新创业公益基金,增加对大学生的无偿性资助。同时,要建立科学的项目审核和跟进机制,实现可持续发展。其次,在场地和项目推进方面。应该为创新创业项目提供市场宣传,增大项目研发和资源对接的扶持力度。帮助缺乏社会资源的大学生对接社会资源。帮助企业从0到1的创建。最后,优化和细分现有的优惠政策。根据大学生创业项目的种类以及项目实施阶段,将政策进行有效的细分。保证政策的有效实施,同时能够让学生对政策进行积极的反馈。

❈ 案例 9-1　校企合作促进高校创新　高招直通车
——探访郑州科技学院的办学特色

题记:又到一年招生季,大河网【高招直通车】特推出《720°线上看郑科》招生咨询活动,通过在线展示、互动的方式全方位系统介绍学校的发展历程、环境、优势、就业、特色以及招生计划等,为考生和家长择校提供参考。

建校三十多年来,为社会培养和输送了12万名高素质的应用型创新型复合型人才。作为新工科的实力派,郑州科技学院近年来得到越来越多考生和家长的关注。

提及郑州科技学院的办学特色,“新工科”是扛把子,新文科和国际化全面开花是最贴切的表述。

郑州科技学院是省内较早启动新工科建设的高校,学校根据新经济、新科技、新业态对应用型人才需求和教育部关于建设高水平本科教育要求,持续推进应用型人才培养教学改革。

该校常务副校长刘赛赛介绍,学校以“新工科”理念为引领,着力打造“金专”与“金课”,实施学分制改革,大幅提高选修课比例,充分发掘每个学生的潜能和特长,助力学生成长成才。

“在2017年的36个本科专业中,作为应用型人才培养改革主体的工科专业20个,与新工科有交叉或联系的专业7个,共占到本科专业总数的 75％。"刘赛赛说。在此基础上,学校与一批龙头行业、企业先后共建了智能制造学院、泛 IT 学院、全球供应链与跨境电商学院等一批与新工科建设相对应的创新学院。

新工科人才培养取得丰硕成果,截至目前,新工科专业的学生就业率达到 90％以上,就业地点大部分集中在上海、杭州、深圳、成都等一线城市。70％以上的学生月薪在 8000 元以上,平均薪资 8500 元,还有部分同学拿到了 1 万元以上的月薪。学校先后拿到河南省教育厅批准的重点学科、特色专业、品牌专业和实验教学示范中心等本科教学工程 30 余项,获批郑州市重点实验室、优秀教学团队、精品课程等 30 余项,本科教学工程项目位居河南省同类高校前列。

在大力推进新工科建设的同时,郑州科技学院也不断发展新文科建设。比如在外国语学院,英语能力和商务能力融合培养模式则是通过市场调研后形成的,语言方面侧重于语言技能和跨文化交际能力,商务方面提炼出商务实践能力和商情调研能力。除了外语专业,在经济学、国际经济与贸易、金融学、电子商务、财务管理、学前教育等专业中,也陆续进行改革创新。

此外,在国际化办学方面,学校不断拓宽和强化学生国际视野、专业能力及综合素养。先后与美国圣何塞大学、法国亚眠大学、马来西亚管理与科学大学、西班牙的加迪斯大学、芬兰的东南应用科技大学、牙买加的理工大学、巴基斯坦的商业技术大学等多所海外高校开展教师互访、学生互换、微留学、研究生联合培养等多种形式的教育活动,国际交流与合作事业稳步开展。

同时,大河网记者了解到,在地方高校为区域经济发展和产业转型升级提供人才支撑方面,郑州科技学院拟定了"建平台、试验田、全覆盖"新工科建设三步走战略。

郑州科技学院利用地处产业集聚区的地理优势,主动与政府部门、产业集聚区管委会合作,采取校、企、政、行结合的方式,目前已与产业集聚区 70 家企业签署了合作办学项目协议。本、专科学生利用校企合作的机会,提高了工程实践能力、动手能力和创新能力。在课程对接上,大胆引进企业课程,使其和学校课程深度融合。

据刘赛赛介绍,目前,郑州科技学院与宇通客车、海尔集团、中联重科、长城汽车、瑞仪光电等全国 140 家企业建立了稳定的校企合作关系。优质的社会资源不仅满足了学生实习实践需求,还构建了跨专业集群的创新型、复合型人才培养机制。学校引企进校共建智能制造学院、全球供应链与跨境电商学院、泛 IT 学院等 16 个具有行业背景和企业特色的校内实践创新综合体;与学校驻地政府签署了共建和对口支援协议,为学生成才搭建创新实践平台。另外,广泛开设各种订单班和冠名班,为企业培养专门人才,实现企业课程进校园,企业讲师进课堂,不断提升协同育人发展内涵,助推学生高质量就业。据统计,每年近三分之一的毕业生,通过订单班、冠名班直接走上工作岗位,解决了学生找工作难的问题。毕业生就业率连年保持在 95% 以上,就业质量不断提高。

资料来源:高招直通车.探访郑州科技学院的办学特色.郑州科技学院,2020-06-11.

❋ 案例 9-2　政府扶持高校创新举措

国家对高校创新工作的关注度在逐渐上升,在关于政协十三届全国委员会第三次会议对《关于国家继续支持高效协同创新工作的提案》答复的函中指出,长期以来,教育部、财政部认真贯彻落实中央精神,积极推进高校开展协同创新,充分发挥高校在国家创新体系中的重要作用,促进高等教育与科技、经济、文化的有机结合,支撑创新型国家建设。为大力提升高等学校创新能力,积极推动协同创新,按照"国家急需、世界一流"的总体目标,2012 年起,教育部、财政部共同组织实施"高等学校创新能力提升计划",并启动"2011 协同创新中心"。

1. 关于给予政策指导和支持方面

协同创新是我国高等教育改革创新发展的重要举措。协同创新是一种创新理念、发展思路和组织方式，本质上是创新能力建设。特别是在新时代中国特色社会主义制度框架下，高校应该大力提倡和推进协同创新。通过高校、科研院所和企业的多方协同，整合科技创新资源，搭建科技创新平台，打造稳定的科研队伍，朝着共同的科研方向持续攻关，产出成果并培养出高质量的创新型人才。一是全面加强国家协同创新中心建设。教育部党组十分重视国家协同创新中心的建设工作，在2018年底召开的部党组会上明确要继续实施"高等学校创新能力提升计划"。教育部2019年、2020年连续两年将"继续实施高等学校创新能力提升计划"列入年度工作要点。2019年12月20日召开的高校科技工作会议，钟登华副部长就"继续推动协同创新中心建设，加快推动产学研深度融合创新体系建设"也作了任务部署。2018年，为深入了解协同创新中心运行状态和协同绩效，及时总结建设运行经验和问题，进一步推动和引导高校协同创新中心建设运行工作，教育部、财政部共同委托第三方机构组织专家完成38个国家级协同创新中心的评估工作。参加评估的专家普遍认为，协同创新中心建设、运行情况总体较好。各协同创新中心在服务国家、行业以及区域的重大需求，推进体制机制改革等方面各具特色。协同创新中心通过一个周期的建设，有效集聚创新要素和资源，体制机制改革富有成效，产出一批标志性成果，牵头高校创新能力得到大幅提升，服务经济社会发展贡献显现。二是全面启动省部共建协同创新中心建设。为持续推动高校协同创新，服务社会主义现代化强国建设，经深入研究并广泛征求意见，2018年启动省部共建协同创新中心工作，2018年、2019年连续两年认定建设了125个省部共建协同创新中心。省部共建协同创新中心得到各地方、高校高度认同，经过认定的省部共建协同创新中心由各地教育行政部门落实经费投入承诺，负责中心的目标管理、政策支持和绩效评价。教育部也将加强对中心的政策支持和业务指导。

2.关于拓宽经费持续支持方面

2015年11月，经国务院同意，财政部、教育部印发了《关于改革完善中央高校预算拨款制度的通知》(财教〔2015〕467号)，进一步改革完善了中央高校预算拨款制度，将"高等学校创新能力提升计划"等相关专项资金整合为"双一流"引导专项资金。新的中央高校项目支出体系包括中央高校建设世界一流大学(学科)和特色发展引导专项资金等六项内容。其中，中央高校建设世界一流大学(学科)和特色发展引导专项资金可用于学科建设、人才队伍建设、协同创新中心建设等方面。中央财政在安排"双一流"引导专项资金时，将协同创新中心作为重要分配因素，中央高校可统筹用于支持协同创新等相关工作。各中央高校可充分利用中央高校建设世界一流大学(学科)和特色发展引导专项资金，支持协同创新中心建设。

3.关于对接并融入"双一流"建设方面

党中央、国务院提出实施"双一流"建设战略，将"211工程""985工程""高等学校创新能力提升计划"等重点建设项目统筹纳入"双一流"建设，消除建设身份固化、竞争缺失的弊端，建立分类建设特色化质量发展的新建设模式。"双一流"建设2016年启动实施，进入建设范围的高校遴选，以学科为基础，以具备冲击世界一流的水平为基本条件，体现扶强扶优，同时兼顾区域发展战略，支持特色建设，发挥区域带动作用。首轮建设2020年结束，将根据期末建设成效评价结果等情况，坚持质量、水平与需求相统一，动态调整下一轮建设范围。不搞全覆盖，不搞终身制，不搞安排照顾。

下一步，教育部将进一步协同财政部认真落实党中央、国务院关于提升高等学校创新能力的决策部署，继续通过现有渠道支持高校开展协同创新等活动。

在对"关于加强高校科研机构与民营企业合作推进民营经济高质量发展的建议"的答复中指出：

　　(1)推动高校聚焦国家战略、服务产业发展,开展创新人才培养和科技创新

　　一是大力推动产学合作协同育人项目。2014 年起,教育部组织企业实施产学合作协同育人项目,政府搭台、企业支持、高校对接、共建共享,有效激发了各方的积极性,经过几年的发展,产学合作协同育人项目的规模、质量、影响力均显著提升。2019 年全年累计有 1005 所本科高校(占全部本科高校的 80%)与 446 家企业合作立项近 15000 项,企业提供经费及软硬件支持约 46 亿元。产学合作协同育人项目打造了多主体协同育人的长效机制,以产业和技术发展的最新需求推动高校人才培养改革,培养支撑引领经济社会发展需要的高素质专门人才。二是深化产学研协同创新,建设"2011 协同创新中心"。为大力提升高校创新能力,支撑创新型国家建设,按照"国家急需、世界一流"的总体目标,2012 年起,教育部、财政部共同组织实施"高等学校创新能力提升计划",并启动"2011 协同创新中心"(以下称协同创新中心)建设。协同创新中心以国家重大需求为牵引,以体制机制改革为核心,构建协同创新的新模式和新机制,理顺产学研合作的利益分配机制和风险防范机制,优化科技资源配置,消除"创新孤岛",打破传统的校校、校企体制制约和创新机制壁垒,解决创新与产业"两张皮"问题,促进跨学科、跨单位、跨领域融合创新,提高科技创新的有效性,将创新成果尽快转化为现实生产力,促进创新链与产业链精准对接。目前,已布局建设了 38 个国家协同创新中心及 125 个省部共建协同创新中心。三是面向产业发展需求,提升技术创新能力。以教育部工程研究中心(以下简称工程中心)为抓手,支持引导高校面向产业和区域发展需要,培育汇聚攻关团队,全面提升高校工程技术创新能力和应用水平。目前,共建有工程中心 453 个,涉及高校 206 所,分布于全国 31 个省、自治区、直辖市及新疆生产建设兵团和澳门特别行政区,为经济社会发展和产业转型升级提供了有力支撑。2019 年,为加强对工程中心建设运行的管理和指导,修订了《教育部工程研究中心建设与运行管理办法》,

印发了《教育部工程研究中心评估细则》，引导工程中心进一步聚焦工程技术研发和成果转移转化，不断提升技术创新能力，培育集聚人才，为产业发展提供支撑。

(2)完善高校科技成果转化体系，有效对接民营企业需求

一是建立高校科技成果转化绩效评价及激励机制。2016年以来，教育部联合相关部门印发了《关于加强高等学校科技成果转移转化工作的若干意见》(教技〔2016〕3号)等一系列文件，将高校科技成果转移转化绩效纳入世界一流大学和一流学科建设考核评价体系，指导高校落实相关政策，建立科技成果转移转化绩效评价机制，对科技成果转移转化业绩突出的机构和人员给予奖励，健全以增加知识价值为导向的收益分配政策。同时，支持高校根据岗位设置管理有关规定自主设置技术转移转化系列技术类和管理类岗位，激励科研人员和管理人员从事科技成果转移转化工作。二是提升高校专利等成果质量。2020年2月，教育部联合国家知识产权局、科技部共同出台了《关于提升高等学校专利质量促进转化运用的若干意见》(教科技〔2020〕1号)，引导高校逐步完善知识产权管理体系，开展专利申请前评估，优化考核评价体系，强化科研人员的内生约束和责任意识，着力提升专利质量，促进转化运用。三是加强高校科技成果转移转化机构建设。2018年5月，教育部印发了《高校科技成果转化和技术转移基地认定暂行办法》，并于2019年和2020年组织认定了两批高等学校科技成果转化和技术转移基地(以下简称科技成果转移转化基地)，指导高校积极探索机构化、市场化、职业化、国际化有效机制。目前，已布局了71个依托高校建设的科技成果转移转化基地，推动高校积极对接民营企业，强化校企合作，加速科技成果转化，服务民营企业创新发展。四是搭建高校科技成果转化信息服务平台。为促使高校科技成果转化不断取得新进展，教育部积极推动第三方打造市场化运营的"中国高校科技成果转化云平台"，利用互联网、大数据、人工智能等信息技术，全方位、立体化展示高校科技成果信息，拓宽高校科技成果与企业需求、金融资本对接

的空间,推动高校科技成果实现从"样品"到"产品"再到"商品"无缝衔接,助推科技成果加速落地,早日实现产业化。

下一步,教育部将进一步促进教育链、人才链与产业链、创新链有机衔接,支撑行业关键核心技术的突破,强化与产业发展需求的对接,开展有组织的研发,充分发挥高校支撑产业发展的作用,继续完善激励和评价机制,有效激发科研人员从事成果转化的积极性,加强与民营企业的协同创新,促进科技成果高效率转化,推进民营经济高质量发展。

资料来源:中华人民共和国教育部.关于政协十三届全国委员会第三次会议第 4829 号(教育类 377 号)提案答复的函(教科技提案〔2020〕56 号).

9.3.2　我国高校创新团队建设的提升对策

为了切实加强高校创新团队建设,促进高校创新团队健康、和谐、可持续发展,针对以上创新团队建设中存在的问题(由于部分自身建设问题正是某些外部支持环境问题的衍生物,如缺乏顶层设计和行政引导可导致资源争夺、拼凑现象严重等,因此,伴随着外部支持环境问题的解决,相应的自身建设问题也可得到解决),提出以下若干对策。

1. 加强顶层设计和行政引导

各级政府和教育行政主管部门要在深入分析和全面把握国内外经济和社会发展动态的基础上,根据国家和地方的战略需求,结合现有学科资源及未来学科发展趋势,积极加强对高校创新团队建设的顶层设计,通过制定创新团队的宏观发展规划,有效整合资源,从战略上优化创新团队的学科布局和空间布局。同时,要从政策、法规上加强对创新团队建设的引导,要在团队的组建条件、组建模式、可行性和发展目标等重大问题上做出严格要求,以避免团队的随意搭建和因非资源优化配置团队的"堆积"而造成对资源的过度性竞争。

追寻什么、为何追寻、如何追寻,这是建立共同愿景和目标需要解决的三个重要问题,即地方高校研究生创新团队建设为了追求什么、为什么追求、团队成员要怎么追寻。团队建设的第一步就是确定共同愿景,把团队目标和个人目标紧密结合起来。团队共同愿景不等于抹杀个人本位,而是以个人本位为基础,协调整合团队成员间的愿景,提倡集体精神、团队精神,用以调节紧张的人际关系,把集体作为个人奋斗的工具。不同类型的团队,建立有团队特色的共同愿景,需要团队成员之间相互沟通,整合愿景和目标,在团队工作中,眼光放长远,树立正确的追求理念,在团队中形成共同价值观。第一,要有长远的眼光。团队负责人作为团队核心人物,在研究生团队建设中有举足轻重的地位,不仅代表个人,也可代表团队大多数成员。因此,团队负责人必须有长远的发展眼光,不能故步自封,停滞不前。团队负责人要站在学术最前端,关注社会热点问题,具有学以致用的能力和服务社会的高尚信念。团队负责人在团队建设过程中,对团队发展要从宏观上把握,心中有蓝图、有发展方向、有长远目标、有短期目标,同时,又要细化团队研究任务。第二,要持续进行无止境的工作。空谈误国,实干兴邦。光有目标,不脚踏实地,也是无益。团队成果是团队成员共同努力的结果,不是以一己之力就可以实现的,团队成员必须分工明确各司其职。第三,系统地思考问题。《第五项修炼》中,提出系统思考,用系统思考的方法看待团队,用系统思考的管理模式管理团队。不能将团队拆分为独立不相关的部分,而要用整体的、运动的眼光预测团队发展。

2. 建立健全团队内、外部管理及运行机制

高校创新团队的上级主管部门主要有学校科研处和相关院系或科研所。为防止在团队组建、管理中出现近亲繁殖、职责不清、互相推诿、行政权力过大而学术权力弱化等现象,首先,应建立健全创新团队内部的管理及运行机制,形成团队规范。这需要从以下三方面入手:第一,在明确团队目标的基础上,对团队的规模、专业结构、组成人员条件以及内部的管理作一些原则性的规定。第二,在给予团队领导者自主的内部经费调控权、人员引进权、考核权和分配权的同时,对其进行必要的监督和管理,使

团队以一种相对独立的方式运作。第三，通过充分全面的授权，明确行政负责人的服务角色，使行政权力让位于学术权力，充分尊重团队成员的参与权和发言权，使之在适当的位置上参与决策过程，从而调动团队成员的积极性和创造性。其次，应完善创新团队的外部管理机制，明确团队的日常行政事务由团队所在单位负责管理，科研工作进度、科研目标的完成情况由科研处负责管理，交叉事务协商解决。高校科技管理部门要改变传统的经费、项目和成果管理模式，建立相应的人才管理制度，充分发挥对外"公关联络"，对内"组织协调"的职能。对外"公关联络"，即积极与各级政府教育行政主管部门沟通信息，积极与企业交流，了解其需求，积极与其他高校和研究院所联系，为知识和技能的跨单位、跨部门交流牵线搭桥；对内"组织协调"，就是积极加强对本部门人才的发现和挖掘，及时向科技创新人员提供各类信息，根据外部需求和内部创新人员的能力、水平、意愿，组织跨学科、跨学院的创新团队。

3. 完善评价考核体系

(1)实施分类评价，对不同性质的创新团队实施不同的评价标准。对于偏重基础研究的创新团队，主要评价原则以学术创新价值为主，潜在经济价值为辅；对于偏重应用研究的创新团队，评价标准以学术与经济评价相结合；对于偏重试验开发研究的科技创新团队，评价基准以经济效益为主，学术创新价值为辅。优化地方高校研究生创新团队人员结构，可以借鉴国内外高校成功案例，吸取经验，少走弯路。日本高教界跨学科研究始于 20 世纪 50 年代。国立筑波大学以东京教育大学为基础扩建，建立学群、学类和专攻领域等新的教学组织形式，以及新的研究组织形式——学系，大力培养具有跨学科视野的师生。武汉大学为培养跨学科人才，整合高校优势资源，建立对口的人才实验基地，并且在招生标准、培养方向、培养方式等方面做出相应规定，从政策上保障人才实验基地的正常运转。为国内跨学科人才培养提供了现实经验，迈出跨学科人才培养的一大步，为优化地方高校研究生创新团队成员结构进行积极探索。

（2）注重对科研成果质量的考核，科研成果的业绩包括项目、经费、论文、著作、专利、奖项、产业化业绩等，其质量高低主要看成果是不是做到了"四高"：课题高层次立项，论文高档次发表，奖项高级别授予，产业化取得高效益（包括经济效益和社会效益）。

（3）实施分层、分角色评价。创新团队由学科带头人、科研骨干、科研辅助人员组成。这三个层次的人员在科研活动中扮演着不同的角色，要按照"公开公平"的原则，对团队成员进行"按岗评价""按贡献评价"，同时注重团队成员的自我评价和同事评价，必须使做出突出贡献的成员得到合理的回报。明确团队文化建设目标是加强团队文化建设的第一步。在科研过程中，为了完成各种科研任务，团队负责人和团队成员沟通交流制定团队共同目标，共同解决科研中遇到的难题。但是实际操作中，要细化目标，责任到人。针对不同团队成员的个性心理、学科背景、科研水平进行目标细化，发挥团队成员的潜力，分工明确，责任到人，避免出现大锅饭局面，防止个别不参与或者参与程度低的成员，对项目研究没有多少贡献，在科研成果分享时却异常踊跃。在时间上，可以细化时间，一般项目立项结项都有时间规定，没有进度安排容易造成科研项目虎头蛇尾，最终仓促结项。团队要形成良好的科研习惯，制订每周每月每季度的研究计划，定期开会，汇报项目进展，讨论项目问题，集中智慧解决难题，提高科研效率。另外，可以制定考勤表，对团队成员进行必要监督。

（4）改革考核年限，不搞一刀切，根据不同的学科性质和研究方向制定不同的考核年限。

4. 加大学科整合力度，实现真正意义上的学科交叉

（1）改革高校条块分割、各自为战的基层学术组织模式，打破人事流动的壁垒，解除学科限制、系别限制、学院限制，构建网状的柔性组织结构，充分发挥多学科优势，通过凝练学科方向、汇聚学科队伍，构筑创新基地，促进多学科的交叉融合，实现学科、专院系之间的学术协同发展效应。

（2）积极探索横向联合科研攻关新路子，打破校际和地区界限，建立

跨学科、跨单位、跨领域的高校创新团队，实现更大范围内的人才会聚和优势学科的综合集成。

（3）加强高校间创新团队的联合共建，通过充分发挥各自特长，在一种不同编制体制下实现组合功能的最大化，使合作单位成为一个目标一致、风险共担的事业、利益相得益彰的共同体，实现高校创新团队间的优势互补和强强联合。

5. 强化团队文化建设

进一步完善团队领导机制，使团队负责人在重"外"的同时关注内部的团队文化建设。强化团队文化建设可从以下几方面入手：

（1）通过融合提炼团队成员的个人愿景，在团队内塑造清晰的、与个人目标相一致的共同愿景，以共同愿景发展核心价值观，形成强大凝聚力，使团队成员为团队目标的实现竭尽所能。研究生创新团队由不同年级研究生自主结合构成。研究生学制有限，受毕业影响造成人才断层。因此，在地方高校研究生创新团队建设过程中，要注重人才培养和成果共享，老成员带新成员。同时，团队之间定期组织研究生创新团队学习交流会，不但可以增强学术氛围，而且可以广纳人才，提高人才储备。针对团队中人员随意拼凑现象，院系和高校要加大管理力度，一经发现，取消议题申报资格，在研究生创新团队自身建设中，团队负责人也要以身作则，不能弄虚作假。研究生创新团队研究项目存在跨学科知识的问题，需要加强跨学科创新团队建设。一方面，团队成员方面，不但要搞好自己的专业知识，在课余时间也要拓展自己的知识面，对于学问，不但要有深度而且要有广度。另一方面，团队方面，可以利用人脉关系，寻求跨学科人才的帮助。传统的分科模式已经不能适应现在科学技术的发展需求，复合型高水平人才的培养展现出更大的优势。建立学科交叉人才的培养模式，培养一流学科交叉人才显得尤为重要。1985 年开始我国交叉科学研究快速发展，我国重点院校纷纷开始试点并推进交叉学科研究生培养模式，并取得了一定成效。但是，总体来说，当前我国研究生的交叉学科培养仍停留在起步探索阶段。交叉学科研究生的培养一举两得,不同学科在科研实践中不断演化发展,丰富学科知识,实现对不同学科知识的掌握运用,也是对研究生创新能力的锻炼和提高,使高等教育输出的人才更好地服务于社会。对地方高校而言,可以在研究生中尝试跨学科人才的培养模式,组建跨学科的研究生创新团队,进行跨学科研究。跨学科研究的建立需要一套环环相扣的体系作为支撑,各个子系统之间存在有机联系,发挥协同效应。

(2)树立协同合作,共同发展的和谐理念,大力加强团队成员间的交流与沟通。一方面,在团队内部建立稳定的沟通渠道,通过各种形式的正式和非正式沟通,加强成员间的学术交流和感情交流,防范学术浮躁,增进彼此之间的理解、尊重和信任。另一方面,积极创造条件对团队成员进行管理沟通或组织行为科学的培训,帮助他们建立正确的沟通理念和主动沟通的意识,提高其沟通技巧,有效解决团队内部冲突。团队文化建设条件包括软件和硬件条件。首先,改善团队软件条件。坚持以人为本,关心团队成员。研究生创新团队没有条条框框束缚,团队成员之间自然形成平等、民主、自由的关系,没有等级压力,对于团队有归属感、对于成果有自豪感。研究生创新团队由研究生组成,发挥团队合力的前提是每个团队成员充分发挥创造性,研究生作为社会人,有独特的追求。因此,在团队建设中要尊重和信任每个成员,成员之间相互关怀,形成宽松融洽的团队氛围。尊重和信任不是口头承诺就能实现的,必须落实到团队文化建设的方方面面,渗透到每个成员的心中。团队成员之间接触、亲密、归属可以抵消个体的陌生感、孤独感。在科研过程中,每个成员忙于自己的任务,忙于成果的汇报,往往忽视成员之间的相互沟通、相互理解的心理活动,容易造成研究生成员之间的疏离感和陌生感,只关注自己在科研中的地位得失。人人都有与他人建立情感联系的需要,交真心朋友,追求导师、同伴的接纳和认同,如果不能满足将会产生失落感,进而影响科研成就。研究生成员的工作相对独立很少有交集,成果又要得到导师的肯定,为获得尊重很少帮助他人,更不用说给予其他成员关爱和尊重。因此,地方高校研究生创新团队负责人应该多关注成员的心理建设,帮助成员之间相互熟悉、相互沟通,给予他们应有的尊重与关爱,并且珍惜研究生的科研所得,不能将科研所得占为己有。团队成员之间不仅要赞赏其他成员的劳动成就,也应该包容他人的缺点和错误,允许科研上的错误和分歧,用发展的眼光评价团队成员。无论是在科研中,还是在学习生活中,团队成员都要互相关怀,互相帮助,替他人着想,做自己心中的完美成员。这样才有利于形成学术自由、百花齐放的学术氛围。其次,改善团队硬件条件。研究生创新团队硬件条件是吸引优秀研究生的重要指标,团队负责人要多争取有利条件提高团队的硬件水平,比如科研办公环境、实验室设施、图书资料的拥有率。一些实验过程需要接触危险品,有易燃易爆的危险,医学实验还有可能接触传染病源等,良好的硬件设施可以提升实验的安全性。良好的硬件设施也是加强团队文化建设不可或缺的重要条件。

(3)营造学术平等、宽松开放的文化氛围。强调团队成员在学术地位上的平等性,尊重每一个团队成员,充分发挥团队成员的智慧、想象力和创造力,加强团队内广泛的民主与自由讨论,鼓励学术思想的碰撞和交流,重视成员的个性化发展,鼓励创新,容许失败。建设团队共同愿景的方法与步骤是:首先,团队负责人有正确的追求理念。团队负责人既是项目负责人,也是团队的领跑者,因此,团队负责人不但要有专业的学科素养、知识储备,还要有远大的愿景,对科研有追求,有理想。其次,通过沟通,整合个人愿景。在地方高校研究生创新团队建设中,沟通无处不在,团队每一位成员都不断地参与沟通过程,并且受到沟通的影响。沟通的构成包括沟通者、信息、媒介、接受者和反馈。沟通要注重提供上下互助机会,团队负责人主动和团队成员吐露心声,营造良好氛围,了解彼此个人愿景。建立正式的沟通渠道,比如定期科研汇报,集中讨论科研进程的同时加深彼此认知。沟通中的团队成员要积极有效地参与其中,不仅用耳朵还要用心,团队汇总个人愿景,制定团队共同愿景。最后,分享共同愿景。以书面或者口头约定形式再次重述团队共同愿景,产生团队合力。同时协调好目标之间的关系。下级目标必须与上级目标一致,而且是根据上级目标分化出来的,操作中要避免目标错位和偏离。

❋ 案例 9-3　高校推动创新新举措——中南大学

中南大学通过"专业教育＋创新创业教育"引导大学生创业。2002年起中南大学主动顺应国家实施科教兴国战略、创新驱动发展战略和人才强国战略的需要,开展大学生创业教育,有效整合资源,积极构建全方位、立体化的"专业教育＋创新创业教育"人才培养模式,完善教育、培训、指导和服务,培养创新创业人才,引导和扶持学生创新创业,取得明显实效。

中南大学的创新创业教育主要从以下几方面展开。一是建设创新创业文化。树立"崇尚创新、强化能力、注重实践、勇于探索"的理念,建立校、院、班"三级体制"保障。在全国率先设立创业实践学分,在二级学院、教师考核和学生评价中增加权重,表彰先进,树立"鼓励探索、支持创新、允许失误、宽容失败"的创业教育理念。二是融入人才培养过程。构建目标、教学、实践、服务、科研、保障体系,先后开设选修课程86门,2015年启动创新创业教育课程建设项目36项,建设专门课程群。先后为7400多人开展创业培训和实训,建立校内指导教师专家库和校外创业导师队伍,每年举办创新创业年会、实践调研、论坛、沙龙和成果展。四年来学生创新创业立项4714项,竞赛获省以上奖1780项。三是推进创业配套服务。2002年创建中国大学生创业网,此外认定建设校内首批"创客空间"12个。每年投入600多万元支持千余项目,支持学生组建创业工作室800多个。2008年建立创业园,该创业园是国家、省级创业孵化示范基地和"众创空间"试点,支持学生进行"互联网＋"创新创业实践。在校学生创办公司300多家,87家获得科技部等资金1340万元。四是引领全国高校探索。获评省部级以上平台 15 个,获国家级教学成果奖多项,依托教育部创业教指委主任单位,中国高教创新创业教育学会会长单位发挥辐射作用,出版《创新与创业教育》期刊。国家教育体制改革简报、中宣部理论局理论片和各大中央媒体推介学校经验。

　　通过上述举措,中南大学的创新创业教育取得了显著成效。一是育人成效显著。2005 年以来,95％以上学生参与了各类创新创业活动,形成了学生积极参与创新创业的局面。在实践过程中学生的创新创造能力得到了提高,近四年学生学科竞赛获奖 1371 项,其中国际比赛获奖 204 项,国家级比赛获奖 446 项,省部级比赛获奖 721 项,在全国名列前茅。提高了自主创业能力,在校学生创办公司 298 家,其中 21 家公司共获科技部中小企业创新基金资助 890 万元,66 家获地方政府专项资金资助 450 万元。在校学生刘路本科期间解决"西塔潘猜想",获"影响世界华人"奖;郭彦蕊被中宣部树立为全国大学生自主创业典型;李海星荣获中国大学生创业先锋年度人物;耿占吉被国务院授予全国就业创业优秀个人;宋维鑫入选教育部创业典型案例;陈君为湖南青年创新创业典型;李伟、倪天晓、杨怡等 6 人被评为长沙"创业之星"。二是获得多方赞誉。人力资源和社会保障部文件要求推广学校创业培训经验,教育部推介中南大学"专业＋创业"教育模式,国家教育体制改革简报单篇转发学校经验,中宣部理论局理论片《从怎么看到怎么办——理论热点面对面·2011》第四集《怎么解决就业难》介绍学校案例。学校创新创业教育工作获评省部级以上基地或平台 15 个,创业教育成果获国家级教学成果二等奖。新华社、《光明日报》、《经济日报》、中央电视台等各大中央媒体多次跟踪报道。学校创新与创业教育办公室(学生创新创业指导中心)主任杨芳参加了科技部、教育部、人力资源和社会保障部大学生创业教育相关文件及示范性教材的编写,2013 年与柳传志、俞敏洪等一道列入新华社"改革时代人物志"。

　　资料来源:根据中南大学相关网站资料数据整理。

✳ 案例 9-4　高校推动创新新举措——浙江大学

作为浙江省唯一一所 985 高等学府,浙江大学一直是大学生创新创业的摇篮,每年都为社会输送一大批创新创业人才,孕育了很多优秀的创新创业项目。浙江大学毕业生创业率超 5%,远高于全国平均水平,这意味着,每 20 个浙大毕业生中就有一人创业。在浙大 2015 届毕业生中,有83 人选择创业,其中本科生 46 人、硕士生 25 人、博士生 12 人。已成立公司并向院系申报了公司名称的有 30 人,其余的正在筹备创业。截至 2015年 10 月,浙大已有 150 支创业团队,其中 34 支已经注册,风险投资已拿到 2.3 亿元。其中,有这样一群科技企业的创始人或 CEO,他们被称作双创时代下“浙江新四军”中的浙大系。他们或是浙江大学的在读生,或是从这所校园走出。浙江大学创新创业教育给予了他们创业的激情与技能,浙江大学对创新创业的智力支持和资金支撑伴他们在挫折中成长,他们身怀年轻人的使命感和家国情怀,成为创新创业路上的坚定实践者。

浙江大学已形成了包括创业孵化空间、校内创业服务组织、学生创新创业竞赛、创业支撑平台、创业政策和技术扶持在内的较为完整的创新创业生态系统。近年来,浙大充分发挥创业教育的优良传统和整合优势,构建基于“通识教育”的教学体系。他们开设了《创业教育》《创业与创新基础》《技术创新创业》等 30 多门创业教育课程,约占通识课程的 15%。2014 年,浙大学工部依托已经成立的大学生创业发展中心,成立了辅导员创业教育工作室,12 位来自各院系的教师成为专职的创业辅导员。他们的重要任务就是指导创业团队和创业社团。他们面向大一、大二学生开设了一些创课训练营等基础课程,同时还成立了“辅导员创业超市”,设计了不同类别的课程供学生们选择。通过整合管理学院、教育学院、经济学院、公共管理学院专业教师的力量,通过辅导员创业工作室、创业学长小导师等方式,初步整合了一支以专业教师、辅导员、创业学长等为核心的创新创业师资队伍。与此同时,通过实施“大学生创业导师计划”,聘请

200 余位企业家、投资人、行业专家等担任校外创业实践导师,发挥"传帮带"作用。

高校构建完善的创新创业教育体系,培养创新创业人才,是服务创新型国家的新使命。总体而言,当前浙江大学创新创业氛围浓厚,创业教育处于探索和快速发展阶段,尤其是在船业管理学科的国际化建设、创业课程体系的本土化设计以及创新创业生态系统的搭建方面,已经走在了全国前列。2015 年,学校开始努力对标美国斯坦福大学、MIT 等顶尖的创业创新大学,积极融合科技、人文、设计、管理等多种学科优势,大力倡导高科技创业和基于创新的创业。正如浙江大学党委书记金德水所强调的:"'双一流'大学的建设战略与创新创业教育的内涵密不可分,学而优则仕、学而仕则研之外,还应有学而优则创。创新创业教育是实践为主的教育,是实现实践育人的重要途径,因此,创新创业教育是人才培养的重要方式、机制,也是文化。海涅说过,照耀人的唯一的灯是理性。创业应是基于理性的自我选择,对于高校来说,创业教育也是如此。"

资料来源:根据浙江大学相关网站资料数据整理。

9.3.3　我国高校创新团队领导方式的提升对策

首先,本研究证实了具有本土化特点的家长式领导对高校教师创新绩效的提升具有重要作用。家长式领导虽然在中国的契合度高于其他地区,但已经被证实广泛存在于世界各部分地区,这种具有中国特色的本土化领导风格越来越多地被世界接受和认可,其提升员工创新绩效的作用也应该受到重视。作为中国的组织以及具有和中国组织相似背景的组织如何在实践中采取相应的策略加深对这种本土化领导风格的认识成为重中之重。并且,组织处于不同的生命周期阶段,领导者的行为必须随之而变化,以适应组织发展的需要。一方面,提高下属创新绩效是非常重要的,因为这是宝贵的个人资源。在"交换"的过程中,创新绩效作为创新的成果和最终实现,从某种程度来说,它是一块可以获得持久竞争优势的敲门砖。另一方面,有效改善领导方式也是非常重要的,因为它是比较典型的影响高校教师创新绩效的组织情境因素之一。本研究结论表明,如果下属认为他们的领导在日常生活和职业生活中是仁慈和有德行的,或者减少采取严厉的行为,那么他们会更偏向于提出创新想法,采取创新行为,进而提高自身的创新绩效。甚至,从领导者自身来讲,或许"严慈并济""恩威并施"这些在现实生活中耳熟能详的领导方式并不适用于所有组织和员工,这主要取决于组织情境和文化因素,"仁德兼备"的领导方式则会对高校教师创新绩效产生重要的积极影响。

其次,研究结果表明,创新绩效不仅仅受到领导这一外部因素的影响,高校教师自身对待创新的态度也十分重要,而且对于提高其创新绩效有独特的影响。创新自我效能凸显了个体在创新领域中的自我信念与自我肯定。当然,提高下属的自我效能与领导者的家长式领导行为是密不可分的。在组织中,当下属完成某项艰巨的工作任务时,哪怕是任务失败了,领导者也应该即时鼓励,而不应该漠不关心或者严厉批评,哪怕一句简短的表扬或鼓励,可能也会使其获得信心。领导者往往是权威的象征,将焦点放在下属的优势与长处,是提高其工作动机的重要技能。另外,领导者自身应该为下属树立榜样。研究表明,自我效能的培养、形成和维持是与每一位领导的行为密切相关的。下属在形成自我概念时会把领导态度与行为以及和领导之间的关系作为自我定义的重要因素。因此,领导者应该在管理活动中以身作则,不仅是为了营造一种有利于创新的组织气氛,也是为了给下属创新树立良好的榜样目标。

最后,通过组织支持感的调节作用分析我们发现,组织支持对于提高高校教师创新自我效能和创新绩效具有重要作用。在组织中,领导者需要为下属提供更多的支持,为他们提供尽可能好的工作环境与条件(鼓励与表扬、工作保障与安全性、工作自主性和角色压力、组织规模等),公平与公正的工作环境,合适且具有可比性的薪酬待遇等。下属对组织支持感的评价标准是组织多大程度上关心自己的利益,以及多大程度上重视自身对组织的贡献。以上这些都能被下属视为组织支持感的衡量标准。另外,建立组织文化也是提高组织支持感的途径之一。通过建立和谐、积极向上的组织文化,不单单会影响领导者对待下属的态度与行为,同时下属自身也会受到组织文化的影响,形成积极乐观的人生态度,对领导与组织容易持有积极的评价。通过以上方法,高校教师的组织支持感会得到提高,进而会对自身的创新自我效能和创新绩效产生重要影响。

第**10**章　高校教师创新绩效研究的思考

>>>

10.1　研究的局限性

本书第 6 章通过实证研究一,采用问卷调查的方法,对中国情境下工作-家庭平衡和高校教师创新绩效的关系、主观幸福感的中介作用以及组织支持感的调节作用进行了探讨,研究结论得到了证实;第 7 章通过实证研究二,采用问卷调查的方法,对家长式领导和高校教师创新绩效的关系、创新自我效能的中介作用以及组织支持感的调节作用进行了探讨,研究结论得到了证实;在第 8 章通过实验的方法研究了高校教师自我损耗对其学术想象力的影响后发现,自我损耗对高校教师的学术想象力存在影响,这一结论既能够丰富自我损耗理论,又能够充实想象力的研究内容,还可以为以高校为主导的知识创新体系的建立发展提供一定的指导。但同时本研究仍存在一些问题及局限性有待进一步讨论,具体表现在以下几个方面:

第一,本书的研究方法比较单一,主要是通过自评的问卷调查法,且主要采用了网络问卷的形式,与纸质问卷相比,网络问卷有其局限性,它是借助专门的问卷调查平台,调查过程中无法与被试面对面交流,这样数据回收的可靠性就无法得到很好的保证。

　　第二，本书采用横断研究方法，虽然探讨了中国情境下的工作-家庭平衡对高校教师创新绩效的影响机制以及主观幸福感、组织支持感在这个机制中的作用，但是无法得出变量之间的因果关系。

　　第三，本书只考察了两个层次变量间的影响，即群体层次（家长式领导）和个体层次（创新自我效能、组织支持感、员工创新绩效），没有考虑组织层面对结果所带来的影响。

　　第四，本书探讨了创新自我效能和组织支持感在家长式领导和高校教师创新绩效之间的中介作用和跨层次调节作用，但所涉及的变量依然较少。

　　第五，对于高校教师自我损耗的分组不精确，没有量化指标的支撑，学术界将损耗的量化办法找到后可以精确损耗的分组，对问题的研究也将更加精确。

　　第六，自我损耗理论的主要理论模型是自我控制资源理论，但是这一理论受到一些学者的质疑，尽管也不乏支持这一理论合理性的研究成果，却不能够将其他一些能够解释这种现象的理论完全排斥。

　　第七，只得到自我损耗对高校教师的影响结论，并没有对减小损耗的方法进行研究。有研究表明积极情绪可以弥补自我损耗，品位、休息等也都对自我损耗有补偿作用，未来自我损耗的补偿将会成为亟须解决的问题。

10.2　未来研究展望

　　针对此次研究中的不足，我们希望在未来的研究能够在以下几个方面做出努力。

　　第一，实证方面，在未来的研究中可以综合采用访谈、实地调研等方法，更好地保证数据回收的准确性，同时，问卷调查应增加他评的方法，例如上级评价法、学生评价法等。

第二，在未来的研究中应采用纵向研究方法，对中国情境下工作-家庭平衡与高校教师创新绩效的影响机制做进一步的考察。

第三，为了更好地改善领导的领导行为和高校教师创新绩效，在未来研究中，可以将组织层面的变量和影响因素纳入理论模型中，进一步探讨组织层面变量（如组织文化、组织战略等）和群体层面变量（如领导方式等）共同对个体层面变量（如高校教师创新绩效、创新行为等）的影响。尽管目前同时研究三个层次变量的文献非常少，但是这已经成为理论和实践中迫切需要解决的问题。

第四，在未来的研究中，可以通过增加更多变量，来提高研究中所提出的模型的解释能力和拟合能力。这些变量可以来自社会热点和社会现象，也可以来自前人的研究，总之这样可以更全面地解释家长式领导和高校教师创新绩效之间的联系，为领导和创新相关领域的进一步研究奠定了坚实的理论基础。

第五，未来研究能够找到更多影响高校教师创新绩效的因素。创新是一个人综合能力的体现，其影响因素也有很多，在以后的研究中我们可以去发掘更多的能够影响高校教师创新的因素，对这些影响因素进行分类，找到能够降低其对高校教师创新影响的方法，为国家基础创新提供光和热，同时也为创建创新型国家发挥自己的力量。

第六，未来研究能够对自我损耗程度进行量化分析。在研究过程中，发现对于自我损耗的研究，大多是采用问卷调查的方式来进行，对于被试自我损耗的程度无法精确地进行量化分析，只能简单地以高自我损耗和低自我损耗来进行分组，对被试自我控制资源消耗的精确度较低。在以后的研究中，希望能够有更加精确的方法来测量被试自我损耗的程度，能够更加准确地描述出不同自我损耗程度下被试的行为问题，使结果更有说服力。

第七，未来研究能够将对自我损耗的研究重点放在补偿自我损耗方面。根据自我控制资源理论,我们可以知道自我损耗是一个必然的过程,只要进行消耗自我控制资源的活动,必然就会消耗自身有限的自控资源,那么自我控制资源能否通过别的手段进行补偿呢? 已经有学者的研究表明,适当的休息、合适的锻炼等可以增强参与者的意志资源以及给予参与者激励都可以对自我损耗进行补偿,使得自身自我控制资源增强或者是恢复。那么,是否还会有更多的可以补偿自我损耗的手段呢? 这个也是未来我们研究的一个方向。

参考文献

[1] 胡家保. 创新驱动视域下构建高校创新创业教育生态圈 [J]. 教育评论，2018(3)：628-632.

[2] 贾建锋，王文娟，王露. 研究型大学教师胜任特征模型：基于中国39所"985"大学的实证研究 [J]. 高等工程教育研究，2015(4)：64-69.

[3] Malik M A R，Butt A N，Choi J N. Rewards and Employee Creative Performance：Moderating Effects of Creative Self-Efficacy，Reward Importance，and Locus of Control [J]. Journal of Organizational Behavior，2015，36(1)：59-74.

[4] Choi J N. Individual and Contextual Predictors of Creative Performance：The Mediating Role of Psychological Processes [J]. Creativity Research Journal，2004，2(16)：187-199.

[5] Liu L L，Wang L，Ren J Y，et al. Promotion/Prevention Focus and Creative Performance：Is It Moderated By Evaluative Stress? [J]. Personality and Individual Differences，2017(105)：185-193.

[6] Sweetman D，Luthans F，Avey J B，et al. Relationship between Positive Psychological Capital and Creative Performance [J]. Canadian Journal of Administrative Sciences，2011，1(28)：4-13.

[7] Wang X H，Fang Y L，Qureshi I，et al. Understanding Employee Innovative Behavior：Integrating the Social Network and Leader-

Member Exchange Perspective [J]. Journal of Organizational Behavior, 2015, 36(3): 403-420.

[8] Gilmorel P L, Hu X X, Wei F, et al. Positive Affectivity Neutralizes Transformational Leadership's Influence on Creative Performance and Organizational Citizenship Behavior [J]. Journal of Organizational Behavior, 2013(34): 1061-1075.

[9] Amabile T M. Motivating Creativity in Organizations: On Doing What You Love and Loving What You Do [J]. California Management Review, 1997, 1(40): 8-21.

[10] Wayne J H, Butts M M, Casper W J, et al. In Search of Balance: A Conceptual and Empirical Integration of Multiple Meanings of Work-Family Balance [J]. Personnel Psychology, 2015(00): 1-44.

[11] Karatepe O M, Olugbade O A. The Effects of Organization Mission Fulfillment and Perceived Organizational Support on Job Performance: The Mediating Role of Work Engagement [J]. International Journal of Bank Marketing, 2016, 3(34): 368-387.

[12] Goode W J. A Theoryof Role Strain [J]. American Sociological Review, 1960(25): 483-496.

[13] 吕峰,李文达. 工作家庭关系研究理论综述及未来展望 [J]. 中国劳动, 2016(8): 69-74.

[14] Greenhaus J H, Powell G N. When Work and Family are Allies: A Theory of Work-Family Enrichment [J]. Academy of Management Review, 2006, 31(1): 72-92.

[15] Carlson D S, Kacmar K M, Wayne J H, et al. Measuring the Positive Side of the Work-Family Interface: Development and Valida-

tion of a Work-Family Enrichment Scale [J]. Journal of Vocational Behavior, 2006, 1(68): 131-164.

[16] Greenhaus J F, et al. When Family-Supportive Supervision Matters: Relations between Multiple Sources of Support and Work-Family Balance [J]. Journal of Vocational Behavior, 2011(80): 266-275.

[17] 马丽. 工作-家庭匹配与平衡研究: 基于个人-环境匹配的视角 [J]. 管理评论, 2015, 27(2): 135-144.

[18] 王婷, 徐培, 朱海英. 科研人员工作-家庭平衡与组织绩效关系研究 [J]. 科学学研究, 2011, 29(1): 121-126.

[19] 林雪莹, 王永丽, 郝雨洁, 等. 领导-成员交换对工作-家庭平衡的影响机制研究:工作弹性能力的中介作用及工作弹性意愿的调节作用 [J]. 管理评论, 2016, 28(2): 50-57.

[20] 王永丽, 叶敏. 工作家庭平衡的结构验证及其因果分析 [J]. 管理评论, 2011, 23(11): 92-101.

[21] Aryee S, Srinivas E S, Tan H H. Rhythms of Life: Antecedents and Outcomes of Work-Family Balance in Employed Parents [J]. Journal of Applied Psychology, 2005, 90(1): 132-46.

[22] Clark S C. Work Cultures and Work-Family Balance [J]. Journal of Vocational Behavior, 2001, 58(3): 348-365.

[23] Greenhaus J H, Collins K M, Shaw J D. The Relation between Work-Family Balance and Quality of Life [J]. Journal of Vocational Behavior, 2003, 63(3): 510-531.

[24] Jansen N W, Kant I J, van Amelsvoort L G, et al. Work-Family Conflict as a Risk Factor for Sickness Absence [J]. Occupational & Environmental Medicine, 2006, 63(7): 488-494.

[25] 马丽,鲍红娟,毛承成. 工作-家庭平衡结果变量的实证研究:工作满意度的中介作用 [J]. 燕山大学学报:哲学社会科学版,2017,2(18):81-89.

[26] 王永丽,杨娜,凌智威. 工作家庭平衡与工作倦怠:应对方式的调节作用 [C]. 中国管理现代化研究会,广州,2014.

[27] Jantunen A. Knowledge-Processing Capabilities and Innovative Performance:An Empirical Study [J]. European Journal of Innovation Management,2005,8(3):336-349.

[28] 高建,汪剑飞,魏平. 企业技术创新绩效指标:现状、问题与新概念模型 [J]. 科研管理,2004,25(S1):14-21.

[29] 韩翼,廖建桥,龙立荣. 雇员工作绩效结构模型构建与实证研究 [J]. 管理科学学报,2007,10(5):62-77.

[30] 贾建锋,王文娟,段锦云. 研究型大学教师胜任特征与创新绩效——感知创新战略的调节效应 [J]. 东北大学学报:社会科学版,2015,17(6):579-586.

[31] 董雅楠,韩旭,杨博,等. 心理资本对个体创新绩效作用机制的个案研究——以钱学森的生平事迹为例 [J]. 管理案例研究与评论,2014,7(3):233-247.

[32] 王树乔,王惠,李小聪. 情绪智力与高校科研团队创新绩效:工作嵌入的中介作用 [J]. 黑龙江高教研究,2017(4):109-114.

[33] 隋杨,陈云云,王辉. 创新氛围、创新效能感与团队创新:团队领导的调节作用 [J]. 心理学报,2012,44(2):237-248.

[34] 张山虎. 工作特征与员工创新绩效关系研究 [J]. 会计之友,2017(5):91-96.

[35] 张兴贵,何立国,郑雪. 青少年学生生活满意度的结构和量表编

制［J］. 心理科学，2004，27(5)：1257-1260.

［36］张国华,王春莲,李月华. 大学新生主观幸福感状况及影响因素研究［J］. 中国健康心理学杂志，2009，17(9)：1065-1068.

［37］张兴贵,郑雪. 青少年学生大五人格与主观幸福感的关系研究［J］. 心理发展与教育，2005，21(2)：98-103.

［38］杨新国,徐明津,陆佩岩,等. 心理资本在留守初中生生活事件与主观幸福感关系中的调节作用［J］. 中国特殊教育，2014(04)：60-64.

［39］李晓巍,刘艳. 父教缺失下农村留守儿童的亲子依恋、师生关系与主观幸福感［J］. 中国临床心理学杂志. 2013(03)：493-496.

［40］王永,王振宏. 大学生的心理韧性及其与积极情绪、幸福感的关系［J］. 心理发展与教育，2013(01)：94-100.

［41］杜旌,李难难,龙立荣. 基于自我效能中介作用的高绩效工作系统与员工幸福感研究［J］. 管理学报，2014(02)：215-223.

［42］Kraimerm M L，Wayne S J. An Examination of POS as a Multidimensional Construct in the Contest of Assignment ［J］. Journal of Management，2004(30)：209-237.

［43］Sun J F，Wang Y，Yang X，et al. Improving Job Satisfaction of Chinese Doctors：The Positive Effects of Perceived Organizational Support and Psychological Capital ［J］. Public Health，2013，127(10)：946-951.

［44］Chiang C F，Hsieh T S. The Impacts of Perceived Organizational Support and Psychological Empowerment on Job Performance：The Mediating Effects of Organizational Citizenship Behavior ［J］. International Journal of Hospitality Management，2012，31(1)：180-190.

［45］ Kim S. Perceived Organizational Support as a Mediator between Distributive Justice and Sports Referees' Job Satisfaction and Career Commitment ［J］. Annals of Leisure Research, 2016, 20(2): 1-19.

［46］ Shen Y, Jackson T, Ding C, et al. Linking Perceived Organizational Support with Employee Work Outcomes in a Chinese Context: Organizational Identification as a Mediator ［J］. European Management Journal, 2013(4): 1-7.

［47］ Jawahar I M, Stone T H, Kisamore J L. Role Conflict and Burnout: The Direct and Moderating Effects of Political Skill and Perceived Organizational Support on Burnout Dimensions ［J］. International Journal of Stress Management, 2007, 14(2): 142-159.

［48］ Meng X. Intention to Leave or Remain: Testing the Different Effects of Perceived Organizational Support and Job Satisfaction ［J］. International Conference on Management Science & Engineering, 2010: 976-981.

［49］ Halbesleben, et al. Too Engaged? A Conservation of Resources View of the Relationship between Work Engagement and Work Interference with Family ［J］. Journal of Applied Psychology, 2009, 94(6): 1452-1465.

［50］ Crain T L, Hammer L B, Bodner T, et al. Work-Family Conflict, Family-Supportive Supervisor Behaviors (FSSB), and Sleep Outcomes ［J］. Journal of Occupational Health Psychology, 2014, 19(2): 155-167.

［51］ Cho E, Tay L. Domain Satisfaction as a Mediator of the Relationship between Work-Family Spillover and Subjective Well-Being: A

Longitudinal Study [J]. Journal of Business and Psychology, 2016, 3(31): 445-457.

[52] 喻轲, 苟威, 王晓琴, 等. 高校女教师工作家庭平衡与主观幸福感的关系研究 [J]. 学周刊, 2017(2): 209-211.

[53] 邵菊琴, 周玉意, 张海燕. ICU 护士工作家庭平衡、应对方式与主观幸福感的相关性研究 [J]. 中华全科医学, 2016, 14(5): 817-819.

[54] Wright T A, Walton A P. Affect Psychological Well-Being and Creativity: Results of a Field Study [J]. Journal of Business and Management, 2003, 1(9): 21-32.

[55] 黄亮, 彭璧玉. 工作幸福感对员工创新绩效的影响机制——一个多层次被调节的中介模型 [J]. 南开管理评论, 2015, 18(2): 15-29.

[56] Clark M A, Rudolph C W, et al. Organizational Support Factors and Work-Family Outcomes: Exploring Gender Differences [J]. Journal of Family Issues, 2015, 11(38): 1-26.

[57] Stock R M, et al. How do Top Executives Handle Their Work and Family Life? A Taxonomy of Top Executives' Work-Family Balance [J]. The International Journal of Human Resource Management, 2014, 13(25): 1815-1840.

[58] 马红宇, 谢菊兰, 唐汉瑛. 组织分割供给与工作情绪衰竭的关系: 工作心理脱离和工作→非工作冲突的中介作用 [J]. 心理与行为研究, 2014, 12(4): 527-532.

[59] 谢剑锋, 贾凯威. 我国城乡居民生活成本实证研究——基于 SYS-GMM 方法的 PVAR 估计 [J]. 辽宁工程技术大学学报: 社会科学版, 2017, 19(6): 610-616.

[60] 韩明元. 浅谈如何让房价理性回归及房子回归居住功能 [J]. 经贸实践, 2017(1): 64-67.

［61］ 谢菊兰,马红宇,唐汉瑛,等. 家庭支持型主管行为与双职工夫妻的婚姻满意感:一个积极溢出——交叉模型［J］. 心理学报,2017,49(3):359-369.

［62］ 龙颖. 试论微信、QQ 等网络工具对日常生活的渗透与影响［J］. 农村经济与科技,2017,28(2):222.

［63］ 张琦. 中小型 IT 企业员工人际关系对工作投入的影响分析［J］. 常州工学院学报,2017,30(4):75-79.

［64］ 潘安成,肖宇佳. "家和万事兴":夫妻关系维持与日常创业行为的探索性研究［J］. 南开管理评论,2017,20(5):56-68.

［65］ 沈雪萍,胡湜. 大学生职业使命感与主动性人格、职业目标确定度、家人支持程度的关系［J］. 人类工效学,2014,20(4):5-11.

［66］ 陈江,曾楚宏,刘志成. 组织学习量表的开发与构建——基于组织行为视角［J］. 软科学,2011,25(3):31-35.

［67］ 温忠麟,叶宝娟. 中介效应分析:方法和模型发展［J］. 心理科学进展,2014,22(5):731- 745.

［68］ 温忠麟,张雷,侯杰泰,等. 中介效应检验程序及其应用［J］. 心理学报,2004,36(5):614-620.

［69］ Butler A B, Grzywacz J G, Bass B L, et al. Extending the Demands-Control Model: A Daily Diary Study of Job Characteristics, Work-Family Conflict and Work-Family Facilitation［J］. Journal of Occupational and Organizational Psychology, 2005, 2(78): 155-169.

［70］ 曾婧婧,邱梦真. 当前我国高校教师职称评聘的特点——基于 20 所"985 工程"高校的职称评聘细则［J］. 现代教育管理,2016(10):73-80.

[71] 李巧灵,林云云,王俊有,等. 大学生应对自我效能和学习倦怠的关系:基于主观幸福感的中介效应 [J]. 心理与行为研究,2012,10(6):443-447.

[72] 王霞,张开利,张付芝,等. 高校教师主观幸福感的实证分析 [J]. 当代教育科学,2017(9):28-32.

[73] 卢嘉,时勘,杨继锋. 工作满意度的评价结构和方法 [J]. 中国人力资源开发,2001(1):15-17.

[74] Porter L W, Crampon W J, Smith F J. Organizational Commitment and Managerial Turnover:A Longitudinal Study [J]. Organizational Behavior & Human Performance,1976,15(1):87-98.

[75] Morales M G, Steiger-Mueller M. Leader-member Exchange and Affectiveorganizational Commitment:The Contribution of Supervisor's Organizational Embodiment [J]. Journal of Applied Psychology,2010,95(6):1085-1103.

[76] Kim S. Perceived Organizational Support as a Mediator Between Distributive Justice and Sports Referees' Job Satisfaction and Career Commitment [J]. Annals of Leisure Research,2016,20:1-19.

[77] 张泽玺. 近年国内员工离职行为研究综述 [J]. 科技广场,2014(4):202-206.

[78] 宋利,古继宝,杨力. 人力资源实践对员工组织支持感和组织承诺的影响实证研究 [J]. 科技管理研究,2006,26(7):157-160.

[79] 肖峰. 员工工作满意度研究综述 [J]. 科技资讯,2006(17):206-206.

[80] 马芳艳. 企业员工工作中心度对组织支持感与组织承诺间关系的调节作用 [D]. 天津:天津师范大学,2014.

［81］侍敏莉. 青年科技人员心理契约、工作满意度和离职倾向关系实证研究［J］. 现代商业，2017(3)：52-53.

［82］田辉. 组织公平、组织承诺与离职倾向关系研究［J］. 学习与探索，2014(2)：114-118.

［83］谭小宏. 个人与组织价值观匹配对员工工作投入 1组织支持感的影响［J］. 心理科学，2012(4)：207-211.

［84］王萍，林丽丽. 80后员工个性特征、工作满意度与离职倾向的关系［J］. 现代商业，2011(2)：197-199.

［85］许百华，张兴国. 组织支持感研究进展［J］. 应用心理学，2005，11(4)：39-43.

［86］张畅英. 临床年轻护士组织支持感对工作满意度的影响［J］. 护理管理杂志，2014，14(1)：28-30.

［87］张蕴，王延泽. 国企员工工作-家庭冲突、组织支持感与组织承诺的关系［J］. 经营与管理，2014(4)：121-123.

［88］赵瑾，冯晨秋，赵菁. 护士组织支持感、工作满意度对离职倾向的影响分析［J］. 中国护理管理，2015，15(9)：1091-1094.

［89］周霞，曹桂玲. 组织支持感与组织承诺——基于职业成长与组织公平的研究［J］. 工业技术经济，2016，35(11)：21-128.

［90］白光林，凌文辁，李国昊. 职业高原与工作满意度、组织承诺、离职倾向关系研究［J］. 软科学. 2011，25(2)：108-111.

［91］陈永霞，贾良定，李超平，等. 变革型领导、心理授权与员工的组织承诺：中国情景下的实证研究［J］. 管理世界，2006(1)：96-105.

［92］陈志霞，陈剑峰. 组织支持感影响工作绩效的直接与间接效应［J］. 工业工程与管理，2008，13(1)：99-104.

［93］陈志霞，廖建桥. 组织支持感及其前因变量和结果变量研究进展

[J]. 人类工效学，2006，12（1）：64-67.

[94] 淦未宇,刘伟,徐细雄. 组织支持感对新生代农民工离职意愿的影响效应研究 [J]. 管理学报，2015，12（11）：1623.

[95] 凌文辁,张治灿,方俐洛. 中国职工组织承诺的结构模型研究 [J]. 管理科学学报，2000，3（2），76-81.

[96] 韩翼,刘竞哲. 个人-组织匹配、组织支持感与离职倾向——工作满意度的中介作用 [J]. 经济管理，2009（2）：84-91.

[97] 柯江林,孙健敏. 心理资本对工作满意度、组织承诺与离职倾向的影响 [J]. 经济与管理研究，2014（1）：121-128.

[98] 邝颂东,高中华,李超平. 工作-家庭冲突对教师离职意向的影响：组织承诺中介作用的实证研究 [J]. 心理研究，2009，02（6）：58-62.

[99] 刘瑞明,全鹏. 医生组织承诺与离职倾向的关系：工作满意度和自我期望的中介作用 [J]. 中国全科医学，2016（3）：317-321.

[100] 林武. 酒店员工工作压力、组织支持感与离职倾向关系研究 [J]. 江南大学学报：人文社会科学版，2016（2）：98-103.

[101] 凌文辁,张治灿. 中国职工组织承诺研究 [J]. 中国社会科学，2001（2）：90-102.

[102] 凌文辁,杨海军,方俐洛. 企业员工的组织支持感 [J]. 心理学报，2006，38（2）：281-287.

[103] 刘新,陈红,李欢. 急诊科护士组织支持感与工作满意度的相关性研究 [J]. 中华现代护理杂志，2018，24（30）：3699-3701.

[104] 刘小平. 组织承诺研究综述 [J]. 心理科学进展，1999，17（4）：31-37.

[105] 刘小平,王重鸣. 中西方文化背景下的组织承诺及其形成 [J]. 外

国经济与管理，2002，24(1)：17-21.

[106] 李宪印，杨博旭，杨娜，等. 职业生涯早期员工工作满意度与离职倾向——基于多维度工作满意度分析［J］. 经济与管理评论，2016(3)：79-88.

[107] 刘玉敏，李广平. 用工单位组织支持感对派遣员工离职倾向的影响——有调节的中介效应［J］. 管理评论，2016，28(10)：193-201.

[108] 卢纪华，陈丽莉，赵希男. 组织支持感、组织承诺与知识型员工敬业度的关系研究［J］. 科学学与科学技术管理，2013，34(1)：147-153.

[109] Eisenberger R，Armeli S，Rexwinkel B，et al. Reciprocation of Perceived Organizational Support ［J］. Journal of Applied Psychology，2001，86：42-51.

[110] Van Dick R，Christ，Stellmacher，et al. Should I Stay or Should I Go? Explaining Turnover Intentions with Organizational Identification and Job Satisfaction ［J］. British Journal of Management，2004，15(4)：351-360.

[111] Van S N，Sluiter J K，Verbeek J H，et al. Reliability and Validity of Instruments Measuring Job Satisfaction — a Systematic Review ［J］. Occupational Medicine，2003，53(3)：191.

[112] Galletta M，Portoghese I，Carta M G，et al. The Effect of Nurse-Physician Collaboration on Job Satisfaction，Team Commitment，and Turnover Intention in Nurses ［J］. Research in Nursing & Health.，2016，39(5)：375-385.

[113] Kang H J，Gatling A，Kim J. The Impact of Supervisory Support on Organizational Commitment，Career Satisfaction，and Turn-

over Intention for Hospitality Frontline Employees [J]. Journal of Human Resources in Hospitality & Tourism，2015，14（1）：68-89.

[114] Kim M R，Seomun G A. Relationships Among Burnout，Job Satisfaction，Organizational Commitment and Turnover Intention to Resign in Hospital Nurses [J]. Korean Journal of Occupational Health Nursing，2013，22（2）：93-101.

[115] Gupta V，Agarwal U A，Khatri N. The Relationships Between Perceived Organizational Support，Affective Commitment，Psychological Contract Breach，Organizational Citizenship Behaviour and Work Engagement [J]. Journal of Advanced Nursing，2016，72（11）：2806-2817.

[116] Kawai N，Strange R. Perceived Organizational Support and Expatriate Performance：Understanding a Mediated model [J]. International Journal of Human Resource Management，2014，25（17）：2438-2462.

[117] 胡珊. 人格特质、工作满意度、组织承诺对离职倾向的影响 [D]. 武汉：华中师范大学，2011.

[118] 黄梦茹. 组织公平与工作满意度关系的实证研究 [D]. 西安：西北大学，2011.

[119] 江涛. 新生代员工组织承诺与离职倾向的关系研究 [D]. 合肥：合肥工业大学，2013.

[120] Spector P E. Measurement of Human Service Staff Satisfaction：Development of the Job Satisfaction Survey [J]. American Journal of Community Psychology，1985，13（6）：693-713.

[121] Steers R M. Antecedents and Outcomes of Organizational Com-

mitment [J]. Administrative Science Quarterly，1977，22：46-56.

[122] 贺海波，石孟琼. 试论高校青年教师科研创新能力的培养 [J]. 中国中医药现代远程教育，2010，8(10)：7-8.

[123] 徐友浩，宋俊启. 高校青年教师队伍现状调查分析 [J]. 天津大学学报:社科版，2005(5)：150-154.

[124] 许建虹. 大学教师创新能力发展的研究 [D]. 扬州：扬州大学，2008.

[125] 陈胜男. 组织支持感、心理授权与工作绩效的关系研究 [D]. 杭州：浙江工商大学，2011.

[126] 王战兴. 组织公平感与工作满意度的关系研究 [D]. 杭州：浙江工商大学，2011.

[127] 魏强. 基于工作嵌入理论的 80 后员工离职倾向研究 [D]. 武汉：华中科技大学，2011.

[128] 徐迎霞. 知识型员工组织公平感与工作满意度关系研究 [D]. 武汉：武汉理工大学，2008.

[129] 唐泳玲. "80 后"企业员工心理契约、工作满意度与离职意向的现状及关系研究 [D]. 福州：福建师范大学，2008.

[130] Meyer J P, Allen N J. A three-component conceptualization of organizational commitment [J]. Human Resource Management Review，1991，1：61-98.

[131] Meyer J P, Allen J N. Testing The Side Bet Theory of Organizational Commitment：Some Methodological Considerations [J]. Journal of Applied Psychology，1984，69：372 -378.

[132] MiMillin R. Customer Satisfaction and Organizational Support for Service Providers [D]. USA：University of Florida，1997.

[133] Mowday R, Porter L, Steers R. Employee-Organization Link Ages: The Psychology of Commitment Absenteeism, and Turnover [M]. New York: Academic Press, 1982.

[134] Mowday R T, Steers R M, Porter L W. The Measurement of Organizational Commitment [J]. Journal of Vocational Behavior, 1979, 14(2): 24-247.

[135] Mc Elroy J C, et al. Commitment and Insurance Agents, Job Perceptions, Attitudes, and Performance [J]. The journal of Irish and insurance, 2001, 60(3): 363-384.

[136] Greenberg J. A taxonomy of Organizational Justice Theories [J]. Academy of Management Review, 1987, 12(1): 9-22.

[137] Randall D M. The Consequences of Organizational Commitment: Method Ological Investigation [J]. Journal of Organizational Behavior, 1985, 11: 361-378.

[138] Shore L M, Martin H J. Job Satisfaction and Organizational Commitment in Relation to Tork Performance and Turnover Intentions [J]. Human Relations, 1989, 42(7): 625-638.

附录

工作-家庭平衡对高校教师创新
绩效的影响机制研究调查问卷

>>>

尊敬的女士/先生：

您好！我是教育部人文社会科学研究项目《工作-家庭平衡对高校教师创新绩效的影响机制研究》的课题组成员，我们正在进行一次关于工作-家庭平衡对高校教师创新绩效的影响机制研究。本次调查采用不记名方式，并将对您提供的信息严格保密，请您根据实际情况回答所有问题。再次感谢您的参与！

《工作-家庭平衡对高校教师创新绩效的影响机制研究》课题组
2019 年 6 月

第一部分：以下是与高校教师的创新绩效相关的一些陈述，每个问题只有一个选项，请在您认为符合实际情况的选项前点选即可。

序号	题项	非常不符合	比较不符合	不好确定	比较符合	非常符合
1	近年来在您的研究领域中，您经常提出新想法	1	2	3	4	5
2	近年来在您的研究领域中，您经常愿意支持创新性的想法	1	2	3	4	5

（续表）

序号	题项	非常不符合	比较不符合	不好确定	比较符合	非常符合
3	近年来在您的研究领域中,您经常通过学习寻找或应用新的科学研究方法、技能或工具	1	2	3	4	5
4	近年来在您的研究领域中,您经常向学生或同事介绍创新性的思想	1	2	3	4	5
5	近年来在您的研究领域中,您经常鼓励或引导团队中的其他成员关注创新性思维	1	2	3	4	5
6	近年来在您的研究领域中,您曾因创新性主意而获得上级或同事的表扬	1	2	3	4	5
7	近年来在您的研究领域中,您经常把创新性的想法主动转化为实际应用	1	2	3	4	5
8	近年来在您的研究领域中,通过学习您能够提出一些独创性的解决问题的方案	1	2	3	4	5

第二部分:以下是与中国情境下工作-家庭平衡相关的一些陈述,每个问题只有一个选项,请在您认为符合实际情况的选项前点选即可。

序号	题项	非常不符合	比较不符合	不好确定	比较符合	非常符合
1	工作上的压力让您在家容易发火	1	2	3	4	5
2	由于有工作,您减少投入家里活动的时间和精力	1	2	3	4	5
3	您的工作使您疲惫不堪,在家中无法集中精力做事	1	2	3	4	5
4	您的家庭因为收入问题而经常引发各种矛盾	1	2	3	4	5
5	互联网的普及(例如微信的使用)在工作之余促进与家人更多的交流	1	2	3	4	5
6	如果一天工作都很顺利,您回家跟家人相处会更融洽	1	2	3	4	5
7	您从事的工作有助于您应付家里遇到的个人或实际问题	1	2	3	4	5
8	上级或同事对您的认可使您在家心情愉悦	1	2	3	4	5
9	"上有老或下有小"的生活让您在工作时经常分心	1	2	3	4	5
10	家务事让您睡眠不足,以致影响工作	1	2	3	4	5
11	对家庭尽责使您不能专心致志地工作	1	2	3	4	5
12	日常生活经济压力的增加(如房价问题)使您在工作时焦躁不安	1	2	3	4	5

（续表）

序号	题项	非常 不符合	比较 不符合	不好 确定	比较 符合	非常 符合
13	您的家庭生活让您放松,感觉准备好承担第二天的工作	1	2	3	4	5
14	和家里人交流讨论有助于您解决工作上遇到的问题	1	2	3	4	5
15	"家和万事兴",您认为家庭的和睦有助于提高工作的绩效	1	2	3	4	5
16	家人对您的支持使您在工作中充满动力	1	2	3	4	5

第三部分:以下是与组织支持感相关的一些陈述,每个问题只有一个选项,请在您认为符合实际情况的选项前点选即可。

序号	题项	非常 不符合	比较 不符合	不好 确定	比较 符合	非常 符合
1	您所在的学校或学院非常关心您的幸福	1	2	3	4	5
2	您所在的学校或学院会帮助您将工作做得更好	1	2	3	4	5
3	即使您工作做得很好,您所在的学校或学院也可能不会注意到	1	2	3	4	5
4	您所在的学校或学院会经常向您了解您对目前工作的满意程度	1	2	3	4	5
5	您所在的学校或学院对您的工作或生活漠不关心	1	2	3	4	5
6	您所在的学校或学院在乎您的意见	1	2	3	4	5

第四部分:以下是与幸福感指数相关的一些陈述,每个问题只有一个选项,请在您认为符合实际情况的选项前点选即可。

序号	题项	非常 不符合	比较 不符合	不好 确定	比较 符合	非常 符合
1	您认为生活是有趣的	1	2	3	4	5
2	大部分时间内您都能感到快乐	1	2	3	4	5
3	您认为生活是有价值的	1	2	3	4	5
4	您有很多的朋友	1	2	3	4	5
5	您生活得很充实	1	2	3	4	5
6	您对未来的生活充满希望	1	2	3	4	5

（续表）

序号	题项	非常 不符合	比较 不符合	不好 确定	比较 符合	非常 符合
7	生活能够给予您奖励	1	2	3	4	5
8	您认为生活对您太好了	1	2	3	4	5
9	您对生活总体上感到很满意	1	2	3	4	5

第五部分：以下是个人的基本信息，请在您认为符合实际情况的选项前点选即可。

1.您的性别：

A.男　　　　　　B.女

2.您的年龄：

A.20～30岁　　B.30～40岁　　C.40～50岁　　D.50～60岁

E.60岁以上

3.您的职称：

A.助教　　　　　B.讲师　　　　　C.副教授D.教授

4.您所属的高校类型

A.985高校　　　B.211高校　　　C.非985、211高校

问卷调查到此结束，再次感谢您的配合与支持，祝您工作顺利！